B95

24,-

M.S. Hunter & Stefan Troßbach

DER FREIBEUTER

M.S. HUNTER

Freie deutsche Neufassung von
STEFAN TROßBACH

DER FREIBEUTER

Das seynd die Lebens-Erinnerungen deß Capitains Thomas Cutler, genannt »Entermesser-Tom«, von ihme selbsten zu Papyr gebracht

BRUNO GMÜNDER

Aus dem Amerikanischen und freie deutsche Neufassung von:
Stefan Troßbach

Postfach 11 07 29, Dessauerstr. 1-2, D-1000 Berlin 61

Originaltitel: The Buccaneer

Lektorat: Christian Schloßer, Marcelo Strumpf
Cover-Design: Stefan Adler
Foto: Norbert Heuler
Kartenzeichnung: Jerry Dadds
Satz und Herstellung: Marcelo Strumpf
Druck: Fuldaer Verlagsanstalt

ISBN 3-92-41-63-73-1

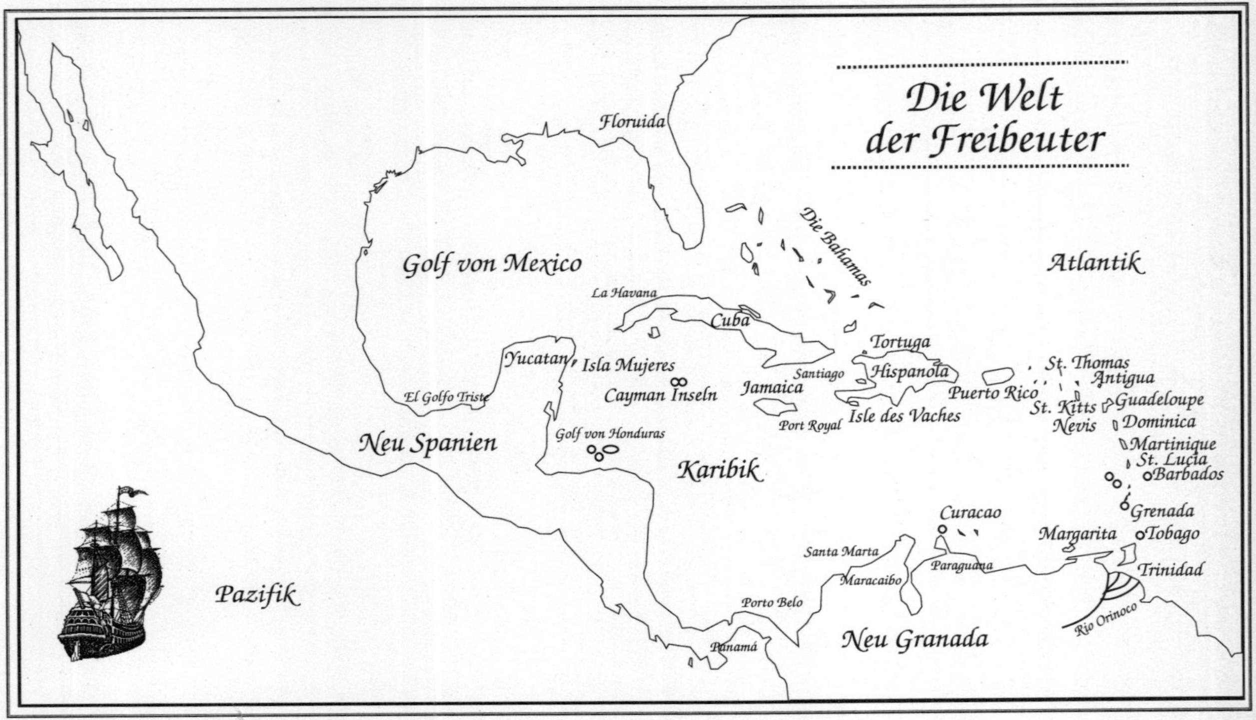
Die Welt
der Freibeuter
Floruida
Golf von Mexico
Die Bahamas
Atlantik
La Havana
Cuba
Tortuga
Yucatan
Isla Mujeres
Cayman Inseln
Santiago
Jamaica
Hispanola
Puerto Rico
St. Thomas
Antigua
St. Kitts
Guadeloupe
Nevis
Dominica
Martinique
St. Lucia
Barbados
El Golfo Triste
Port Royal
Isle des Vaches
Golf von Honduras
Neu Spanien
Karibik
Curacao
Grenada
Margarita
Tobago
Santa Marta
Paraguana
Trinidad
Maracaibo
Porto Belo
Rio Orinoco
Pazifik
Panamá
Neu Granada

Erstes Kapitel

Mein Heimatstädtchen
Long Jimmy
Ich gehe an Bord

Man schrieb das Jahr 1665, und ich war gerade dreizehn, als ich zum erstenmal spürte, wie eine Männerhand in meine Kniebundhosen schlüpfte und nach geheimen Stellen forschte. Ich liebte dieses Gefühl! Ich hatte den rauhen Kerlen, die in der Schankstube meines Vaters in Port Royal saßen, gerade Getränke aufgetragen, da packte mich plötzlich ein rothaariger Seebär und zog mich unter dem Gelächter seiner Kumpane zu sich auf den Schoß. Ich versuchte nicht zu entkommen.

„Schockschwerenot, Rotfuchs!" rief einer seiner Freunde. „Ich wette, der Knirps hat noch nicht mal Haare da unten!"

„Na, dann sehen wir doch einfach nach!" erwiderte der andre und riß mir, ratsch!, meine zerlumpten Hosen auf. Zutage trat ein golden schimmernder Flaum. Doch nicht deshalb schnappten die umsitzenden Seebären nach Luft. Was ihnen die Augen aus dem Kopf treten ließ, war, daß meine junge Männlichkeit unter derlei Zuwendungen langsam auf Vollmast ging und eine Größe erreichte, derer sich selbst ein ausgewachsener Mann nicht hätte zu schämen brauchen.

„Du hast gewonnen!" lachte derjenige, der gegen mich gewettet hatte. „Über die Haare läßt sich vielleicht streiten, aber stramm steht der Junge, soviel ist mal sicher!"

„Das ist das süßeste Ding, das mir in diesem Nest untergekommen ist", sagte der Rotschopf. „Nun, Junge, wie wär's?" Ich lächelte bloß, während die Hand ihre Erkundungen im Inneren meiner Hose fortsetzte.

Von dem grobgezimmerten Schanktisch auf der anderen Seite des Raumes beobachtete mein Vater, Charlie Cutler, die Szene. Seufzte er vielleicht? Heute, beim Zurückdenken, kann ich mir gut vorstellen, was ihm durch den Kopf ging. Er hatte gehofft, daß es nicht so käme, konnte sich aber mit seinen Gästen kaum auf einen Streit einlassen. Es waren fast lauter Freibeuter und andere Seeleute, und ihre Vorlieben waren in Port Royal ebenso bekannt wie ihr hitziges Temperament und ihre Bereitschaft, mit Fäusten und Schwertern zuzuschlagen, wenn ihnen einer in die Quere kam. In diesem Teil der Welt waren Frauen nun einmal Mangelware - zumindest weiße Frauen -, und die meisten von ihnen hielten reiche Großgrundbesitzer und Kaufleute in Beschlag. Da aber die Mehrzahl der Einwohner aus unternehmungslustigen jungen Männern bestand, hatte es sich bald eingebürgert, daß sie ihre fleischlichen Begierden untereinander stillten. Freilich, auch hier draußen, in Westindien, galt dies als Sünde und Verbrechen, aber die Vorschriften der Kirche bedeuteten kaum mehr als das Gesetz, für das es keinerlei Vertreter gab. Und genausowenig auf See. Waren nicht schon die ersten Freibeuter, von denen die Geschichte uns erzählt, dafür berüchtigt: Jasons Männer an Bord der »Argo«? Sicher, Fräulein Medea hatten sie zwar gerettet, aber Herkules, der weltberühmte Kraftmann, vergnügte sich die ganze Fahrt hindurch mit seinem Hylas.

Die Gäste meines Vaters waren mit ihren Beweisen gegenseitiger Zuneigung - oder Geilheit - ebenso schnell bei der Hand wie mit Flüchen und Faustschlägen. Und jetzt mußte er mitansehen, wie ich, sein Sohn und das einzige, was ihm nach dem Tod seiner Frau noch geblieben war, in aller Öffentlichkeit von einem solchen Rauhbein liebkost wurde. Früher oder später hatte es ja so kommen müssen.

Der Rotkopf stand auf, trat an den Schanktisch und zog mich dabei hinter sich her. „Ein Zimmer, Wirt!".

Mein Vater blickte von dem Freibeuter zu mir und wieder zurück. „Das da ist mein Sohn, Rotfuchs."

„So?" Der andere knallte ein Goldstück auf die Theke. Mein Vater sah es an: eine spanische Dublone, zweimal soviel, wie er sonst bekam. Er betrachtete mich noch einmal. Ich starrte zurück. Ich wußte, daß ich ein hübscher Junge war. Schon jetzt versprach mein Körper eine kraftvolle, wohlgeformte Muskulatur, und mein strohblonder Schopf fiel in ein kantiges Gesicht. Ich war mir über mein gutes Aussehen im klaren und wollte, was auch andere Jungen in diesem Ort hatten: Mein Vergnügen mit einem Mann, hol's der Teufel, wer alles davon wußte!

Mein Vater hatte keine großen Hoffnungen oder Ambitionen für mich. Wie andere Engländer damals - und auch heute - betrachtete er seinen Sohn als einen, der arbeiten, zum Familienunterhalt beitragen und ihn selbst auf seine alten Tage einmal ernähren sollte, weiter nichts.

„Weißt du, was dieser Mann hier von dir will?" fragte er mich. Ich nickte bloß. „Es ist das erste Mal für ihn, Rotfuchs. Das kostet dich etwas mehr."

Der Rote griff abermals in seinen Geldbeutel und ein zweites Goldstück landete auf dem Schanktisch. „Zimmer drei!" sagte mein Vater, und während wir uns nach der Treppe wandten, sah ich, wie er die Münzen in seiner Hand wog.

⚓ ⚓ ⚓

In den folgenden Monaten und Jahren verdiente mein Vater noch manches Goldstück an mir. Er verkaufte meine Jungfräulichkeit mehr als einmal. Aber das ganze Gold bekam er nicht. Schon bald hatte ich den Wert meines strammen kleinen Hinterns begriffen, und es gab viele Plätze in diesem wimmelnden Hafenstädtchen, wo ich meinem neuen Gewerbe nachgehen konnte. Überall traf ich auf bereitwillige Matrosen, denen ich in finsteren Gassen oder auf den Docks, hinter Güterballen, meine Gunst schenkte.

Und oft verschenkte ich sie tatsächlich - an junge Matrosen und Freibeuter, von denen manche kaum älter waren als ich. Nicht lange, da erweiterte sich mein Erfahrungshorizont. Mehr als ein Mann wandte mir ob der Entdeckung meiner eindrucksvollen Lanze den Rücken zu und fragte, ob ich ihn damit nicht aufspießen wolle. Ich tat ihm diesen Gefallen mit Freude.

⚓ ⚓ ⚓

Es war kurz vor meinem siebzehnten Geburtstag, da betrat ich eine Taverne und erblickte vor dem Schanktisch am anderen Ende des Raumes etwas, das mir wie eine Geistererscheinung vorkam: ein strahlendes Bild freibeuterischer Eleganz! Meine Augen wanderten von den schwarzen, mit weißen Stulpen versehenen Stiefeln über die enganliegenden schwarzen Hosen, die aus feinstem Tuch gefertigt waren, dem weißen Leinenhemd unter einer weinroten Samtweste. Eine Kaskade von Rüschen und Spitzen ergoß sich über Brust und Handgelenke, an der Seite des Mannes baumelte ein langes, schlankes Schwert, ein Rapier, und in seinem linken Ohr funkelte ein überdimensionaler Goldring. Gekrönt wurde das Ganze von einem breitrandigen Hut mit roter Feder, der auf feinsäuberlich frisierten schwarzen Locken saß. Ich wußte nicht, sollte ich staunen oder losprusten vor Lachen, denn das breite Honigkuchengrinsen des Mannes wollte zu seinem Aufzug ebensowenig passen wie das Dunkelbraun seiner Haut, welches verriet, daß ein kräftiger Schuß Afrikaner- oder Portugiesenblut in seinen Adern fließen mußte. Der Bursche war höchstens ein paar Jahre älter als ich, und ich konnte meine Augen nicht von ihm losreißen. Bald wurde ich mit einem anerkennenden Blick seinerseits belohnt.

Vorerst beeindruckte mich einzig und allein seine äußere Erscheinung, und kaum hatten wir einander wahrgenommen, da begannen wir beide jene kleinen Manöver, die uns zusammenführen würden. Schon kurz darauf schlüpften wir zusammen aus der Tür, und als er sich mir vorstellte, wurde mein Beeindrucktsein fast von Staunen übertroffen.

„Ich bin Jimmy Jones", sagte er. „Wir können auf mein Schiff gehen, die »Rote Hexe«. Sie liegt im Hafen vor Anker." Eine Einladung an Bord! Das kam wirklich selten vor, denn die meisten Seeleute hatten ja keinen Winkel für sich allein. Erfreut und zufrieden ließ ich mich von meinem neuen Gefährten ans Kai führen und stieg auf eine schmucke, wohlgeformte Brigg hinauf, wo uns der wachhabende Matrose salutierte. Käpt'n Jones bat mich in seine geräumige Kajüte. Dann machte er die Tür hinter uns zu, und wir verloren keine Zeit, um zur Sache zu kommen.

Als unsere Leidenschaft erschöpft war, lagen wir einander in den Armen und plauderten. „Mann!" keuchte Long Jimmy, „was könnten wir zusammen für einen Spaß haben, mit so einem Burschen wie dir an Bord...!" und fügte dann, mit leiserer Stimme, hinzu: „Weißt du, ein Kapitän kann sich nicht mit der gesamten Mannschaft verlustieren!"

Diese Worte verblüfften mich. Tatsächlich hatte ja auch ich schon mehrmals mit dem Gedanken gespielt, zur See zu fahren. Auf der Straße schnell etwas vom Gold der Freibeuter einzuheimsen, das war ja ganz gut und schön. Noch mehr aber sehnte ich mich danach, selbst einmal auf einem der Schiffe zu segeln, die ich tagtäglich im Hafen auslaufen sah, selber einmal die Länder, Inseln und Städte kennenzulernen, von denen ich schon soviel gehört hatte, selber einmal an den Kämpfen und Abenteuern der Freibeuter teilzunehmen und dadurch selber einen kleinen Teil jener Schätze zu erobern, die sie den Spaniern abknöpften. Darum antwortete ich: „Nichts lieber als das!"

„Du hast doch auch keine Angst zu kämpfen, oder? Letztes Jahr, in Porto Bello, da hättest du dabei sein sollen! Damals haben wir's diesen Spanierhunden wahrlich gegeben!"

„In Porto Bello? Da wart ihr dabei? Zusammen mit Colonel Morgan?"

„Aber ja! Die »Rote Hexe« ist damals in Morgans Geschwader gefahren, und bald tun wir es wieder. Hast du denn nicht gehört? Er stellt gerade eine neue Expedition auf die Beine. Und diesmal werden wir die ganze Spanierküste in den Staub strecken!"

Ich war beeindruckt. Henry Morgans Überfall auf die panamaische Siedlung Porto Bello war im Jahr zuvor *das* Stadtgespräch gewesen. Seine Begleitschiffe waren mit reicher Beute zurückgekehrt und von Sir Thomas Modyford, dem Gouverneur, in den höchsten Tönen gelobt worden.

Das einzige, was mir an Long Jimmys Vorschlag mißfiel, war die Aussicht, mich an einen bestimmten Mann zu binden. Ich wollte nicht alleiniger Besitz des Kapitäns sein; ich wollte mir mein Vergnügen holen, wo es mir paßte, und vielleicht ahnte er das schon, als er mich fragte: „Wer sind deine Eltern? Woher kommst du?"

Ich erzählte ihm von meiner Mutter, die früh gestorben war und mich Lesen und Schreiben gelehrt hatte, und von meinem Vater, dessen Taverne, »Zum Achterdeck«, eine der beliebtesten in der Stadt war. Ich selbst hatte dem Wirtshaus nun schon seit einem Jahr den Rücken gekehrt. Mein Vater hatte andere junge Burschen, die für ihn arbeiteten, und sorgte sich wenig um meine Umtriebe. Schließlich war ich nun fast ein erwachsener Mann, und man konnte kaum von mir erwarten, daß ich viel länger zu Hause blieb. Von daher würde mir bestimmt nichts im Wege stehen, wenn ich zur See fahren wollte.

„Lesen und schreiben kannst du?" fragte Long Jimmy interessiert. „Damit bist du den anderen Besatzungsmitgliedern um Längen voraus. Ich könnte dir Navigation und Kartenlesen beibringen, und ich glaube, du bist genau der Richtige dafür. Alle Kapitäne suchen sich junge, lernfähige Männer, die es mit genügend Ehrgeiz einmal an Bord zu etwas bringen. Schau nur mich an! Ich habe immer gewußt, daß ich eines Tages Kapitän werden würde. Mein eigener Kapitän hat es mir prophezeit, als er mich zum Zweiten Maat machte - genau, wie ich es jetzt dir prophezeie. Du hast das Zeug zu Höherem. Fahr mit! Ich nehme dich unter meinen besonderen Schutz, und", fügte er mit verschmitztem Lächeln hinzu, „sei unbesorgt - ich möchte dich nicht für mich allein! Genausowenig, wie du selbst dich fest binden möchtest. Aber wir bleiben Freunde, und wenn einmal Ruhe ist, kriechst du zwischendurch zu mir in die Koje. Einverstanden?"

„Hol's der Teufel! Ja!" bekräftigte ich, und wir besiegelten unsere Abmachung mit einem Handschlag. Mit seinen letzten Worten hatte er alle Zweifel, die mir noch geblieben waren, zerstreut. Gleich morgen früh würde ich meine Siebensachen packen, meinem Vater Lebewohl sagen, und dann konnte es losgehen! Ich, Tommy Cutler, ein Vagabund der Meere, ein Mitglied der „Küstenbrüderschaft" - ich hätte mir kein zufriedenstellenderes Abkommen denken können! Ich war wunschlos glücklich, und die Aussichten, die Long Jimmy mir eröffnete, beflügelten mich zu neuen Taten.

Zweites Kapitel

Küstenbrüder ~ Henry Morgan

Bezeichnet uns als Freibeuter, Bukanier oder Privatiers - nennt uns, wie ihr wollt, aber nie „Piraten"! Ich selbst habe mich zeitlebens als Engländer, als treuen Untertanen unseres Königs und als rechtmäßigen Vollstrecker seines Willens erachtet. Unsere Feldzüge gegen die Spanier geschahen zum Großteil nicht nur mit dem Segen, sondern im ausdrücklichen Auftrag unserer Regierung. Meist hatten wir einen offiziellen Kaperbrief in der Tasche, mit Stolz ließen wir die St.-Georgs-Flagge wehen, und hatten wir unsere Beute in einen englischen Hafen gebracht, so gingen ein Zehntel davon an die Krone, ein Fünfzehntel an die Admiralität, und der Rest wurde je nach Amt und Stellung unter der Mannschaft aufgeteilt, das heißt, den Eigentümern des Schiffes. So war es Tradition. Es war darum auch wichtig, eingetragenes Besatzungsmitglied zu sein.

Auf See freilich verlief nicht alles nach dieser hübschen gesetzlichen Regelung. Ein Großteil der Beute erblickte niemals den Heimathafen, und nie war die Obrigkeit völlig über deren Ausmaß im Bilde. Wenn jedoch einzelne „Privatiers" der ganzen Welt den Krieg erklärten, sich ohne Scham „Seeräuber" oder „Piraten" nannten und die schwarze Flagge hißten, so geschah dies erst Jahre später. In den Zeiten, von denen ich hier berichte, galt der Grundsatz, daß es „keinen Frieden jenseits des Äquators" gab, selbst wenn England nicht offiziell mit Spanien im Krieg lag, und die Bukanier waren Englands - beziehungsweise, in späteren Jahren, dann auch Frankreichs Frontlinie gegen das verhaßte spanische Reich...

Als Soldat unserer Heimat betrat ich darum am nächsten Morgen die Planken, und sofort fielen mir einige meiner neuen Kameraden auf. Es war ein buntscheckiger Haufen - zum Teil älter als ich und nicht sonderlich gewinnend, aber die meisten davon waren jung, manche ebenso jung wie ich selbst. Ich fühlte mein Herz höher schlagen, als ich daran dachte, daß ich sie in der Folgezeit hautnah kennenlernen würde.

Die fünfundfünfzig Mann Besatzung waren eigentlich viel mehr als zur Handhabung des Schiffes erforderlich. Es handelte sich um einen Zweimaster mit Rahsegeln, der über lediglich zehn Kanonen und zwei kleine Buggeschütze verfügte - ein kleines Privatschiff im Grunde. Aber die überzähligen Mannschaftsmitglieder wurden für Kämpfe und als Besatzung für die von uns gekaperten Schiffe gebraucht.

Am 25. Februar 1669 stach die »Rote Hexe« in See, um sich mit den anderen Schiffen von Henry Morgans Flotte zu treffen, und Long Jimmy überließ mich der Obhut eines kahlköpfigen Seebären mit Schnauzbart und breitem Brustkorb, den alle „Kanonenkugel" nannten. Er war der Quartiermeister und als solcher in mancher Hinsicht der zweitwichtigste Mann nach dem Kapitän. Wie dieser wurde auch er von der Besatzung gewählt - der eine als militärischer Anführer, der andere als Mannschaftssprecher in sämtlichen Belangen.

Da ich im Hafen von Port Royal und in ständiger Gesellschaft von Seeleuten aufgewachsen war, kannte ich mich auf Schiffen aus. Ich wußte über den Zweck der einzelnen Segel und Leinen Bescheid, kannte ihre Namen, und niemand mußte mir mehr beibringen, daß man nicht gegen den Wind spuckte. Aber dennoch hatte ich viel zu lernen. Als einem der jüngsten und neuesten Besatzungsmitglieder schob man mir die schwersten, widerlichsten Aufgaben zu, und wenn mein Dienst zu Ende war, wollte ich meist nur noch in meine Hängematte kriechen und schlafen.

Ähnlich bedeutsam wie meine seemännische Ausbildung war das, was Kanonenkugel mir über den Gebrauch von Schießeisen und Entermesser beibrachte. Letzteres ist unsere bevorzugte Nahkampfwaffe, ohne die ein echter Bukanier nirgendwohin geht. Ich hatte einen guten Lehrmeister und entdeckte, daß ich ein Naturtalent war. Bald konnte ich mich durchaus mit den anderen messen, die, von ein paar wenigen abgesehen, allesamt hervorragende Schützen waren. Wir schossen auf Vögel, die an uns vorbeiflogen, und auf Flaschen, die wir ins Meer warfen.

Und wie Long Jimmy es mir versprochen hatte, erlernte ich nebenbei auch die Grundbegriffe der Navigation. In stillen Stunden trafen wir uns in seiner Kajüte, um unsere „Schulstunden" abzuhalten und, nach getaner Pflicht, die lustvollen Rangeleien wiederaufzunehmen, mit denen wir in Port Royal begonnen hatten. Doch sahen wir uns vor, wenigstens den Privatunterricht, den mein hübscher Kapitän mir erteilte, vor den anderen geheimzuhalten, denn, sagte Long Jimmy, „wenn ein Mannschaftsmitglied Sonderbehandlung genießt, gibt das nur böses Blut."

Es waren schöne Schulstunden, und meine fleischlichen Gelüste kamen nicht zu kurz. Wenn ich die »Rote Hexe« jedoch in Erwartung einer Dauerorgie betreten hatte, so wurde ich bald eines Besseren belehrt. Etwas, das mich zu Anfang sehr erregte, war, daß viele der Männer - außer den sogenannten Offizieren - mit nacktem Oberkörper herumliefen. An Land hatte ich nur schwarze Sklaven so viel Haut öffentlich zur Schau stellen sehen - oft sogar noch mehr Haut, was dies betrifft, aber unter weniger erfreulichen Umständen: Wenn sie sich nämlich in unverhüllter Nacktheit Haut zeigten, dann auf dem Sklavenmarkt von Port Royal. Trotz dieses ungewohnt verlockenden Anblicks blieb meinen Bordkameraden für Lust und Spielerei wenig Zeit. Sie verrichteten ihre Pflichten mit Ernst und Gewissenhaftigkeit, denn ihnen standen große Gefahren bevor. Nicht, daß fleischliche Genüsse ganz vergessen gewesen wären; ein junges Bürschchen wie ich konnte sich kaum übers Deck bewegen, ohne daß man es ständig anfaßte und neckte. Aber das meiste davon war nicht als ernsthafte Annäherung gemeint.

Meinem Kapitän war das, glaube ich, nur recht so. Hätte ihm das Schicksal einen anderen Platz zugeteilt, so hätte er wohl am liebsten ein „ordentliches" Schlachtschiff kommandiert. Unter den gegebenen Umständen aber war er in gewissem Sinne nichts weiter als der gewählte Anführer einer Besitzergemeinschaft und konnte die Disziplin nicht durchsetzen, die man von Soldaten und Marinematrosen verlangte. Strikte Reinlichkeit an Deck und strikter Gehorsam - das waren die Ansprüche, mit denen er sich begnügen mußte. In seinem Geiste jedoch spielte er, glaube ich, zeitlebens den königlichen Fregattenkapitän.

Am Anfang hatte ich Sorge, daß der Quartiermeister mich als

seinen Privatbesitz betrachten würde. Da war ich dank Long Jimmys Großzügigkeit einer festen Bindung entronnen, und nun womöglich dies...! Schon bald jedoch merkte ich, daß „Kanonenkugel" bereits einen Gefährten hatte, einen schlanken jungen Matrosen mit dem Spitznamen „Link".

Derartige Verbindungen zwischen zwei Bordkameraden kannte ich schon aus Port Royal. Ich hatte unzertrennliche Paare gesehen, welche die Reize von mir oder meinen „Berufskollegen" völlig kalt ließen. Oft mieteten sie ein Zimmer in der Schankstube meines Vaters, nur um einmal unter sich zu sein, und auf der »Roten Hexe« nun sah ich solche Verbindungen in voller Blüte. Ich erfuhr, daß fast die halbe Mannschaft „in festen Händen" war - Beziehungen, die unter Freibeutern als beinah ebenso heilig gelten wie die Ehe. Ein solches Seemannspaar teilt seinen Besitz, seine Beute, die Fährnisse seines Berufes, und es gibt viele Geschichten, in denen zwei Matrosen füreinander gestorben sind. Denn seinen Gefährten beim Kampf im Stich zu lassen, gilt als Gipfel der Schande. So war ja auch das Heer von Theben eines der meistgefürchteten der Antike gewesen, weil es sich ausschließlich aus Männern zusammensetzte, die eine Zweierbeziehung hatten.

Entstanden sein soll diese Gepflogenheit, die sogenannte „Matelotage", aus einem Herr-Diener-Verhältnis, und wenn ich mich alsbald mit einzelnen Bordkameraden anfreundete, so hielt ich mich wohlweislich an jene, die, um mit Long Jimmy zu sprechen, *lose Geschütze*, also nicht gebunden, waren. Gelegenheit, sie unter vier Augen kennenzulernen, gab es vorläufig zwar nicht, doch merkte ich mir diejenigen, die interessiert schienen, gut vor.

Vor allem fiel mir Pancho ins Auge , ein vielleicht fünfzehnjähriger Negerjunge, der als „Mehlspatz" diente, das heißt, unserem Schiffskoch zur Hand ging und den Mannschaftsoffizieren das Essen auftrug (genau konnte ich sein Alter nicht schätzen, weil mir das Äußere von Schwarzen damals noch nicht so gut vertraut war). Von meinen Kameraden wußte ich, daß er kaum Englisch sprach, und die meiste Zeit trieb er sich unter Deck herum, in Messe und Kombüse; als sich mir aber einmal die Gelegenheit bot, beäugte ich ihn neugierig. Er war sehr dunkel, schmächtig gebaut, und unversehens ertappte ich mich bei dem Gedanken, wie es wohl wäre, einen solchen Körper zu liebkosen; doch schob ich diese Vorstellung rasch beiseite, da sie etwas Unanständiges zu besitzen schien.

Ein weiterer Mann, der mich beeindruckte, war unser Maat Robin Lodge; der aber auf eine unangenehme Weise. Long Jimmy hatte mir schon von ihm erzählt, als wir einmal in der Kapitänskajüte zusammenlagen. „Du würdest ihm gefallen", hatte er gesagt. „Und bestimmt wärst du auch von ihm ganz angetan. Er hat etwas, das ist dicker als das da..." Und verspielt griff er mir zwischen die Beine.

Ich erwiderte seine Geste mit einem Lachen. „Und vielleicht auch länger als das?" (Ich hatte natürlich festgestellt, daß Jimmys Beiname - „der Lange" - sich nicht unbedingt auf seine Körpergröße bezog.).

„Allerdings! Schließlich heißt er nicht umsonst *Knüppel-Rob.*"

Ich kicherte. „Knüppel-Rob! Du lieber Himmel! Hat er den denn wirklich?"

Nun, inzwischen war meine damalige Frage beantwortet. Robins Spitzname entsprach der Wahrheit, aber ganz recht geben konnte ich Long Jimmy nicht: Der Zweite Maat war ein häßlicher, haariger Kerl, der aus dem Mund roch und ein höchst unangenehmes, jähzorniges Wesen besaß. Er gefiel mir ganz und gar nicht, und ich war froh, daß er es bei einem einmaligen Betasten meiner Waren bewenden ließ.

Unsere erste Anlaufstelle auf dieser Fahrt war die Isle des Vaches - eine kleine Insel im Süden von Hispañola, unterhalb des Gebietes, das die Spanier - entgegen ihrer Behauptung - nicht beherrschten, und ostwärts von Jamaica. Sie war Morgans bevorzugter Schlupfwinkel, und hierher hatte er auch seine Flotte bestellt - ein Fleckchen Erde, das nur von Wildschweinen, Vieh und ein paar französischen Jägern bewohnt war, bei welch letzteren Freibeuter Rum und anderes, was diese Menschen benötigten, gegen Fleisch und Pelze eintauschen konnten. Außerdem gab es einen geschützten Ankerplatz und einen Strand, der wie geschaffen war, um unsere »Rote Hexe« zu reinigen.

Bei unserem Eintreffen fanden wir acht Schiffe mit insgesamt etwa fünfhundert Mann Besatzung vor. Das war weniger als erwartet. Das stattlichste Bild von ihnen gab zweifellos die »Oxford« ab, eine der Königlichen Fregatten, die Gouverneur Modyford uns höchstpersönlich geschickt und die Henry Morgan zu seinem Flaggschiff ernannt hatte.

Als wir Anker warfen, erscholl von Bord der anderen Schiffe ein

Freudengejohl. Hüte wurden geschwenkt, Pistolenschüsse gefeuert, und ich erspähte das weiße Sonnensegel am Achterdeck der »Oxford«, unter dem, rund um einen gedeckten Tisch, die übrigen Flottenkapitäne bei fröhlichem Palaver saßen.

„Beiboot aussetzen!" befahl Long Jimmy, der seine Kollegen, zumeist alte Bekannte, sogleich begrüßen wollte. Er hatte sich wieder in die Kluft geworfen, in der ich ihn kennengelernt hatte, und wie damals mußte ich gleichzeitig über diese Geckenhaftigkeit lächeln und ihn bewundern, als er da, stolz wie ein Pfau, im Heck des Beibootes stand. Ein Strahl der Nachmittagssonne blitzte auf seinem Ohrring.

Wir andere blieben bis auf unseren Bootsmann und vier Besatzungsmitglieder, die zum Rudern abkommandiert waren, unter dem Befehl des Ersten Maates zurück. Wir hätten gern gewußt, was dort drüben, auf der »Oxford«, nun ausgeheckt wurde, und fast alle strengten ihre Augen an, als könnten sie der Kapitänsrunde von den Lippen ablesen. Doch schon die war nur undeutlich zu erkennen. Vergebens suchte ich den berühmten Henry Morgan ausfindig zu machen, und vergebens fragte ich mich, welche Aufgaben uns - und vor allem mir - bevorstünden. Es hieß, daß wir gegen Kartagena fahren würden. Kartagena! Eine der reichsten Städte Westindiens! Die spanischen Flotten mit dem Gold aus den Bergwerken von Peru und den Smaragden aus Neu-Granada liefen dort aus. Die Wälle dieser Stadt waren seit Sir Francis Drake nicht mehr genommen worden, und das vor beinahe hundert Jahren! Es wäre ein gigantisches Unternehmen, und mein Puls schlug schneller - nichr nur in freudiger Erwartung meines ersten Freibeuter-zugs, sondern auch, ich gebe zu, etwas aus Angst davor.

Ehe ich mir deshalb jedoch allzuviele Gedanken machen konnte, scheuchte uns der Erste Maat an die Arbeit. Taue wurden geteert, frische Takel aufgezogen, Kanonen geputzt und gesäubert, Anstriche ausgebessert und all die zahllose Kleinarbeit getan, die erforderlich ist, bevor es auf neue Fahrt geht. Doch hatte ich dabei ein Erlebnis, das mich mindestens ebensosehr erregte wie die bevorstehende Expedition.

Als ich nämlich vorschiffs eine Luke aufmachte, um einen Schraubenschlüssel zu holen, ertappte ich Pancho, den schwarzen Schiffsjungen, und Andy, einen Matrosen, der nicht älter war als ich selbst, in inniger Umarmung. Ihre Hosen waren bis auf die

Knöchel heruntergelassen, und beide Jungen beschäftigten sich mit Geräten, die sicherlich nicht in diesen Raum gehörten. Als sie zu mir emporstarrten, grinste ich verlegen, ließ die Luke dann wieder zufallen und ging davon. Der Schraubenschlüssel war vergessen. Was mir vor Augen stand, waren vier Arschbacken, zwei Paar - das eine weiß wie Elfenbein, das andere schwarz wie Ebenholz - zwei Paar feste runde Kugeln, deren eines so glänzte wie die Kanonenkugeln, die sich oben an Deck stapelten. Ich zitterte vor Erregung. Der Anblick von Panchos Nacktheit hatte mich aufgewühlt wie nichts, an das ich mich erinnern konnte, und ich begriff mich selbst nicht mehr.

Als Long Jimmy gegen Abend zurückkehrte, ließ er die Mannschaft antreten und berichtete uns, was er zusammen mit den anderen Kapitänen besprochen hatte. Die Franzosen würden sich an unserem Vorhaben nicht beteiligen. „Darum sind wir zu schwach, um irgendeine von den größeren Städten an der Spanierküste zu überfallen. Wir haben uns deshalb für Maracaibo und die anderen Orte am Maracaibo-See entschieden."

Diese Nachricht wurde zwar mit Murren aufgenommen, aber man schickte sich ins Unvermeidliche. Kartagena wäre freilich ein unermeßlich fettere Beute gewesen.

⚓ ⚓ ⚓

Anfang März 1669 fuhren unsere acht Schiffe in den Golf von Venezuela ein. Vor uns lag eine schmale Durchfahrt zwischen der Insel Palomas und der Ostküste, die sich auf eine breite Lagune öffnet, und durch diese wiederum gelangt man in den gewaltigen Maracaibo-See. Beides, See und Lagune, ist nur durch eine Meerenge getrennt, an deren Westufer Maracaibo selbst liegt, und einhundertfünfzig Meilen weiter südlich, am Ende des Sees, befindet sich das Städtchen Gibraltar.

Als wir jedoch in Maracaibo anlegten, fanden wir Stadt und Festung wie leergefegt. Der Gouverneur und die Mehrzahl der Einwohner waren bei unserer Ankunft ins Binnenland geflüchtet und hatten all ihre Reichtümer mitgenommen, so daß nur eine Handvoll armseliger Menschen zurückblieb, die kaum der Gefangennahme lohnten. Aber nicht nur deshalb sahen wir uns in unseren Erwartungen geprellt: Wie wir erfuhren, hatte erst vor ein paar Monaten der französische Freibeuter D'Ollonais die Stadt überfallen; und wie gewöhnlich, hatte er ganze Arbeit geleistet. Mit seiner schon sprichwörtlichen Grausamkeit zwang er die Bewohner von Maracaibo, ihm ihre versteckten Schätze preiszugeben; die Stadt war ausgeraubt bis auf die Knochen und hatte sich von diesem Schlag noch keineswegs erholt, so daß für uns kaum etwas übrigblieb.

In ohnmächtiger Wut beschloß Morgan, sofort nach Gibraltar weiterzufahren. Dies war zwar eine kleinere Stadt, bei unserem Herannahen aber leistete sie lebhaften Widerstand. Jedoch nicht lange. Bald flohen sowohl die Bürger als auch die Verteidigungssoldaten mit ihren Booten in die Hügel, und wir ließen unsere Schiffe in der Obhut einer notdürftigen Mindestbesatzung, um die Flüchtlinge zu verfolgen. Es dauerte nicht lange, da hatten wir sie eingeholt.

Wie sich herausstellte, war dies kein schlechter Fischzug, und außerdem machten wir Gefangene, die wir wieder mit nach Gibraltar nahmen, um D'Ollonais' Beispiel zu folgen. „Es muß noch mehr da sein", zischte Morgan, „und diese dreckigen Spanierhunde werden uns sagen, wo!" Darum schlug er sein Lager in der Kirche auf, und die unglücklichen Gefangenen wurden auf die Folter gespannt, bis sie uns auch das allerletzte Versteck verraten hatten.

Ich selbst nahm an diesen Vorgängen nicht teil, sondern wurde zwei Suchtrupps zugeteilt, die das umliegende Land weiter durchkämmen sollten. Aber auch mir blieb natürlich nicht verborgen, wie hier Menschen gequält und verstümmelt wurden, und es war die erste Bekanntschaft, die ich mit Folterungen machte. Natürlich war es auch in Port Royal an der Tagesordnung gewesen, daß Großgrundbesitzer ihre Sklaven peitschten oder gar noch grausamer mit ihnen verfuhren, doch hatte es sich dabei um Schwarze gehandelt, und die meisten, dachte ich damals, hatten es nicht besser verdient. Hier jedoch peinigte man Menschen, um ihnen ein Geheimnis abzupressen. Das war etwas anderes, aber ich muß gestehen, daß dies keinen von uns weiter berührte. Als Spanier und Papisten hatten es diese Leute, wie ungehorsame Sklaven, nicht besser verdient, und mit dem blinkenden Entermesser, das jetzt an meiner Seite baumelte, war das Gefühl der Macht, die ich und meine Gefährten über diese Stadt ausübten, ein berauschender, schwindelerregender Wein. Ich hatte meine ersten Gefechte hinter mir, auch wenn sie noch keine große Bewährungsprobe waren, hatte mich mit

Leib und Seele in mein neues Leben gestürzt, und alles andere scherte mich einen Dreck. Ich war gedankenlos wie fast alle Jungen meines Alters und in meiner Situation.

Trotzdem aber möchte ich hier etwas richtigstellen: In letzter Zeit sind Geschichten über sinnlose und übertriebene Grausamkeit von seiten unserer Brüderschaft im Umlauf. Aber das stimmt nicht. Im Gegensatz zu Menschen wie D'Ollonais bereiten uns die Schmerzen anderer keine besondere Freude. Wir benutzen die Folter nur als Mittel zum Zweck, doch bei dem Gedanken, etwa eine Frau zu foltern, wäre der schwärzeste Schurke unter uns vor Schreck erbleicht. Den Spaniern ihre Schätze wegzunehmen, nicht mehr und nicht weniger, ist unser Geschäft! Mit Höflichkeit kämen wir da nirgendwohin. Und wären, im übrigen, die Spanier an unserer Stelle gewesen, so hätten sie sich nichts dabei gedacht, uns noch weit Schlimmeres anzutun.

Alles in allem hielten wir uns fünf Wochen in Gibraltar auf. Ich fand diesen Landstrich faszinierend. Er war ganz anders als die englischen Karibikgemeinden, die ich kannte. Die Spanier hatten um ihre Hauptstädte herum - die auf dem Festland standen - eine eigene Gesellschaft gebildet, und selbst die spanischen Großgrundbesitzer weilten in krassem Gegensatz zu den englischen die meiste Zeit in den Häusern, die sich hinter den Stadtmauern drängten, statt auf ihren stolzen Gutssitzen. So lebten im Hinterland allenfalls Kleinbauern: Spanier, Indianer und Mestizen.

Auch in der Zusammensetzung der Bevölkerung entdeckte ich höchst befremdliche Unterschiede. Es gab recht wenig afrikanische Sklaven, höchstens als Hausmägde und -diener, dafür aber ebensoviele Frauen wie Männer. In den englischen Kolonien sollte sich dies erst im Laufe der Jahre entwickeln.

Doch weder ich noch meine Gefährten sannen viel über derlei Unterschiede nach. Für uns bestätigten sie einfach, daß die Spanier ein wunderlicher, fremdartiger Menschenschlag und Anhänger des Antichristen in Rom waren.

Nach Ablauf der fünf Wochen schrieb Morgan das Lösegeld, das er gefordert hatte, um die Stadt nicht niederzubrennen, in den Wind, und wir fuhren samt unserer Beute zurück nach Maracaibo. Die Einwohner von Gibraltar brachten das Geld einfach nicht auf.

Drittes Kapitel

Das Ende unseres Feldzugs
Ich erhalte meinen Spitznamen
Ein unerwarteter Freund und ein schicksalhaftes Erlebnis

In Maracaibo erwartete uns eine Hiobsbotschaft: Drei spanische Kriegsschiffe aus Porto Bello - die »Magdalena«, die »La Marquesa« und die »San Luis« mit einer Geschützstärke von jeweils sechsundzwanzig bis neunundvierzig Kanonen und jedes davon mindestens ebensogroß wie die »Oxford«, das stärkste Schiff unserer Flotte - hatten die andere Seite der Meerenge verbarrikadiert. Wir saßen in der Falle.

Morgan versuchte es mit einem Bluff. Er ließ dem spanischen Kommandanten eine Botschaft übermitteln, in der er Lösegeld für Maracaibo verlangte. Andernfalls würde er die Stadt niederbrennen. In dem Antwortschreiben des spanischen Befehlshabers wurde diese Drohung vollkommen ignoriert; nur, wenn wir sämtliche Beute und Gefangenen zurückließen, hieß es darin, würde man uns durchlassen und freien Abzug gewähren. Zwei Tage hätten wir Zeit, uns zu ergeben; dann würde er, Admiral Alonzo del Campo y Espinosa, seine Truppen auf uns entsenden.

Als Morgan uns dieses Schreiben vorlas, beschlossen wir einhellig, lieber zu kämpfen als das, wofür wir soviel aufs Spiel gesetzt hatten, im Stich zu lassen.

Wir nutzten diese zwei Tage gut. Ein kleines Schiff, das wir in Gibraltar gekapert hatten, wurde mit Holz und Farbe als „Schlachtschiff" hergerichtet. Schwarzgestrichene Klötze ragten aus gemalten Geschützluken, mit Lumpen behangene Stöcke täuschten eine Mannschaft vor. Danach bestrichen wir die Takelage mit Pech, schütteten Schwefel über das ganze Schiff, bestreuten das

Deck mit in Teer getauchten Palmblättern und stellten am Bug ein Pulverfäßchen auf, von dem eine lange Zündschnur nach achtern verlief. Als echte Besatzung dieser schwimmenden Bombe dienten zwölf Freiwillige, die Gehorsam bis in den Tod gelobten.

Dann segelten wir durch die Meerenge zu einem Punkt der Lagune, von wo aus wir die spanischen Schiffe sehen konnten. Sie hatten für die Nacht festgemacht.

Im Morgengrauen eröffneten wir den Kampf. Als erstes schickte Morgan das Feuerschiff zur »Magdalena« aus, dem größten der feindlichen Fahrzeuge. Es segelte unbeschadet durch einen Kugelhagel von seiten der spanischen Musketiere, machte an der »Magdalena« fest, und unsere Freiwilligen lieferten sich ein kleines Handgemenge mit dem Gegner. Dann wurde die Lunte gezündet. Unsere tapferen Freunde sprangen ins Wasser und schwammen, so weit sie konnten, während die »Schlagetot«, das kleinste Schiff unserer Flotte, aber ein sehr wendiges, schnell beidrehte, um sie aus den Wogen zu fischen.

Die Männer waren eben in Sicherheit, da explodierte hinter ihnen unsere „Bombe". Flammen schlugen an der Magdalena empor und hoch in die Takelage. Der Bug senkte sich, und die Mannschaft floh auf die andere Seite. Manche schafften es in die Boote und legten ab, aber die anderen, größtenteils Soldaten, ertranken in ihrer Rüstung.

Als der Kapitän der »San Luis« das Schicksal der »Magdalena« erblickte, verlor er den Kopf, drehte ab und versuchte zu fliehen. Er kam nicht weit. Sein Fahrzeug lief auf Grund, und der Rumpf riß entzwei. So versank auch das zweite Schiff.

Nur die »La Marquesa« blieb noch übrig. Wir setzten alle Segel und nahmen Kurs auf das Schiff - uns unmittelbar voraus die kleine »Schlagetot«, die nun, da sie die Besatzung des Feuerschiffs gerettet hatte, wacker den Anführer spielte. Als ich mich jedoch umdrehte, merkte ich, daß nur sie und die »Rote Hexe« dem Spanier zu Leibe rückten. Die übrige Flotte folgte uns erst mit großem Abstand.

Als das spanische Schlachtschiff uns beim Herankommen unter Beschuß nahm, feuerten wir und die »Schlagetot« aus unseren Buggeschützen. Es war ein sonderbares, nie gekanntes Gefühl. Eine Flut von Erregung schien all meine anderen Gedanken wegzuspülen, als ich zum erstenmal den Kanonendonner einer Seeschlacht vernahm.

Der Spanier fuhr vor dem Wind nach Westen, und die »Schlagetot« tat ihr Bestes, um ihn zu überholen und ihm den Weg abzuschneiden. Schließlich gewann sie das Rennen. Eine Kanonenkugel durchschlug das spanische Schlachtschiff vom Bug bis zum Heck, aber langsamer wurde es dennoch nicht, und unser Freund hatte sich verkalkuliert: Mit einem ohrenbetäubenden Krach bohrte sich ihm die »La Marquesa« ins Achterdeck, ehe er entrinnen konnte, und auf diese Weise saßen beide Schiffe im Wasser fest. Das kleinere schaukelte breitseits vor dem Steuerbord des Spaniers, der turmhoch über ihm aufragte.

Die »Rote Hexe« war inzwischen fast zu ihnen gelangt. Auf Long Jimmys Befehl drehten wir hart steuerbord, so daß wir vor den Wind kamen und unter anhaltendem Beschuß breitseits an der »La Marquesa« festmachten.

„Alle Mann klar zum Entern!" rief Jimmy, und wir schwärmten die Wanten hinauf an Deck des höheren Fahrzeugs, über dessen Reling sich von der anderen Seite bereits die Mannschaften der »Schlagetot« und des Feuerschiffs ergossen.

Zu diesem Zeitpunkt war ich schon keines klaren Gedankens mehr fähig. Ein Gemisch aus Furcht und Kampfeswut hämmerte in meinem Schädel, und mein Entermesser schwingend, erklomm ich zum erstenmal ein feindliches Schiff. Die spanischen Soldaten erwarteten uns in geschlossener Formation. Anders als auf englischen Schiffen, wo jeder Mann ein Matrose und jeder Matrose ein Soldat ist, halten sich die spanischen Seeleute völlig aus dem Gefecht heraus, während das Militär seinerseits sich für seemännische Aufgaben zu schade wähnt und nichts davon versteht - eine verhängnisvolle Organisationsschwäche, die schon oft das Verderben der Spanier herbeigeführt hat. So auch dieses Mal.

Die verängstigten und unbewaffneten Matrosen suchten dem Kampf zu entrinnen, während wir die Soldaten gleichzeitig von Back- und von Steuerbord her einschlossen. Den Feind vernichten und in Stücke reißen war mein einziger Gedanke! Ich konnte Schwerter klirren hören, das Geschrei und Gekreisch der Sterbenden und Verwundeten gellte mir in den Ohren, daß die Flüche und der Stimmenlärm der Kämpfer kaum vernehmbar waren, und dicke Schwälle von Blut spritzten aufs Deck. Bald teilten sich die Spanier und wichen zum Bug und Heck zurück, doch dies besiegelte ihr Geschick. Die kleinere Spaniergruppe wurde von den Männern der »Schlagetot« im Handumdrehen vernichtet.

Ich selbst folgte derweil der größeren, die sich zum Achterdeck des Schiffes zurückzog, und mähte mit meinem Säbel zwei ungedeckte spanische Soldaten nieder. Dabei merkte ich gar nicht, daß ich aus mehreren Fleischwunden blutete - merkte gar nicht, daß ich mit meiner blindwütigen Attacke die Speerspitze des Angriffs bildete. Ich wußte nur, daß meine Klinge etliche Male getroffen hatte.

Ich erreichte die Leiter zum Achterdeck, wo sich die übrigen Spanier neu formierten, und stürmte hinauf. An ihrem oberen Ende erwartete mich ein geharnischter Soldat, der mir, bevor ich mein Gleichgewicht wiedererlangen konnte, sein Schwert in die linke Schulter trieb, und ich versuchte mich noch von diesem Schlag zu erholen und dem Burschen mit meinem Entermesser eins überzuziehen, da sprang aus der Takelage über mir eine kleine schwarze Gestalt - Pancho! Mit einem blindwütigen „Kiill! Kiill!" - der schmächtige Heidenbengel beherrschte, wie gesagt, unser Englisch nur notdürftig - jagte er meinem Angreifer einen Dolch ins Genick. Er hatte mir zweifellos das Leben gerettet!

Pancho entriß dem sterbenden Spanier dessen blutiges Schwert, und wir wateten zusammen in das letzte Feindesknäuel, während unsere Gefährten hinter uns die Leiter heraufschwärmten. Ich hatte keine Zeit, so etwas wie Überraschung wahrzunehmen. Aber daß der kleine Küchenjunge sich mit ins Gefecht stürzen würde, hatte ich bestimmt nicht erwartet.

Meine linke Schulter tat weh, und ich konnte den Arm nicht heben. Mein rechter Arm jedoch, mit dem ich das Entermesser hielt, war unversehrt, und in wenigen Minuten hatten wir auch dem letzten Soldaten den Garaus gemacht. Es gab kein Erbarmen.

„Zurück auf die »Rote Hexe«, Leute! Wir laufen auf Grund!" brüllte Kanonenkugel, und als ich mich umdrehte, sah ich, daß die drei aneinanderklebenden Schiffe leewärts zum Strand der Lagune getrieben waren. Sofort flüchteten die meisten von uns, auch die Besatzung der »Schlagetot«, von dem zum Untergang verurteilten Spanier aufs Deck der »Roten Hexe«. Die Beiboote wurden zu Wasser gelassen, und wir begannen, unser Schiff wieder in offene Gewässer zu hieven. Für einen Versuch, es durch den Wind in Sicherheit zu bringen, war es zu spät. Während darum Long Jimmy wie von Sinnen seine Befehle brüllte, ruderten wir allmählich von den anderen Schiffen und der Küstenbrandung weg.

Für die »Schlagetot« gab es keine Hoffnung mehr. Sie war untrennbar mit der »La Marquesa« verkeilt, und sie unerbittlich vor sich herschiebend, schmetterte das große Schiff an die Küste, wo es sich seitwärts legte. Viele der spanischen Seeleuten, die nicht von uns niedergemetzelt worden und noch an Bord waren, kamen bei dem Versuch, sich zu retten, in der Brandung ums Leben; manche aber schafften es und flüchteten in den Busch.

Es war noch nicht Mittag, und wir hatten drei mächtige spanische Schiffe zerstört. Ein großer Sieg!

Während die beiden Wracks an Land geschwemmt wurden, saß ich benommen auf einer Decksluke und starrte hinüber. Mein Puls beruhigte sich allmählich, mein Verstand klarte wieder auf, und ich begutachtete gerade meine Schulterverletzung, da trat plötzlich Pancho mit einem Eimer Wasser und einem Streifen Stoff neben mich. Ich hatte ihn nicht um seine Hilfe gebeten, doch er machte sich an der Schnittwunde - die zum Glück weder tief war noch sonst Anlaß zur Sorge gab - zu schaffen, als wäre ich schwerbeschädigt. Wie eine Mutter wusch und tupfte er daran herum - keine Spur mehr von dem schwarzen Teufel, den ich vor noch ein paar Minuten erlebt hatte.

Als er mit seiner Behandlung fertig war, setzte er ein breites, weißes Lächeln auf, keuchte „Tommii!" und nahm mich bei der Hand. Ich wußte nicht, was ich davon halten sollte, doch plötzlich, noch ehe ich's mich versah, schmiegte sich sein Gesicht an meine Schulter, und ich fühlte eine seidigglatte Haut und zwei volle, weiche Lippen meinen Hals, meine Ohren und mein Genick liebkosen, die Fetzen meines Hemdes beiseiteschieben, dann an meinem Rücken hinab und von dort wieder nach vorn, zur Brust, wandern. Schockiert spürte ich, wie Panchos zärtliche Zunge mir über den Bauch glitt und meine Männlichkeit zu voller Größe anschwoll. Und dazu dieser Geruch - dieser feine, reine Moschusduft, der mir bei alledem in die Nase stieg! Noch bei keinem Mann hatte ich ihn erlebt!

Mit pochenden Lenden sank ich in eine Taurolle hinter mir. Pancho aber stand auf, und wieder konnte ich die Zähne in diesem schwarzen Gesicht grinsen sehen. „Später!" sagte er und überrumpelte mich dann noch einmal, indem er sich blitzschnell zu mir herabbeugte, mir einen Kuß auf die Wange drückte und verschwand.

Ich glaube, ich hätte noch bis in die Nacht so dasitzen können, um alles, was mir heute widerfahren war, zu verarbeiten. Aber ich kam gar nicht erst dazu, denn nun hatten die anderen Schiffe an uns festgemacht, und jauchzende, ausgelassene Männer strömten über das Deck. Mit einemmal stand Long Jimmy neben mir, riß mich hoch und zerrte mich in die Mitte des Getümmels, wo er alle Leute zusammenrief und ihnen Schweigen gebot.

„Männer", sagte er, während der Lärm erstarb, „wir haben heute einen großen Sieg errungen, und den wollen wir feiern. Bevor wir aber zu tief ins Glas geschaut haben, laßt uns der Helden dieses Tages gedenken, zwei tapferer Männer, die im Kampf mit dem gottverdammten Spanier ihr Leben ließen - Gott sei ihren Seelen gnädig! -, ihrer und unseres Tommy, des frischesten Mitglieds unserer Gemeinschaft, aber bei weitem nicht des geringsten!"

„Jawohl!" bekräftigte Kanonenkugel mit lauter Stimme. „Ich hab ihn heute an Deck des Spaniers kämpfen sehen, und er war der reinste Teufel! Ich bin gleich hinter ihm gewesen, und das will ich auch in Zukunft sein; von nun an folge ich ihm überallhin!"

„Sein Entermesser hat sich durch diese Hundesöhne geschnitten wie Butter!" rief eine andere Stimme. „Er war nicht zu bremsen!"

Und „Entermesser-Tommy, das wär der richtige Name für ihn!" rief eine dritte.

„Jawohl, Entermesser-Tom!"

Sprachlos stand ich da. Diese Männer bejubelten mich. Mich! Ich konnte es nicht fassen. War ich tatsächlich der Held beim Entern der »La Marquesa« gewesen?

Ich hielt eine Hand hoch, und der Jubel legte sich. „Freunde, da wir schon dabei sind: Ich war nicht der einzige, der heute seinen Mann gestanden hat. Hier, seht Pancho!" Mit einer dramatischen Geste deutete ich auf den kleinen Schwarzen, der zwischen den anderen war. „Er hat den dreckigen spanischen Hundesohn erstochen, der mich fast umgebracht hätte. Und nicht nur den! Er hat mitgekämpft wie wir alle und ebensoviele Spanier in den Papistenhimmel geschickt. Laßt ihn die Mannschaftsliste unterschreiben! Er soll Vollmitglied unserer Besatzung werden! Er hat es sich verdient!"

Knüppel-Rob, unser Zweiter Maat, der jetzt aber, nach dem Tod des Ersten, wahrscheinlich eine Sprosse höher klettern würde, funkelte mich schweigend an, und einen Moment dachte ich, ich sei vielleicht einen Schritt zu weit gegangen. Nicht genug damit, daß

Pancho ein schwarzer Heidenbengel war, würde ein neues Besatzungsmitglied auch unsere Beute um einen entsprechenden Anteil verringern. In diesem Moment jedoch ertönte Kanonenkugels dröhnender Baß:

„Jawohl, Entermesser-Tommy hat recht! Ich hab dem Burschen auf der »La Marquesa« zugesehen. Keiner, der so kämpft, ist ein Sklave!"

Und damit waren die Würfel gefallen. Die Mannschaft jubelte erneut, und Jimmy Jones bat Pancho in seine Kajüte, wo er ihn die Mannschaftsliste unterschreiben ließ. Wie Long Jimmy mir später erzählte, sah der kleine Neger die Rolle zuerst zweifelnd an. Dann malte er darunter ein dickes schwarzes X, neben das Jimmy Panchos Namen schrieb.

Während alles dessen hielt Henry Morgan, unser Flottenkommandant, sich auffallend zurück, und nach und nach wurde mir auch klar, warum. Die »Schlagetot« hatte unsere »Rote Hexe« durch ihre tollkühne Eigenmächtigkeit zum Nachziehen gezwungen und den Sieg herbeigeführt, während unsere übrigen Schiffe, vor allem Morgans eigene große »Oxford«, zurückgeblieben waren. Das mochte verständlich sein. Es sprach für Morgans besonnene Strategie und seine Disziplin als Feldherr. In Anbetracht unseres Sieges jedoch erschien seine Rolle nicht gerade sehr rühmlich, und ich glaube, in beiderseitigem Einverständnis wurde kein weiteres Wort über die Sache verloren.

So setzten wir denn Segel, um die gefährliche Lagune möglichst schnell zu verlassen, und gingen erst draußen, an der Insel Palomas, wieder vor Anker. Feuer wurden entfacht, Rumfäßchen an Land gebracht, Fideln, Gitarren und Hornpfeifen hervorgeholt, und bald hatten sich alle Schiffsmannschaften am Strand niedergelassen.

Schon oft hatte ich über solche Freibeuterfeste gehört - wilde Gelage, bei denen gelacht, gesungen und getanzt wurde, in denen sich aber auch die aufgestaute Wollust der Männer hemmungslos Luft machte. Es war stets eine erregende Vorstellung für mich gewesen und, ich muß bekennen, sogar der Teil meines neuen Lebens, auf den ich mich am meisten gefreut hatte. Nun aber, da ich endlich einmal selbst daran teilnehmen konnte, da ich ringsum junge Burschen erblickte, mit denen ein Kennenlernen unter vier Augen gewiß sehr nett gewesen wäre und die offenkundig auch in mir einen angenehmen Gefährten sahen, fühlte ich mich merkwürdigerweise lustlos und zerstreut; es gab soviel für mich zum Nachdenken, und während überall ausgelassene Raufereien und Zärtlichkeiten ausbrachen, saß ich im Sand und sog versonnen an meiner Flasche.

Da hockte sich plötzlich jemand neben mich: Pancho. Es war das zweite Mal heute, daß er unerwartet an meiner Seite auftauchte, und als ich das Funkeln in seinen Augen sah, wußte ich: Wir würden den Moment der Zweisamkeit, der an Deck der »Roten Hexe« begonnen hatte, fortsetzen - und diesmal war ein Kuß nur der Anfang.

Ohne jedes Wort warf der schlanke Kleine seine Arme um mich und drückte mir seine vollen, dunkelrot schimmernden Lippen auf den Mund. Ich konnte mich nicht wehren. Ein Kuß! Das war nicht üblich unter den rauhen Burschen, in deren Gesellschaft ich mich befand - weder an Bord noch an Land, in Port Royal. Und das noch dazu von einem Schwarzen! Doch ohne nachzudenken, folgte ich einem mächtigen Instinkt, griff nach der zerlumpten Kniehose des Jungen, zog sie ihm herunter und befreite mich dann ein wenig aus seinen Armen, um den nackten Körper zu bewundern, der neben mir im Sand lag. Das Licht des Mondes schimmerte unerwartet hell auf den Rundungen und Konturen der glatten schwarzen Haut, und während ich staunend meine Hand über die zarten, wohlgeformten Muskeln wandern ließ, beobachtete ich das Zucken in Panchos steifem Glied.

Ich verlor keine Zeit. Im Handumdrehen flogen meine eigenen Kleider in den Sand, ich erneuerte unsere Zärtlichkeiten meinerseits mit einem langen, tiefen Kuß und stürzte mich, alle Bedenken über Bord werfend, auf die Flanken, den Rücken, die festen, seidigen Gesäßbacken des Jungen.

Pancho aber hatte seinen eigenen Willen. Ungeduldig stieß er mich fort und begann erneut, meinen Körper mit seiner Zunge zu bearbeiten: die Brustwarzen, bei denen er kurz verweilte, um erst die eine, dann die andere leicht zu beknabbern, von dort zu meinem straff gespannten Bauch, wo er eine Weile in meinem Nabel leckte, und dann noch tiefer. Seine Zauberzunge leckte an den Seiten meiner aufragenden Männlichkeit.

Wehrlos lag ich im Sand und zitterte unter diesen exotischen, nie erlebten Liebkosungen. Dann stülpte sich ein warmes Lippenpaar, ein warmer Mund über meine Steifheit, und ich mußte die

Zähne zusammenbeißen, damit nicht alles im Nu vorbeiginge. Zu guter Letzt wurde ich erlöst; die Zunge schlängelte sich tiefer, zu meinen Hoden.

Zwei schwarzglänzende Schenkel erschienen vor meinem Gesicht, und einer glitt darüber hin, so daß Panchos Geschlecht unmittelbar vor meinen Augen schwebte. Ein steifer schwarzer Pfahl ragte aus einem winzigen Büschel noch schwärzeren drahtigen Haares. Darunter saßen, in einem festen, schrumpligen und nahezu unbehaarten Hodensack, zwei stattliche Eier. Die Einladung war nicht mißzuverstehen. Ich geriet fast in Panik. Dieses Ding in den Mund nehmen? Es hätte mich abstoßen sollen! Nicht einmal durch einen Sprung ins Meer wurden der Speck und Dreck doch entfernt, die sich im Laufe der Monate, ja, oft sogar Jahre an dieser Körperstelle des Mannes ansammeln mußten, und keiner, den ich kannte, hatte seine Lanze je anders als von hinten zum Einsatz gebracht! Nun aber, da Pancho mir *dieses* Gefühl schenkte.

Zaghaft nahm ich sein Fleisch in meine Hand und schob die schwarze Vorhaut zurück. Das Ding war nicht besonders groß, dafür aber dick und kräftig. Das berauschende Moschusaroma drang mir stärker entgegen denn je, und der dunkle, rubinrote Kopf des Schaftes - war blank wie am ersten Tag! Langsam streckte ich meine Zunge danach und wurde mit einem Tropfen Nektar belohnt. Er war süß. Er war bitter. Er war irgendwie nicht unangenehm. Kühner geworden, hob ich meinen Kopf, stülpte meine Lippen über die Fleischkuppe und wollte gerade tiefer vordringen, da stieß mir Pancho seinen Schaft ganz in den Mund.

Ich würgte, schluckte ihn jedoch mit voller Länge, bis meine Lippen das drahtige Haar an der Wurzel berührten. Meine Nasenlöcher sogen den schwindelerregenden Duft ein. Es war köstlich - diese warme Glätte, dieses erregende Gefühl, als sie mir in den Schlund stieß... Ich konnte es nicht beschreiben, aber ich wußte: Aufhören würde ich nicht!

Und wir taten es auch nicht. Schaudernd entlud sich unsere Leidenschaft fast gleichzeitig in die Kehle des anderen, und ich schluckte die warme, bittersüße Gabe des Jungen. Wie hatte ich nur so lange leben können, ohne diese Wonnen zu entdecken?!

Später, als wir ineinandergeschlungen im Sand lagen, betrachtete ich den Körper des schlummernden Pancho abermals. Was, *was* nur, setzte mich an dieser schwarzen Haut in solche Erregung?

Warum stieg mir dieses Moschusaroma so zu Kopf? Schon der Gedanke an einen Schwarzen - ob Mann oder Junge - erfüllte mich mit einer warmen Sinnlichkeit. Aber woher so plötzlich, nach all diesen Jahren? Ich wußte es nicht, und ich weiß es bis heute nicht. Eines jedoch habe ich gelernt: Daß die Afrikaner in puncto Sauberkeit grundverschieden von uns Europäern sind, und später sollte ich ihre Sitten und Gebräuche auch an Bord einführen - ähnlich wie die Spanier, die von ihren maurischen Besatzern einst deren Körperpflege übernommen hatten. Man sieht: Auch das Gute an den Spaniern stammt nicht von ihnen selbst.

Im Moment aber beschäftigte mich nur eines: Daß ich nun, da ich davon gekostet hatte, noch mehr von diesen Freuden wollte!

Viertes Kapitel

Unverhoffte Beute und strahlende Rückkehr Mein achtzehnter Geburtstag Es geht wieder auf Fahrt

Der nächste Tag kam nur langsam in Gang, doch hatte mich mein Schlummer erquickt, und ich konnte die Geschehnisse mit Abstand betrachten.

Am Vormittag rief Henry Morgan seine Kapitäne zusammen, und man beschloß, die spanischen Schiffe, da wir sie schon versenkt hatten, nicht einfach liegenzulassen, sondern auch sie auf etwaige Beute zu durchsuchen. Während daher der Rest unserer Flotte vor dem Laguneneingang Wache hielt, wurden Taucher zu den Wracks der »Magdalena« und der »La Marquesa« geschickt - ein Unterfangen, das sich mehr als bezahlt machte: Wir bargen nicht nur über fünfzehntausend Goldstücke, sondern auch eine reiche Ladung an Silber. Offenbar hatte man diese Schiffe in aller Hast von der spanischen Schatzflotte abkommandiert, als sich unser Überfall nach Porto Bello durchsprach, so daß uns dieser Fischzug reichlich für die enttäuschend magere Beute aus den Städten entschädigte. Unsere Expedition war doch noch ein Erfolg!

Anfang Mai 1669 fuhren wir nach Port Royal zurück, und ich konnte nicht umhin, mich auf das Gesicht zu freuen, das mein Vater bei meiner Ankunft machen würde. Da war ich nur knappe zwei Monate auf See gewesen und schon anerkanntes Mitglied einer siegreichen Freibeutermannschaft! Es war kindisch, aber ich wollte meinen Freunden und Bekannten zu Hause beweisen, daß ich es zu etwas gebracht hatte - daß ich das Zeug hatte, es zu etwas zu bringen.

Während unserer Heimfahrt erfuhr ich auch, daß Pancho vom

ersten Augenblick an tiefe Zuneigung für mich empfunden hatte, und nun, da dies Gefühl vermehrt wurde um Dankbarkeit, warf er sich mir regelrecht an den Hals. In einem unbeobachteten Augenblick schlang er seine Arme um mich und sagte: „Tommii! Ich möchte dir gehören!"

Ich erwiderte seine Zuneigung, hatte jedoch Angst, daß auch er von mir Besitz ergreifen wollte, und antwortete darum: „Pancho, du weißt... Käpt'n Jones und ich... wir sind gute Freunde. Ihm verdanke ich, daß ich überhaupt hier, auf diesem Schiff, bin, und ich glaube, er will... daß wir gute Freunde bleiben. Du sollst mir noch oft gehören... viele, viele Nächte, wenn nicht fürs Leben."

Es war nicht ganz aufrichtig - weder Long Jimmy noch ich betrachteten uns ja als irgendwie fest miteinander verbunden. Aber meine kleine Notlüge tat ihre Wirkung, und wenn Pancho auch sichtlich bekümmert abzog, so erholte er sich doch bald. Teils frei-, teils unfreiwillig nahm er die Stelle ein, die vorher ich bekleidet hatte, das heißt, er wurde von den Männern geneckt und betätschelt, wenn er über Deck ging, während ich selbst stillschweigend eine Stufe höher gestiegen war. Ich merkte, daß jeder mich mit dem Respekt behandelte, wie er einem Vollmatrosen zukam, nicht dem minderjährigen Grünschnabel von ehedem - zu meinem Leidwesen! Mein Leben schien um ein kleines Vergnügen ärmer geworden.

Gleichzeitig war ich immer noch des öfteren mit Long Jimmy zusammen, der meine seemännischen Kenntnisse weiter vervollkommnete, und fast immer purzelten wir zum Abschluß einer solchen Unterrichtsstunde in die Kapitänskoje. Aber es machte mir nicht mehr soviel Spaß wie früher. Nur allzuoft schloß ich meine Augen und stellte mir vor, daß ich mit Pancho oder einem anderen Neger zusammen wäre; auch unter dem Schiffsvolk der untergegangen »Schlagetot«, das wir mit nach Hause nahmen, gab es ja welche - mehr als genug Stoff für meine Wunschträume und Begierden. Aber trotzdem erwies ich meinem Kapitän natürlich gern diesen kleinen Liebesdienst, denn unsere Freundschaft war noch fester geworden.

Am 17. Mai 1669 liefen wir triumphal in Port Royal ein. Die Nachricht von unserem Sieg und den reichen Schätzen, die wir nach Hause brachten, war uns vorausgeeilt, ja, stellte die nackte Wahrheit sogar in den Schatten, denn bei jedem Erzählen hatte die Geschichte an Glanz und Einzelheiten gewonnen. So hießen uns alle jubelnd willkommen - keiner mit mehr Begeisterung als die Krämer und Kaufleute, die sich auf die rasche Verlagerung des Freibeutergoldes in ihre Kassen freuten.

Ich selbst stolzierte voller Erwartung ins »Achterdeck«, und meine Ankunft dort war fast so, wie ich sie mir ausgemalt hatte. Mein Vater stand hinter dem Schanktisch, bei meinem Anblick jedoch trat ein breites Lächeln auf sein Gesicht. „Tommy! Mein Junge!" rief er und stellte seine Krüge beiseite, um mich in die Arme zu schließen. „Ich habe schon von dir gehört! Du warst der Held bei der Eroberung eines spanischen Schlachtschiffs!"

Auch ich mußte lächeln, entsprach seine Reaktion doch ganz dem, was ich mir erhofft hatte. Mein Vater und ich hatten uns nie sehr nahe gestanden; aber dem Stolz, daß sein Sohn so rasch zu so hohem Ansehn unter den Freibeutern gelangt war, konnte er nicht widerstehen. Er schenkte mir einen Krug Bier ein, und bald war ich von den Männern in der Schankstube umgeben. Sie überhäuften mich mit Fragen, aber mein Vater ließ mich gar nicht erst zu Worte kommen, denn unser Gespräch war noch nicht beendet. „Junge", sagt er, „ich wette, du hast vergessen, was heute für ein Tag ist?"

„Was für ein Tag?" wiederholte ich verwirrt und fragte mich, was er wohl meinen konnte.

„Denk doch mal nach, Junge! - Dein Geburtstag! Heute abend wirst du achtzehn Jahre alt!"

Und tatsächlich - heute war ja der 17. Mai! Über all den Ereignissen der letzten Zeit und meinem Stolz hatte ich meinen Geburtstag ganz vergessen, und dieser Zufall war gewissermaßen die Krönung meines Glücks. Eigentlich hatte ich während der letzten beiden Monate mehr als einmal „Geburtstag" gehabt - mit jedem Tag schien ein neues Leben zu beginnen, das mich aus meiner Kindheit, meiner Armut und meiner Bedeutungslosigkeit, herausführte zu stolzem Mannestum. Das heutige Datum aber besiegelte meine Entwicklung offiziell. Ich bestellte eine Runde für die gesamte Wirtschaft, und bald stießen alle lautstark auf mein Wohl an. Mein Vater hinter dem Schanktisch strahlte - ich möchte behaupten, daß auch er an diesem Tag Grund zur Freude hatte: Er machte ein glänzendes Geschäft, und ob das Geld von einem Fremden oder von seinem eigenen Sohn kam, kümmerte ihn wenig.

Vielleicht eine Stunde später - der Raum hatte gerade noch von

„Hoch!"-Rufen und lärmenden Gesängen geschallt - kehrte schlagartig Stille ein. Alle Augen richteten sich auf die Tür, und als ich mich umdrehte, verschlug es selbst mir die Sprache. Auf der Schwelle stand, nein, posierte vielmehr der Inbegriff freibeuterischen Geckentums: Mein Kapitän hatte sich in eine neue Galamontur geworfen, die aus rotem Hut mit weißem Federbusch, einem Gehrock aus Goldbrokat und ein paar Samthosen bestand. „Donner und Doria!" stammelte ich fassungslos. „Wo, um alles in der Welt, hast du diese gottverfluchten Fetzen her?"

Mit einer eleganten Verbeugung vor dem gesamten Schankraum kam Long Jimmy wie ein Pfau an unseren Tisch stolziert, und es sah aus, als wolle er eine Pirouette drehen; dann aber setzte er sich doch auf die Bank. Während er auf See genug Verstand besaß, um seinen Aufputz im Spind zu lassen, konnte er dem Drang, als Geck über das Pflaster zu schreiten, nie widerstehen. „Ich bin Kapitän, Junge, und ich muß mich entsprechend anziehn! Ich habe dies Gewand hier bei einem Schneider bestellt, der in den letzten paar Stunden zusammen mit seinen vier Lehrlingen ununterbrochen daran gearbeitet hat. Gewiß würde es auch dir nicht schaden, etwas gegen dein verlottertes Äußere zu tun."

Zuerst starrte ich ihn einfach an; dann platzte ich mit Lachen heraus und stieß Long Jimmy die Rumflasche hin. „Na schön, du Hanswurst! Aber ich hoffe, deine Eitelkeit ist dir nicht so zu Kopf gestiegen, daß du keinen ordentlichen Grog mehr mit uns trinken kannst!" Doch mein Käpt'n war immer noch der alte, und im Nu hatte sich die vorherige Ausgelassenheit wieder eingestellt.

Mein neuer Reichtum brannte mir ein Loch in die Tasche. Binnen drei Wochen saß die gesamte Mannschaft in jeder Hinsicht auf dem trockenen, und das Gold hatten die Schankwirte, die Krämer, die Schmuckhändler, die Diebe, die Kartenspieler, die Straßenjungen - und ich muß sagen: sogar die Huren von Port Royal. Ich selbst war nicht sehr viel anders; die meisten von uns hatten nach zwei Wochen Saus und Braus eine Woche der Ernüchterung erlebt. Nur daß mein Vater mich gerade noch rechtzeitig beiseitenahm und mir empfahl, den Rest meines Geldes ihm zu überlassen. „Ich könnte es für dich aufbewahren", sagte er. „Ich könnte es in meiner Wirtschaft anlegen und dich zu meinem Teilhaber machen. Den entsprechenden Gewinn würde ich dir dann jeweils zum Jahresende auszahlen."

Ich sah ihn an. Diese Idee wäre mir nie gekommen: Mein Geld

so anlegen, daß es sich vermehrte! „Deine Geschäfte gehen gut, nicht wahr?" fragte ich.

„Besser denn je. Und mir scheint, deins auch. Siehst du, ich plane einige Veränderungen mit dem »Achterdeck« - Verbesserungen, möchte ich meinen. Und je mehr Geld du mir bringst, desto mehr gewinnen wir dabei beide."

Das leuchtete mir ein. Ich selber hatte noch nie an die Zukunft gedacht; nun aber fragte ich mich plötzlich, ob es denn gar so erstrebenswert sei, zeitlebens der „Küstenbrüderschaft" anzugehören, der ich gerade erst beigetreten war - zeitlebens die eine Beute zu gewinnen, sie gleich darauf zu verjubeln und wieder auf neue Beute auszuziehn. Vielleicht, nur vielleicht, wäre es ja auch ganz schön, sich eines Tages als achtbarer Mann an Land niederzulassen und ein unbeschwertes Leben zu führen, ehe einen ein vorzeitiger Tod ereilte. Also ließ ich mich überreden. Ich vertraute den Rest meines Geldes meinem Vater an und ging dann wieder an Bord.

Long Jimmy hatte sich als gewissenhafter Kapitän erwiesen. Er hatte die notwendigen Reparaturen an der »Roten Hexe« vornehmen lassen, neue Munition geladen, Proviant eingekauft et cetera - zahllose Kleinigkeiten, um die er sich kümmern mußte, und mit einemmal lernte ich eine neue Seite meines Gewerbes kennen: Zu einem guten Freibeuterkapitän gehört viel mehr als seemännisches und kämpferisches Können, Trinkfestigkeit und Liebemachen!

Nur mit Mißfallen nahm ich hingegen in Kauf, daß Knüppel-Rob tatsächlich Erster Maat geworden war, und ich darf sagen: Unsere Abneigung beruhte auf Gegenseitigkeit. Seit man Pancho durch meine Fürsprache zum Vollmitglied gemacht hatte, zeigte mir Robin Lodge nur noch ein finsteres Gesicht, ging mir ansonsten aber aus dem Weg. Ich nehme an, er wollte es nicht auf eine offene Auseinandersetzung anlegen, solange ich ein so gutes Verhältnis zu Long Jimmy hatte, und mir sollte das nur recht sein; ich hatte keine Lust zu sinnlosen Streitereien. Unbegreiflich, ja, sogar unrichtig fand ich bloß, daß die Mannschaft einen so üblen Patron jemals zum Maat gewählt hatte.

Aber es gab auch Erfreuliches. Wir hatten ein neues Besatzungsmitglied, einen schwarzen Bootsmann namens Black Billy, den wir von der verunglückten »Schlagetot« übernommen hatten. Er war ein großer muskelbepackter Bursche. Als ich ihn sah, wie er an

Deck schuftete, muß ich ziemlich entgeistert dreingeschaut haben - nicht nur, weil es ein neuer Gedanke für mich war, daß es tatsächlich schwarze Seeleute gab, Vollmitglieder der Besatzung, wie ich es für Pancho erwirkt hatte; offenbar herrschten auch auf anderen Freibeuterschiffen solche Bräuche. Noch mehr aber beschäftigte mich die Frage: Wie könnte ich diesen schwarzen Stier zwischen die Finger bekommen?

FÜNFTES KAPITEL

Der junge Don

Diesmal würde es nur eine kurze Fahrt ohne irgendwelche Verbündete. Wir waren auf spanische Schiffe aus, steuerten aber, da die Sturmsaison vor der Tür stand, nicht die Küste von Neu-Granada an, sondern die vielbefahrenen, nordostwärts gelegenen Seestraßen zwischen Santo Domingo und den Häfen Kubas.

Zuerst kreuzten wir eine Woche vor der Südküste von Hispañola, ohne geeignete Beute zu finden. Erst zwei Tage später, als wir wieder zu einem Punkt westlich der Isla Beata zurückgekehrt waren, wo der Schiffahrtsverkehr zwischen Santo Domingo und Kuba oder Mexiko vorbeikommen mußte, ertönte plötzlich der Ruf: „Segel in Sicht!"

Bei dem Schiff, welches am Horizont erschien, handelte es sich um eine dreimastige Karavelle - ein Fahrzeug, das aufgrund seiner zusätzlichen Rahsegel noch besser vor dem Wind lag, als es dies ohnehin schon tat. Doch wurde diese ansonsten hervorragende Manövrierfähigkeit durch seine Breite beeinträchtigt, und unser Angriff wäre, wie mir Long Jimmy erklärte, ein Wettstreit zwischen ihr und der Schnelligkeit der »Roten Hexe«.

Die Karavelle war etwa anderthalbmal so groß wie unser Schiff, aber nur leicht bewaffnet. Wir fuhren in weitem Bogen von Norden an sie heran, um ihr den Weg abzuschneiden. Doch obwohl wir beim Anblick unserer Beute sofort die spanische Flagge gesetzt hatten, schien der Spanier schon auf über eine halbe Meile Entfernung die Wahrheit zu ahnen. Abrupt schwenkte er Richtung Süden, auf etwa denselben Kurs wie die »Rote Hexe«, und Long

Jimmy befahl, die spanische Flagge zu streichen, um statt dessen unsere eigene aufzuziehen.

Bald zeigte sich, daß sein neuer Kurs das spanische Schiff nicht retten würde. Unsere Brigg holte rasch auf, und in seiner Verzweiflung drehte der Spanier noch mehr gegen den Wind, nach backbord. Das verlangsamte sein Fortkommen zusätzlich, doch konnten wir nicht so hart in Luv segeln. Also fuhren wir einfach weiter südwärts, bis wir ein gutes Stück von der Karavelle entfernt waren, drehten dann bei und versuchten, ihr noch einmal den Weg abzuschneiden. Als der spanische Kapitän das sah, wendete er wieder nordwestwärts; so aber konnte die »Rote Hexe« direkt Jagd auf ihn machen. Mit unserer Schnelligkeit schlossen wir die Lücke erneut, hatten binnen einer halben Stunde die Karavelle eingeholt, feuerten zuerst aus unserem Buggeschütz und landeten dann eine Breitseite. Der Spanier erwiderte den Beschuß sofort.

Es war ein ungleicher Wettkampf. Das erste, was fiel, war der Fock-, das zweite dann, wenige Minuten später, der Besanmast der Karavelle. Sie kam fast zum Stillstand.

„Alle Mann klar zum Entern!" rief Long Jimmy.

Der Abstand zwischen den beiden Fahrzeugen schloß sich mit rasanter Geschwindigkeit. Dann erschienen völlig unvermittelt Flammen an Bord der Karavelle, die schnell das durchhängende Großsegel emporkletterten, und im Handumdrehen war der gesamte Kahn ein wütendes Inferno.

„Zurück!" schrie Long Jimmy entsetzt. „Nicht anlegen!" Und die »Rote Hexe« trieb wieder davon. Von Schrecken erfüllt starrten wir auf das Schauspiel, das vor uns lag. Unsere Beute war verloren. Spanische Matrosen sprangen von Bord. Andere versuchten, ein Boot zu Wasser zu lassen, doch lief es voll, als viel zu viele sich hineindrängten, und selbst falls diese Spanier schwimmen könnten - eine ungewöhnliche Begabung unter Seeleuten -, würden sie auf dem offenen Meer nicht lange durchhalten; wer nicht vorher schon erschöpft war und ertrank, den würden die Haie holen. Doch das sollte nicht unsere Sorge sein. Wahrscheinlich würde ja doch keiner von ihnen Lösegeld bringen, und was ihr Leben betraf... zur Hölle sollten sie fahren!

Da plötzlich entdeckte ich etwas. „Schau!" sagte ich zu Long Jimmy und deutete darauf. Von der anderen Seite des brennenden Schiffes erschien ein zweites Boot, das sehr schnell davonruderte.

Long Jimmy hob sein Fernrohr und studierte das Gefährt einen Moment. „Hol mich der Teufel! Wenn es bei diesem Unglück irgend etwas zu retten gibt, dann will ich verdammt sein, wenn es nicht in dieser Nußschale ist! Los, die schnappen wir uns!"

Er schrie ein paar Befehle, und die »Rote Hexe« entfernte sich weiter von dem brennenden Schiff, um das kleine Boot zu verfolgen. Die Sache war im Nu geschehen: Einmal kurz nach Nordosten geschwenkt, dann wieder südostwärts, und der Bug der »Roten Hexe« ragte drohend über dem Nachen. Zwei erschöpfte Seeleute hörten auf zu rudern.

Außer ihnen saßen noch drei andere Personen in dem Boot: ein Priester in einer schwarzen Soutane, ein etwa sechzehnjähriger Junge, zwischen dessen Beinen eine kleine verschlossene Schatulle stand, und ein grauhaariger Mann, der wie ein Schiffsoffizier aussah - wahrscheinlich der Kapitän. Mit einer entsicherten Pistole fuchtelte er vor der »Roten Hexe«, doch das war seine letzte Widerstandsgeste. Irgendwo von Deck fiel ein Schuß, und der Mann stürzte über den Bootsrand.

„Stopp!" brüllte Long Jimmy. „Feuer einstellen, ihr verdammten Schwachköpfe! Den Priester und den Jungen möchte ich lebend haben. Und dazu die Schatulle." Noch während er sprach, hatte ich mein Entermesser gezückt, eine Leine ergriffen und schwang mich von Bord. Long Jimmys Anweisungen folgend, durchbohrte ich bei meiner Landung im Boot sofort den einen der Ruderer. Der andere wartete gar nicht erst lange, sondern sprang über Bord.

Dann bedeutete ich dem Priester und dem Jungen, die auf den Achterduchten des Bootes saßen, mit einem Wink meines Entermessers, an Bord der »Roten Hexe« zu steigen, und wortlos gehorchten sie. Das Ende der Leine, an der ich gekommen war, schlang ich um die Schatulle, so daß sie sich hinaufziehen ließ, und kletterte danach selbst wieder an Deck.

Die gesamte Mannschaft hatte sich mittschiffs um die Gefangenen versammelt, als ich meinem Kapitän die Schatulle vor die Füße stellte.

„Mach sie auf!" befahl Long Jimmy, und mit dem stumpfen Ende meines Entermessers schlug ich das windige Schloß weg. Als der Deckel zurückklappte, schnappten die Männer erst nach Luft; dann brachen sie in lauten Jubel aus: Die Schatulle floß über vor Goldstücken.

„Nun", sagte Long Jimmy, „anscheinend haben wir diesen Tag doch nicht vergeudet. Aber was" - er wandte sich zu dem Priester und dem Jungen um - „soll mit denen da geschehen?"

Ich wußte, daß diese Frage nur ein Täuschungsmanöver für unsere Gefangenen war. Zweifellos ließe sich für den Jungen, nach dessen äußerer Erscheinung zu urteilen, ein hübsches Lösegeld erzielen. Er war bemerkenswert gutaussehend, mit blondem Haar, stahlgrauen Augen, einer Aristokratennase und einem Anzug aus schwarzem, brokatdurchwirktem Tuch, das seinen zwar nicht muskulösen, aber wohlgeformten Körper verhüllte. Allerdings hatte er sein Schweigen bisher nicht gebrochen, sondern mit funkelnden Blicken auf den Freibeuterkapitän gestarrt, in dessen Gewalt er sich nun befand. Mit seiner Frage versuchte Long Jimmy, dem stolzen Kastilier Furcht einzuflößen und ihn dadurch zum Sprechen zu bringen. Umsonst. Ratlos rief unser Kapitän Pancho herbei.

„Junge! Frag du die beiden hier, wer sie sind und was sie auf dieser Karavelle zu suchen hatten. Vielleicht verstehen sie kein Englisch."

Noch ehe Pancho aber Long Jimmys Frage übersetzen konnte, schaltete sich der Priester ein, der mit verschreckten Blicken neben dem jungen Spanier stand. „Nicht nötig!" sagte er rasch und im Bemühen, seine Angst hinter hochmütigem Gebaren zu verbergen. „Ich spreche eure gottlose Sprache!"

„Ah! Schön. Das macht es einfacher. Also, was hattet ihr zwei vornehmen Herrn an Bord dieser Karavelle zu suchen?"

„Ich bin Pater Antonio, und das ist Don Enrique, der Sohn von Don Carlos Jesús de Guzmán y Madrid, des Statthalters von Santiago de Cuba. Und sein Großvater ist Don Juan Perez de Guzmán, Gouverneur von Panama. Wir waren gerade dort zu Besuch und auf der Heimreise nach Santiago. Bestimmt wird die Familie ein hohes Lösegeld für uns zahlen!"

Long Jimmy grinste. „Für *euch?* Vielleicht für den Jungen; aber dein bleicher Kadaver ist keinen Pfifferling wert, Pfaffe!"

„Doch, doch!" Die Furcht auf dem Gesicht des Priesters wurde stärker. „Ich bin ein angesehenes Haushaltsmitglied!"

Long Jimmy wandte seinen Blick dem Jungen zu. „Was ist? Versteht er unsere Sprache?"

„Ja. Es ist immer gut, die Zunge seines Feindes zu beherrschen - Pirat!" Don Enrique hatte sein Schweigen gebrochen und spie das letzte Wort geradezu aus.

Zu meiner Überraschung lächelte Long Jimmy nur. „Das will ich mir merken. Vielleicht könnt Ihr mich ja in der Euren unterrichten. Nun - “ Er wandte sich an die Besatzung. „Schafft diesen jungen Edelmann unter Deck! Er dürfte für längere Zeit unser Gast sein. Sperrt ihn in die Kajüte des Zweiten Maats - die ist ja vorläufig noch frei - und stellt einen Posten davor auf.”

„Und was wird mit diesem Pfaffen?” fragte Knüppel-Rob.

„Um den kümmern *wir* uns.”

Einer der Männer nahm Don Enrique am Arm und führte ihn, gefolgt von einem anderen, nach unten. Nun blieb Pater Antonio mutterseelenallein mit seinen Feinden, und die Angst, die sich schon vorher bekundet hatte, machte ihn zu einem zitternden Häufchen Elend. Ich muß sagen, daß es diesem feigen Pfaffen wohl schlecht ergangen wäre - die Schwäche unseres Gegners weckt ja oft einen schlummernden Dämon in uns, zumal wenn er einerseits so verhaßt, andererseits so selbstherrlich ist wie die römische Geistlichkeit -, doch Long Jimmy gebot den Männern Einhalt. „Zurück!” sagte er und hob seine Hand. „Dieser Mann ist kein ebenbürtiger Gegner für uns. Er besitzt weder eine Waffe, noch vesteht er sich überhaupt aufs Kämpfen. Der hat noch nie einem von unseren Brüdern oder Landsleuten etwas getan.”

„Diese römische Kanaille?” meldete sich eine Stimme - Little David, Knüppel-Robs engster Gefährte. „Er und seinesgleichen reden den Spaniern doch zu, uns zu vernichten! Mit ihrer Selbstgerechtigkeit und Anmaßung vertreten sie den Antichristen in Rom!”

„Ja. Und für diesen Hochmut wollen wir ihn züchtigen. Er soll seiner Strafe nicht entgehen.” Ich weiß nicht, ob Long Jimmy es ernst meinte - ich sagte ja, daß er an den Qualen anderer kein Vergnügen empfand und nur tat, was unser Beruf uns gebot; andererseits konnte das Schicksal, das mein Freund dem Priester zugedacht hatte, aber härter sein, als hätten wir ihm die Kehle aufgeschlitzt, und nur deshalb lenkten die rachsüchtigen Männer wohl seinen Vorschlag ein: Sie rissen dem Geistlichen die Kleider vom Leib - seine Soutane und das weiche weiße Leinenhemd unter ihr -, bis er sich in kreidebleicher Nacktheit an die Kajütenwand preßte. Dann wurde er von rauhen Händen ergriffen und in das Beiboot der spanischen Karavelle gesteckt, das nach der Festnahme unserer beiden Gefangenen herangeholt worden war. Der Priester wirkte entsetzt. Er versuchte zu protestieren, verlangte die Herausgabe seiner Kleider und bat, als er auf taube Ohren stieß, wenigstens um etwas Proviant. Sein Wunsch wurde erhört. Wir gaben ihm welchen - gerade genug für zwei Tage.

„Ihr wolltet doch zur Isla Beata rudern!" rief Long Jimmy zu ihm hinab. „Dann nur zu, versuche dein Glück! Der Wind steht günstig. Wenn du dich vor ihm hältst, kannst du es schaffen. Aber dein Eintreffen wird für die Insulaner keine Augenweide sein." Und unter dem Gelächter der Mannschaft wurde das Boot mit einem langen Haken von der Schiffswand weggestoßen, und die Strömung bemächtigte sich des Kahns. Schließlich schien sich der Priester in sein Geschick zu fügen. Er betätigte die Riemen, und wir sahen den bleichen Körper noch geraume Zeit in der Ferne verschwinden. Ich weiß nicht, ob er es je geschafft hat. Falls er tatsächlich zur Isla Beata fand oder, bevor er verhungerte und verdurstete, von einem der vielen spanischen Schiffe aufgegriffen wurde, die in diesen Breiten kreuzten, dann würde ihm die Sonne die Haut vom Leibe gesengt haben.

Aber wir hatten Besseres zu tun, als uns um diesen Pfaffen noch Gedanken zu machen. „An die Arbeit!" rief Long Jimmy. „Steuermann, Kurs hart West!" Und alle nahmen ihre gewohnten Pflichten wieder auf. Die Schatulle, die wir inzwischen fast vergessen hatten, ließ Long Jimmy in seine Kajüte schaffen.

Erst, als ich mich ein paar Stunden später ins Mannschaftsquartier zurückzog, hatte ich Zeit, über den vergangenen Tag nachzudenken. Wieder hatte ich zwei Menschen - die beiden Matrosen an Bord des spanischen Bootes - umgebracht, hatte mich wieder als erster in den Kampf gestürzt und es für mich nichts anderes erachtet denn meine Pflicht als Freibeuter. Es war, als gäbe es zwei Menschen in mir: Zum einen den Jungen aus Port Royal, der auf der Suche nach ein bißchen Geld in den Tag hineingelebt hatte, zum andern den ausgewachsenen Mann, der kämpfte und Feinde tötete. Und ich fragte mich, wer ich nun wirklich war - und wer waren, was das anbetraf, wir alle? Ich wußte keine Antwort.

Am nächsten Morgen schien der Käpt'n in Gedanken zu sein. Nur zerstreut und geistesabwesend grüßte er vom Achterdeck, und als ich mich an Bord umsah, entdeckte ich Don Enrique, der sich unter Bewachung die Beine vertrat. Also hatte man ihn herausgelassen! Er stolzierte umher wie ein Offizier, der die Mannschaft inspiziert, und schien jedes Manöver mit Interesse zu verfolgen.

Ich sah wieder zu Long Jimmy. Er ließ den jungen Spanier nicht aus den Augen, und ich fragte mich, ob in der Nacht etwas geschehen war.

Gegen Mittag winkte mein Freund mich zu sich und lud mich zum Essen in seine Kajüte ein - eine ungewöhnliche Geste, denn offiziell genoß ich ja keine Sonderbehandlung, auch wenn inzwischen jeder in der Mannschaft von unserem heimlichen Techtelmechtel wußte. Daß Long Jimmy mich bereits zu einem recht tüchtigen Seemann ausgebildet hatte, ahnte freilich keiner.

„Was ist los, Jimmy?" fragte ich, als ich erst einmal bei der kargen Mahlzeit saß, und sah meinem Freund in die Augen. „Dich beschäftigt doch etwas?"

Er nickte bedächtig. „Vielleicht sollte ich es für mich behalten. Aber ich muß mit jemandem darüber reden. Und du bist mein einziger wahrer Freund."

„Es ist wegen Don Enrique, stimmt's?"

„Ja. Ich habe ihn letzte Nacht in meine Kajüte gebeten. Und ich habe ihn heute morgen beobachtet." Er seufzte. „Ist er nicht der schönste junge Mann, den man je gesehen hat?"

Ich glaube, die Kinnlade muß mir heruntergeklappt sein. „Nein!" rief ich. „Du darfst nicht mehr als eine Geisel in ihm sehen! Er bringt ein fettes Lösegeld. Mehr nicht." Wir hatten doch lauter hübsche junge Männer wie uns an Bord. Warum dann diesen kalten spanischen Don? Für mich war und blieb er nur ein Feind, ein Papist, eine verlorene Seele.

Long Jimmy holte tief Luft. „Ich weiß ja, du hast recht. Aber von dem Moment, als er das Deck betrat, habe ich... ach, ich weiß nicht. Ich war einfach wie verwandelt. Ich möchte ihn für mich haben - mehr als irgendeinen, der mir je unter die Augen gekommen ist!"

„Du sagst, du hast ihn letzte Nacht zu dir gebeten. Hast du mit ihm...?"

Er schüttelte den Kopf. „Nicht, daß ich nicht gewollt hätte! Ich hab's versucht. Habe versucht, mich mit ihm anzufreunden. Einfach mit ihm zu reden. Zuerst beschimpfte er mich: ‚Ketzer, Pirat, Mörder' - du weißt schon. Als er sich schließlich beruhigte, hat er sich ein Glas Wein geben lassen und ist etwas freundlicher geworden. Wir plauderten über... Verschiedenes. Ich wußte gar nicht, wo ich anfangen sollte. Ich meine, um ihn... ihn..."

„Um Gottes willen, Mann! Er ist dein Gefangener! Wenn es dich gar so sehr nach seinem Körper verlangt, brauchst du ihm nur zu befehlen, daß er sich auszieht. Notfalls mit Gewalt. Wir können..."

„Nein! Nein! *So* doch nicht!" Long Jimmy wirkte entsetzt. „Ich werde ihn nicht gegen seinen Willen nehmen. Ich möchte... ich möchte... Verdammt, ich möchte, daß er mich auch will!"

Ich starrte Long Jimmy an. Es war schlimmer, als ich mir je hatte träumen lassen. Er hatte sich verliebt! Und das in jemanden, mit dem zumindest eine Beziehung, wie sie Long Jimmy sich zu wünschen schien, völlig ausgeschlossen war! Doch war genau dies vielleicht der springende Punkt: In Don Enrique hatte mein Freund einen jungen Mann gefunden, der, wenngleich Spanier, den höheren Gesellschaftsschichten entstammte - jenen Schichten, in die Long Jimmy sich so gern hineinträumte, wenn er sein lächerliches Kostüm anzog. Glaubte er etwa, der Enkel des Gouverneurs von Panama würde alles aufgeben, um Gefährte eines Freibeuterkapitäns zu werden? Oder daß er, Long Jimmy, zum engsten Freund eines spanischen Grande werden könnte? Irgendwie mußte ich ihn aus diesem Wahn wachrütteln!

„Du bist nicht bei Trost, Long Jimmy! Schlag dir die Sache aus dem Kopf! Oder nimm dir diesen kleinen Hurensohn mit Gewalt. Nimm ihn und schlag ihn dir aus dem Kopf!" Ich sah ihn an, während er mit dem Kopf schüttelte und sein Gesicht in den Händen verbarg. „Was war sonst noch? Hast du ihm etwa verraten, was du von ihm willst?"

Long Jimmy blickte auf. „Ja. Nach einer Weile. So quasi... durch die Blume. Als er gemerkt hat, worauf ich hinauswollte, da... da hat er mich einfach nur angesehen, ganz kalt. Nicht wütend oder dergleichen - nichts! Einfach nur angesehen. Und dann stand er auf und hat mich gebeten, ihn wieder in seine Unterkunft bringen zu lassen."

„Und du warst einverstanden?"

„Ja, natürlich."

Als ich die Kajüte verließ, schenkte Long Jimmy sich einen steifen Grog ein, und ich kratzte mich verdattert am Kopf.

An diesem Nachmittag begann sich das Wetter gegen uns zu wenden. Bisher hatte ich nur blauen Himmel und guten Wind erlebt; jetzt fuhren wir durch etliche Böen, und die See wurde rauh. Bei Anbruch der Nacht herrschte Hundewetter. Der Wind lebte auf, und als es dunkel war, kämpfte die »Rote Hexe« gegen einen tosenden Sturm an. Mit gerafften Segeln, festverschlossenen Luken und gelöschten Herdfeuern jagte sie durch die Nacht und bockte wie ein ungebändigter Hengst.

In dieser Nacht war die gesamte Mannschaft auf ihren Posten und bemühte sich tapfer, ihr Schiff aus der Gefahr zu erretten. Dieser Sturm trug beträchtlich zu meiner seemännischen Erfahrung bei. Trotz unserer besten Bemühungen rissen etliche Leinen, Spieren gingen zu Bruch und eine Reihe von Wasserfäßchen wurde zertrümmert. Der einzige Schaden innerhalb der Mannschaft jedoch bestand aus einem gebrochenen Arm, als jemand den Halt verlor und von einem Brecher gegen ein Schott geschmettert wurde.

Bei Tagesanbruch hatte es aufgeklart, aber das Unwetter gereichte uns zur Warnung. Die Sturmsaison war angebrochen, und kein Kapitän, der wußte, was er tat, würde noch viel länger in diesen Gewässern verweilen. Selbst wenn wir auf See bleiben würden, ließen sich während der nächsten paar Monate nur wenige Schiffe finden, die der Karibik trotzten. Es war an der Zeit, sich auf den Heimweg zu machen, nach Port Royal. Vorher aber brauchten wir frisches Wasser und mußten die Sturmschäden an der »Roten Hexe« ausbessern.

Im Norden konnten wir vage die Küste von Hispañola erkennen, an deren Südwestspitze sich eine Halbinsel ins Meer erstreckt. Seit kurzem wird diese Landzunge von den Franzosen besiedelt; damals aber war sie noch wild, und nur ein paar Jäger trieben sich dort herum. Ein paar Meilen östlich der Ile des Vaches glitten wir in eine geschützte Bucht hinter einem Inselchen.

Es war ein schönes Fleckchen Erde - eine von grünen Wäldern überhangene Felsküste, an der wir allerdings nicht anlegen konnten. Doch sahen wir in einer Ecke der Bucht einen kleinen Bach ins Meer plätschern. Ein paar Männer wurden mit einem Beiboot ausgeschickt, und wenige Stunden hatten wir auf der »Roten Hexe« nicht nur Fässer voll frischen, klaren Wassers, sondern auch mehrere Körbe mit Obst und Früchten. Alle hatten Grund zur Zufriedenheit: Unser Proviant war wieder aufgefüllt, der Sturm vorbei, wir lagen an einem sicheren Platz vor Anker, und die Reparaturarbeiten wären im Nu geschehen, wenn jeder fleißig mit

Hand anlegte. Bald war die »Rote Hexe« wieder fahrtüchtig, und als es Abend wurde, befand unser Kapitän, daß wir Grund zum Feiern hätten. Wir antworteten mit Begeisterung. Wieder einmal wurden die Musikinstrumente hervorgeholt, wieder einmal wurde der Grog ausgeschenkt, und nicht lange, da hallte das ganze Deck wider von derben Gesängen, Bechergeklirr und Tanz.

Long Jimmy ging nach unten, um Don Enrique aus dessen Haft zu befreien, und ich ahnte schon, was er mir später auch gestand: Er hoffte, daß der Anblick der ausgelassenen Bukanier die Einstellung des jungen Burschen ändern und er sich für ihn, Long Jimmy, erwärmen werde. Daher lud mein Freund seinen Gefangenen auch zu sich aufs Achterdeck ein, von wo sie das Gelage überschauen könnten, und gespannt verfolgte ich, wie die beiden mit Bechern in der Hand an Deck erschienen, um sie von da an nie ganz aus den Augen zu lassen. Wie würde der junge Spanier auf das Schauspiel, das dort vor seinen Augen stattfand, reagieren?

Ich war also wieder einmal etwas unbeteiligt, saß ein Stück abseits von der Mannschaft und ließ mir eine Flasche Schnaps schmecken, während das Fest den absehbaren Verlauf nahm. Marcus, ein für gewöhnlich eher schüchterner Matrose, warf unter dem Einfluß des Grogs alle Hemmungen über Bord und vollführte einen wilden Tanz, bei dem er, angestachelt von den übrigen Männern, ein Kleidungsstück nach dem andern fallen ließ. Im Handumdrehen war er nackt bis auf die Haut, stolzierte mit seinem großen, schlanken Körper hin und her und wackelte dabei mit seinem Hinterteil, damit alle es bewundern könnten. Doch das war erst der Anfang. Der erotische Anblick tat seine Wirkung, und bald sah ich Andy, den jungen Schotten, welchen ich seinerzeit mit Pancho im Geräteraum erwischt hatte - dieser unvergeßliche Eindruck: zwei rosig-weiße und zwei schwarze Arschbacken! - vor einem ganzen Knäuel nackter Männer auf den Planken knien, um nacheinander jeden zu bedienen. Aha, dachte ich, dann bin ich also nicht der einzige, der von Pancho Unterricht bekommen hat! Und dort lag Kanonenkugel, unser hochachtbarer Quartiermeister, bäuchlings auf einer Luke und ließ sich vom Smutje spießen! Man lernt doch nie aus! Dieses Paar - und diese Rollenverteilung...! Ich schüttelte den Kopf.

Als ich einen heimlichen Blick auf das Achterdeck warf, sah ich Don Enrique wie erstarrt dasitzen. Sein Mund stand offen, und seine Augen waren riesengroß, denn nichts in seiner wohlbehüteten Erziehung hatte ihn auf dieses Schauspiel vorbereitet. Long Jimmy unterdessen behielt den jungen Mann verstohlen im Auge, und ich sah, daß seine Hand leicht auf Don Enriques Schenkel ruhte. Der Junge schien es gar nicht zu bemerken.

Während ich noch so dasaß und schaute, bemerkte ich plötzlich einen mächtigen Schatten neben mir.

„Ganz allein, junger Held?"

Ich blickte auf und erkannte Black Billy, den früheren Bootsmann der »Schlagetot«.

„Was dagegen, wenn ich mich zu dir setze?"

Doch noch ehe ich zu einer Antwort kam, hatte er sich neben mich fallen lassen, und sofort durchprickelte mich eine Woge der Erregung. Wie hatte ich diesen Augenblick herbeigesehnt, als ich den muskulösen Schwarzen zum erstenmal sah! Ich roch das gleiche schwindelerregende Moschusaroma wie seinerzeit an Pancho, nur diesmal viel stärker. Es war der Geruch eines ausgewachsenen Mannes. Während ich Billy meine Flasche anbot, suchte ich krampfhaft nach etwas, das ich sagen konnte.

„Tut mir leid, das mit deinem Schiff damals." Es war eine flaue Bemerkung, aber etwas Besseres fiel mir nicht ein.

Billy wandte mir sein Gesicht zu und schwieg einen Moment. „Ja, ein tapferer kleiner Kahn ist sie gewesen, die »Schlagetot«, und ihr Käpt'n war ein braver Mann. Wir waren lange Zeit befreundet." Er hielt inne und nahm noch einen Schluck. „Aber so geht es nun mal im ‚süßen Gewerbe', stimmt's? Und jetzt gehöre ich ja zu euch." Es kam nicht überraschend, als ich spürte, wie sich ein dicker, starker Arm um meine Taille legte. Ich fühlte mich von Wärme durchflutet. Die Kameradschaft dieses großen Schwarzen schien mir mehr zu bedeuten als die aller anderen. Sogleich und ohne Zögern gab ich mich seiner Umarmung hin, lehnte mich an ihn, und ein paar Minuten saßen wir, stumm aus der Flasche trinkend, beieinander. Dann brach Black Billy das Schweigen. „Gehn wir doch ein paar Schritte, Tommy!"

Wir schlenderten durch das allgemeine Getümmel über den Rand des Laternenscheins hinaus, während Black Billy mich die ganze Zeit im Arm hielt, und ich ließ meinen eigenen Arm über Billys Rücken gleiten. Noch nie hatte ich so breite Schultern gesehen! Und sie verschmälerten sich zu einer Taille, die nicht größer war als meine eigene.

Neben einem der Buggeschütze ließen wir uns nieder, und Black Billy zog mich ganz an seine Brust. Große, schwellende Muskeln preßten sich an die meine - ich kam mir vor wie ein kleines Kind. Im Nu waren unsere spärlichen Kleidungsstücke abgeworfen, und als wir uns aneinanderschmiegten, spürte ich einen langen heißen Druck an meinem Oberschenkel. Ich griff nach unten und empfand einen sekundenlangen Schreck: Noch nie war mir eine so große, dicke Liebeslanze begegnet. Und während ich sie hielt, wurde sie noch härter und bedrohlicher. Als aber eine riesige Pranke über meinen Arsch glitt und ein paar rauhe Finger meine Pforten erkundeten, wußte ich, daß ich es wenigstes versuchen müßte.

Billy drehte mich in seinen Armen um und drückte mich auf die Planken. Ich spürte, wie die paar kurzen, drahtigen Haare auf seinem Brustkasten an meinem Rücken kratzten, und eine breite Hand, die meine eigene, unbehaarte Brust liebkoste und zärtlich an den Brustwarzen drehte, bis sie in Habacht standen, während die andere Hand über meinen Bauch hinabglitt, um mit eisernem Griff dafür zu sorgen, daß meine Befriedigung nicht minder groß war wie die des Schwarzen.

Dann spürte ich, wie der gewaltige Sturmbock meine Verteidigungswälle durchbrach - spürte, wie er langsam ins Allerheiligste vordrang und die gesprengte Zitadelle mit seiner ungestümen Kraft erfüllte. Aber bemerkenswerterweise empfand ich, der Besiegte, keine Verzweiflung ob solcher Niederlage. Im Gegenteil: Ich hieß meinen Bezwinger mit Zuckungen der Wollust willkommen.

Mag sein, daß ich zum Kapitän geboren war; in dieser Nacht aber, auf den Planken neben einem Buggeschütz, ließ ich mich gern zum Sklaven eines schwarzen Riesen machen.

Als wir uns matt und abgeschlagen wieder unter die übrigen mischten, war der Großteil des Gelages zu Ende. Man saß da, trank, einige Pärchen hatten sich in die dunkleren Winkel des Decks zurückgezogen, während andere, erschöpft von Grog und wildem Liebesspiel, der Länge nach am Boden lagen und schliefen. Ich warf einen Blick auf das Achterdeck. Long Jimmy und Don Enrique waren verschwunden. Ob die beiden etwa...? Aber das würde mir Long Jimmy bestimmt am nächsten Tag erzählen.

⚓ ⚓ ⚓

Der kurze Rückweg nach Port Royal war eine Fahrt, schnurgerade vor den Passatwinden, welche die See nicht weiter aufwühlten. Sobald wir Anker warfen, zeigte sich die Mannschaft erpicht, ihren Anteil von dem Gold zu bekommen, das in Don Enriques Schatulle gewesen war. Ich selbst brachte das meiste davon zu meinem Vater, der es wieder für mich aufheben oder anlegen sollte; die anderen aber verpraßten ihren Anteil wie üblich in der Stadt und saßen bald wieder auf dem trockenen. Das Lösegeld für den jungen Don konnte nicht früh genug eintreffen.

Long Jimmy war über ein paar holländische Schiffe mit den Spaniern in Verhandlung getreten, währenddem unsere erlauchte Geisel als Gast des Gouverneurs in dessen Haus weilte. Das wollte sich Modyford nicht nehmen lassen.

Die Holländer trieben damals mit den gesamten westindischen Inseln, ob englisch, spanisch oder französisch, Handel. Sie beförderten legale Fracht ebenso wie Schmuggelgware und erwarben Sklaven in Afrika, die sie in jede europäische Kolonie verkauften. Sogar die englischen und spanischen Handelserlasse - zumal die Spanier ihre Kolonien ausschließlich selbst versorgen wollten - richteten wenig dagegen aus. Billiger und besser als von den Niederländern konnte man solche Ware nicht beziehen, so daß die örtlichen Behörden ihre Auflagen mit allen Mitteln umgingen, und erst der Dritte Holländische Krieg sollte dem ein Ende bereiten.

Nun, wie es inzwischen um die Gefühle meines Kapitäns stand, konnte ich nicht einmal erahnen - nicht nur, weil sich keine Gelegenheit zu einer solch vertraulichen Aussprache ergeben hatte; unverständlicherweise schien Long Jimmy auch nicht gewillt, mich noch tiefer in seine Gedanken einzuweihen. Darum sagte ich erst, als wir in einer Schankstube beisammensaßen und kräftig dem Alkohol zugesprochen hatten, rundheraus: „Erzähl mir, was zwischen euch beiden passiert ist!"

Long Jimmy blickte mich verwundert an und seufzte tief. „Möchtest du das wirklich wissen?"

„Mensch, ich bin dein Freund! Du hast mir erzählt, wie es angefangen hat; nun will ich auch wissen, wie es ausging. Also, was war in dieser Nacht am Achterdeck? Ich hab gesehen, daß ihr später von dort verschwunden wart. Was ist passiert?"

Long Jimmy seufzte abermals und erzählte mir dann, äußerst zögerlich, die ganze Geschichte:

Als er den jungen Spanier nach unten geführt hatte, war dessen Hose vorn stark ausgebeult. Offensichtlich hatte das Schauspiel auf Deck den gewünschten Erfolg gehabt. Als aber Long Jimmy an der Türe zur Kajüte des Jungen versucht hatte, diese Beule zu berühren, war seine Hand schroff weggestoßen worden. „Nein, Kapitän! Wenn Ihr glaubt, Ihr hättet so leichtes Spiel mit mir, seid Ihr im Irrtum! Ich bin kein Pirat!" Und damit hatte ihm der Jüngling die Türe vor der Nase zugeschlagen. Es war mehr, als mein Freund ertragen konnte. Heimlich war er draußen stehen geblieben und hatte alsbald rhythmische Geräusche gehört, die ihn von den Vorgängen da drin überzeugten. Er hatte angeklopft, war tatsächlich eingelassen worden und bekam die Erlaubnis, das von Don Enrique selbst begonnene Werk fortzusetzen. Aber nicht mehr. Nach Erhalt seiner Erleichterung hatte der junge Spanier ihm die Tür gewiesen.

Doch wenn damit ein Wandel eingetreten war, dann einer zum Schlechteren. Für den Rest der Reise hatte sich Don Enrique mehr in sich zurückgezogen, keine Esseneinladung in die Kapitänskajüte mehr angenommen und jedwede Vertraulichkeit abgelehnt, während es um Long Jimmy nun erst recht geschehen war. „Ich konnte nicht mehr aufhören, an ihn zu denken!" gestand er mir.

Ich hatte ihm mit tiefem Ernst zugehört und sagte: „Nun, auf jeden Fall hast du deine Gelegenheit verpaßt. Du kannst ja nicht im Haus des Gouverneurs um seine Hand anhalten. Aber", fügte ich trostreich hinzu, „bald ist er verschwunden, und statt seiner haben wir ein fettes Lösegeld. Wart's ab! Du wirst ihn schon vergessen."

„Ich hoffe, du hast recht. Aber ich glaube, nicht. Ich hätte nie gedacht, daß mir so etwas zustoßen könnte. Ich hätte nicht übel Lust, ihn als sein Sklave zu begleiten."

„Oh, verflucht! Du bist ja nicht bei Trost! Komm, mein Freund, trink noch einen! Oder besser: Nimm dir eins von diesen Bürschchen dort drüben beim Schanktisch! Nimm es mit auf die »Rote Hexe« und vögel mit ihm bis zur Besinnungslosigkeit! Denn mehr fehlt dir letztendlich nicht."

Long Jimmy warf seinen Kopf zurück und lachte. „Der Teufel

soll mich holen! Ich hoffe, eines Tages erwischt's dich auch noch. Das würde dir recht geschehen!"

„Mich? Niemals! Ich bin und bleibe ein loses Geschütz!"

„Ich muß zugeben, Tommy, nach diesem Gespräch mit dir geht es mir schon viel besser", sagte mein Freund. „Sei unbesorgt! Vielleicht bin ich ein verliebter Narr, aber ich bin nicht blind gegen die Wirklichkeit. Verdammt will ich sein, wenn ich diese Sache nicht überlebe!"

„So ist's schon besser. Also, trink aus!"

Doch Long Jimmy fuhr fort: „Ehrlich gesagt, ist dein Rat gar nicht so schlecht. Was meinst du: Welchen von diesen Bengeln da drüben soll ich mir vornehmen?"

Ich lachte nur und schenkte ihm nach.

Ein paar Monate später wurde uns das Lösegeld überbracht, ein holländisches Schiff nahm Don Enrique an Bord, und er segelte davon - auf Nimmerwiedersehen, hoffte ich!

Sechstes Kapitel

Ich werde Zweiter Maat
Der Kampf mit Robin Lodge

Im darauffolgenden Jahr, 1670, stellte Henry Morgan seine letzte und größte Expedition gegen das auf die Beine, was in der Freibeutersprache „die Spanierküste" heißt, und über fünfhundert Mann - Engländer und Franzosen - beteiligten sich daran.

Kurz bevor es auf Fahrt ging, rief Long Jimmy unsere Leute an Bord zusammen, und wir hielten diese Besprechung schon für beendet, da sagte er: „Noch eins, Männer! Seit unserem letzten Beutezug mit Morgan haben wir keinen Zweiten Maat mehr gehabt. Jack ist damals auf dem spanischen Schlachtschiff umgekommen, das die »Schlagetot« gerammt hat, und nun, denke ich, wird es Zeit, daß ich einen neuen ernenne. Mein Vorschlag heißt Tommy Cutler - Entermesser-Tom!"

Ich glaube, mein Herz tat einen Satz. Long Jimmy hatte mich mit keinem Wort auf seine Absichten vorbereitet, und nicht einmal ich selbst wußte genau, ob ich für diesen Posten schon reif war.

„Nein!" rief Knüppel-Rob, unser „Erster", in die sekundenlange Stille, die nach der Erklärung des Käptn's eingekehrt war. „Schockschwerenot! Der Bengel ist ja noch grün hinter den Ohren! Was versteht der schon von unserem Geschäft?"

„Er versteht inzwischen alles über Navigation, Mr. Lodge. Ich selbst habe es ihm beigebracht", erwiderte Long Jimmy gelassen. „Oder wüßtet Ihr jemand Besseren?" Mein Kapitän übertrieb etwas. Ich hatte auf meinen Fahrten fleißig studiert, doch gab es immer noch eine Menge zu lernen, bevor ich das werden würde, was wir als „Könner" bezeichnen. Aber trotzdem brachte Long Jimmys

Frage den Ersten zum Schweigen. „Und ihr alle, Männer, habt Tommy kämpfen sehen - sowohl auf der »La Marquesa« als auch bei der Festnahme von Don Enrique. Ihr selbst habt ihn *Entermesser-Tom* getauft. Ist euch das immer noch nicht genug?"

„Jawohl!" brüllte Kanonenkugel. „Ich sage: Machen wir ihn zu unserem Zweiten! Tommy folg´ ich überallhin!"

Und damit war die Sache entschieden. Die Männer, eben noch stumm und betreten, schlossen sich der Begeisterung ihres Quartiermeisters an, warfen ihre Mützen in die Luft und ließen mich hochleben: „Hurra! Entermesser-Tom! Macht ihn zu unserem Zweiten!" Ich war überrumpelt.

„Genug", sagte der Kapitän. „Ich weiß, Tommy hat noch einiges zu lernen, aber das werden wir ihm gemeinsam beibringen. Und bei Gott, wenn er irgendwelche Befehle gibt, dann pariert ihr, denn ihr wißt: Er wird ein tüchtiger Offizier sein!" Der Jubel brach erneut los, doch inzwischen hatte ich mich gesammelt, trat nach vorn und bedeutete den Männern zu schweigen.

„Long Jimmy... Käpt'n", sagte ich, „wenn ihr mich haben wollt, dann nehme ich an. Ich übernehme den Posten des Zweiten Maats." Wieder wurde gejubelt, aber wie damals, als ich Pancho zum Vollmitglied unserer Besatzung vorgeschlagen hatte, stand Knüppel-Rob abseits und funkelte mich an. Er würde diese Niederlage nie vergessen und sie mir nie verzeihen. Und auch die Burschen, die zu seiner Clique gehörten, jubelten nicht.

Ich wußte nicht, wodurch ich mir solche Feindschaft zugezogen hatte, aber ich sollte es sehr bald erfahren.

Am nächsten Tag, als ich mit Kanonenkugel und vier, fünf anderen am Schanktisch einer Taverne saß, ging plötzlich die Tür auf und herein kam Knüppel-Rob. Er wurde von rund einem halben Dutzend seines rauhbeinigen Anhangs begleitet. Bei unserem Anblick stockte die Bande, die offenbar schon einen über den Durst getrunken hatte, und Robin grölte:

„Wen haben wir denn da? Wenn das nicht unsere Erste Fotze ist! Wo hast du denn all deine Niggerfreunde gelassen? Du hast doch so gern einen schwarzen Riemen im Arsch!"

Ich unterdrückte den Zorn, der in mir aufwallte, und erwiderte: „Mister Lodge, Ihr vergeßt daß ich kein einfacher Matrose mehr bin. Ihr mögt zwar immer noch mein Vorgesetzter sein, doch halte ich es für äußerst unangebracht, in diesem Ton..."

„Du verdammter kleiner Grünschnabel!" unterbrach er mich. „Eines Tages werf ich dich den Haifischen zum Fraß vor - und deinen blödsinnigen Freund, der sich Käpt'n schimpft, gleich mit dazu."

Jetzt war das Maß voll! Das bedeutete Krieg! Ich zog mein Entermesser, und meine Kumpane taten es mir nach. Klirrend trafen unsere Waffen aufeinander, doch da es in dieser Taverne für Fechtkämpfe allein zu eng war, flogen im Nu auch Flaschen, Tische, Bänke - alles, was sich gerade in Reichweite befand. Die übrigen Gäste drückten sich in Winkel und Nischen, um uns nicht in den Weg zu geraten, und aus dem Augenwinkel sah ich Tiny Murphy, unseren irischen Kanonier, einen von Robbys Freunden, so lang und breit er war, vom Boden heben und über den Schanktisch schleudern. Was darauf folgte, bekam ich nicht mehr mit, weil ein anderer aus Robbys Anhang eine Bank nach mir schwang, vor der ich gerade noch rechtzeitig den Kopf einzog.

Ein Besatzungsmitglied der »Lustigen Minnie« wurde von einer Flasche getroffen und konterte, indem er jemand anderen angriff. Auch seine Kameraden stürzten sich in die Schlägerei, und im Nu herrschte überall dichtes Getümmel. Kanonenkugel selbst kümmerte sich um Robby. Mit klirrendem Entermesser drängte er ihn durch die Hintertür, andere folgten, und der Kampf schwappte auf die enge Gasse über. Alarmiert von dem Lärm, erschienen die Gäste aus der Taverne gegenüber, den „Drei Tonnen". Kampflustig - Freibeuter lassen sich selten die Gelegenheit zu einer tüchtigen Prügelei entgehen - strömten sie heraus, darunter auch ein halbes Dutzend oder mehr von unseren Bordkameraden. Barlow, der grobschlächtige Schreiner, peilte die Lage, sah, daß wir gegen Knüppel-Robs Clique kämpften, und trommelte seine Kumpane zusammen. Inzwischen wußten nur noch die wenigsten, wer den Streit angezettelt hatte oder worum es dabei ging.

Mit Barlows Hilfe wendete sich das Blatt. Ich versuchte gerade, durch ein wirres Knäuel von Kämpfern an Robby heranzukommen, da hörte ich, wie dieser seinen Kameraden etwas zurief. Sofort machten sie kehrt, flüchteten Richtung Hafen, und mit ihrem Verschwinden erlahmte auch die Schlägerei. Am Schluß rief ich meine Kumpane zusammen, um die Zahl der Verletzten zu ermitteln. Keinem war etwas Ernsthaftes zugestoßen, auch wenn fast jeder sein Teil an blauen Flecken und Schnittwunden davongetragen hatte. Ich bin sicher, wir hatten mit gleicher Münze heimgezahlt.

Da erschien Mr. Pew, der Besitzer der Schankstube, in der Gasse und wehklagte laut über den ihm entstandenen Schaden. Er hatte doch tatsächlich die Stirn zu verlangen, daß wir von der »Roten Hexe« dafür einstehen sollten. Ich antwortete mit einer Backpfeife. Weder meine Kameraden noch ich konnten etwas für das, was passiert war. Wir schuldeten ihm gar nichts, und dieser Überzeugung bin ich noch heute. Es führte darum zum einzigen offenen Streit zwischen mir und meinem Vater, als ich später erfuhr, daß er für die meisten Schäden aufgekommen war. „Aber nicht mit meinem Geld!" beharrte ich. „Wenn, dann aus deiner eigenen Tasche!" Mein Vater willigte ein, und das Kriegsbeil zwischen uns wurde begraben. „Ich muß doch in gutem Einvernehmen mit den anderen Wirten leben", wimmerte er.

Als Long Jimmy von der Sache erfuhr, rechnete ich damit, daß er in Wut geraten würde. Statt dessen jedoch grinste er und sagte, er wäre gar zu gern selbst dabei gewesen. „Dann hätte ich diesem Hurensohn ein Messer in die Rippen stoßen können!" Nun, das hätte auch ich sehr gern getan, und Robby führte mit mir gewiß Ähnliches im Schilde.

Ungleich stärker natürlich fiel die Reaktion unserer schwarzen Besatzungsmitglieder aus - Black Billy, Pancho und einige, die wir frisch angeheuert hatten. Bei dieser Gelegenheit erfuhr ich auch, daß Schwarze sich ungern als „Nigger" bezeichnen lassen - ein Wort, mit dem ich seither immer vorsichtig war.

Wie jedoch unsere weißen Bordkameraden es aufnahmen, überraschte mich. Sie nahmen die Beleidigung gegen ihre schwarzen Kameraden persönlich, und was als Privatfehde zwischen mir und Robin Lodge begonnen hatte, wurde zu verschworenem Rachedurst

Ich sollte vielleicht erwähnen, daß der schwarze Bestandteil innerhalb unsrer Mannschaft kräftig zugenommen hatte; sie bildeten fast ein Fünftel davon - angeblich alles entlassene Sklaven, also frei, in Wahrheit aber größtenteils nur entflohen; doch fälschten wir ihre Papiere oder vielmehr: *Ich* fälschte ihre Papiere, während Long Jimmy es stillschweigend duldete. Solches Vorgehen war unter der „Küstenbrüderschaft" keineswegs einmalig. Die meisten hatten weit weniger gegen Neger als Knüppel-Rob, auch wenn es nur einen einzigen schwarzen Kapitän gab, den Kubaner Diego Grillo. Doch davon später. Vorläufig war unser Problem, daß wir mit Rob unseren Ersten Maat verloren hatten

„Wir könnten Black Billy dazu machen", meinte Long Jimmy, als er diese Frage mit mir besprach. „Er ist jahrelang auf der »Schlagetot« zur See gefahren und hat alles nötige Rüstzeug für diesen Posten: seemännische Kenntnisse und ein angeborenes Führungstalent. Aber..." - ich sah ihn fragend an - „...er ist ein Schwarzer. Darum habe ich seinerzeit ja dich zum Zweiten Maat vorgeschlagen. Werden sich die Männer von einem Schwarzen befehligen lassen? Wenn ja, wäre das wirklich etwas Neues."

Niemand wußte besser als ich, wie recht Long Jimmy damit hatte. Ich als Zweiter Maat; gleich darauf Black Billy als Erster - man durfte den Bogen nicht überspannen. Andererseits hatte ich ja eben erst erlebt, wie der Mannschaftsgeist alle Unterschiede von Hautfarbe und Herkunft überwinden konnte - und nicht nur der! Durch mein leuchtendes Vorbild und Panchos lebhafte Betätigung waren Liebesgeschichten zwischen Schwarz und Weiß auf unserem Schiff zu einer Alltäglichkeit geworden. Fast waren die Männer stolz auf diese neugewonnene Einstellung - und deren Freuden. „Wenn du Kanonenkugel dazu herumkriegen könntest, daß er sich für Black Billy so starkmacht wie für Pancho damals und mich...", antwortete ich meinem Freund.

Long Jimmy lächelte. „Schon geschehen. Kanonenkugel ist ganz auf meiner Seite. Glaubst du etwa, bei dir hätte ich mich vorher nicht abgesichert?" Ich staunte. „Du warst sozusagen der einzige, der nicht gewußt hat, was kam - abgesehen von Robby und seinem Klüngel. Vor dem haben wir's natürlich verheimlicht."

Nun, das gab immerhin eine Erklärung, auch wenn sie meinen Stolz etwas schmälerte.

So kam die Ernennung denn zustande, und ich darf sagen: Black Billy bekleidete sein neues Amt mit Würde - sogar so würdevoll, daß für die nächsten paar Wochen keiner mehr in den Genuß seiner fast legendären Vorherbestimmung zum Liebhaber kam. Doch das legte sich rasch, als Billys fleischliche Begierden wieder stärker wurden.

Auch ich selbst stellte ein überraschendes neues Lebensgefühl an mir fest. Mit einemmal kam ich mir größer vor, obwohl dies kaum der Fall sein konnte; meine Muskeln schienen plötzlich härter zu sein, mein ganzer Körperbau viel fülliger. Ich nehme an, es war einfach mein neugewonnener Stolz.

Siebtes Kapitel

Neue Feldzüge mit Henry Morgan und der Anfang vom Ende ~ Wir segeln mit Diego Grillo

Unsere Fahrt mit Morgan dauerte lange, doch ist soviel darüber gesagt und geschrieben worden, daß ich nicht näher darauf eingehen will. Jeder weiß ja von der Plünderung Santa Martas, Riohachas, Porto Bellos und dem berühmten Marsch über den Isthmus, um die große Stadt Panama niederzubrennen. Unterwegs erlebten wir viele Abenteuer, und die »Rote Hexe« nahm an jedem davon teil. Es wurde gekämpft und geplündert, gezecht und gefeiert; Spanier wurden erschlagen oder gefangengenommen und gefoltert; und es gab genug Beute, um alle Männer fürs ganze Leben reich zu machen - wenn sie ihren Reichtum nur hätten zusammenhalten können.

Der Empfang, den man uns in Jamaica nach dem Überfall auf Maracaibo bereitet hatte, war nichts gegen den Jubel bei unserer Rückkehr von Panama, Anfang 1671. Im Mai sprach die jamaikanische Landesregierung Henry Morgan ihren offiziellen Dank aus; es war der schwerste Schlag, den man den westindischen Kolonien der Spanier je versetzt hatte.

Unterdessen jedoch war es in Europa zu einem Ereignis gekommen, welches das englisch-karibische Freibeutertum an der Wurzel treffen würde: England hatte im Jahre 1670 mit Spanien das Abkommen von Madrid unterzeichnet. Beide Parteien hatten sich darin verpflichtet, ihre Plünderungen einzustellen und sämtliche Kaperbriefe für ungültig zu erklären. Außerdem erkannte Spanien jetzt erstmals Englands westindische Kolonien an. Zumindest auf dem Papier. In Wirklichkeit sollte es noch einige Jahre dauern, bis die öffentliche Meinung sich diesen Übereinkünften anschloß und der Handel mit den spanischen Kolonien mehr galt als die Unterstützung von uns Freibeutern.

Männer wie Long Jimmy Jones und ich konnten einfach nicht glauben, daß der König unseren spanischen Erbfeind nicht mehr behelligt sehen wollte. Für uns liefen daher die nächsten paar Jahre, das heißt, die nach dem Abkommen von Madrid, wie gehabt: Es gab viel Beute, viele Abenteuer, viele Mühen, doch das Ganze hatte auch seine schönen Seiten, und mehr verlangte ich nicht.

Etwas schwieriger, wenn auch keineswegs unmöglich, wurde lediglich der Absatz der Beute, denn die Regierung gab ihr Amt als Zwischenhändler auf. Gouverneur Thomas Modyford, unseren Freund und Gönner, hatte man, um die neue Politik durchzusetzen, nach England zurückbeordert und Sir Thomas Lynch zum Königlichen Statthalter ernannt. Mit ihm und seinem Nachfolger, Lord Vaughn, wurde die Haltung der Regierung nicht nur ausgesprochen unfreundlich - sie gewann auch eine immer größer werdende Anhängerschaft innerhalb des Gemeinderats. Dies sollte sich 1674/75 zwar für kurze Zeit ändern - in diesen Jahren kehrte Henry Morgan, unser alter Freund und Freibeuteradmiral, mit der Ritterwürde aus England zurück und übernahm den Gouverneurssessel -, aber auch ihm waren weitgehend die Hände gebunden. Er protegierte uns, investierte gerüchteweise sogar selbst in Freibeuterzüge, doch war darüber nicht zu vergessen, daß man ihn vorher mehr oder minder gewaltsam in seine Heimat geschafft hatte - auch dies ein Zeichen dafür, daß die Lage Grund zur Besorgnis gab.

Ein Wandel lag in der Luft, die Dinge waren im Fluß, und am Ende dieser Entwicklung stand die Piraterie - Raub und Mord aus purem Eigennutz, ohne den Segen oder die Beteiligung einer Regierung.

Bis 1673 bekamen wir einen kleinen Vorgeschmack darauf. Danach lag England wiederum im Krieg, diesmal gegen die Holländer und mit Unterstützung der Franzosen. Es war der Dritte Holländische Krieg, der volle fünf Jahre andauern sollte. Solange aber wurden wir von der jamaikanischen Regierung offiziell in unserem Handeln ermuntert.

Spanien Freund - Holland Feind. Wie leicht sich das schreibt und liest! Aber es war ein geradezu unglaublicher Wandel, ein

Einschnitt in unserem Denken und Gewerbe, den ich nicht kraß genug schildern kann. Eine neue Zeit hatte begonnen.

⚓ ⚓ ⚓

Als wir die Regierungsvollmacht erhielten, stürzten sich viele Schiffe, darunter auch die »Rote Hexe«, auf ihre frische Beute. Die Durchfahrt zwischen der kleinen Insel St. Eustatius und der mächtigen Metropole Curaçao war eine der holländischen Hauptschiffahrtsstraßen, wo die großen Handelsschiffe kreuzten.

Long Jimmy beschloß, diese Durchfahrt südwestlich der Insel St. Kitts abzuschneiden, und in der Tat kaperten wir während der ersten vierzehn Tage mehrere Handelskähne, die wir zu Gouverneur Stapleton auf den sogenannten Inseln unter dem Winde brachten und dort legal losschlagen konnten. Zu unserem Verdruß mußten wir einen Teil der Bezahlung jedoch in Zucker akzeptieren, weil auf dieser Insel Geldknappheit herrschte. Damit hatten Long Jimmy und ich die Nase voll. Wir hatten keine Lust, unsere Zeit mit der vergleichsweise unrentablen holländischen Schiffahrt zu verschwenden, und setzten, trotz der Unrechtmäßigkeit unserer Pläne, wieder Segel nach Mittelamerika.

Während wir unterwegs waren, sichteten wir ein Segel am Horizont - das Fünfzehn-Kanonen-Schiff des berühmten Freibeuters Diego Grillo. Dieser Kubaner war damals, wie erwähnt, der einzige Schwarze oder vielmehr Mulatte, der ein Bukanierschiff kommandierte. Seine Mannschaft bestand zum größten Teil aus Sklaven, die den Spaniern entflohen waren, und für gewöhnlich lag sein Stützpunkt auf Tortuga.

Diego war für seinen Spanierhaß berüchtigt. Es hieß, daß er keinen Spanier, der ihm in die Hände fiel, bei lebendigem Leibe entkommen ließ.

Als wir einander erkannten, feuerten wir einen Salut. Diego ruderte zu uns herüber, eine große Punschterrine wurde auf das Achterdeck gebracht, und der Kubaner erzählte uns, was er vorhatte: Er wolle im Golf von Kampesche kreuzen, und wir seien herzlich dazu eingeladen.

Diego war ein kleiner, drahtiger Bursche mit säuberlich gestutztem Vollbart, einem hübschem Gesicht und vielleicht dreißig Jahre alt. Seine Mannschaft vergötterte ihn unübersehbar.

Auch wir waren nur allzu glücklich, uns mit ihm zu verbünden, waren wir vereint doch wesentlich stärker, und drei Wochen lang überfielen wir die spanische Blau- oder Blutholzschiffahrt an dieser Küste, von der das Holz auch seinen anderen Namen hat: Kampescheholz. Dieses Zeug war nicht nur viel leichter zu erobern als Gold, sondern fast ebensoviel wert; sämtliche Woll- und Tuchmanufakturen Europas rühmen den Farbstoff, den man daraus gewinnt.

Bei unserem Aufeinandertreffen mit den Spaniern bewiesen Diego und seine Mannen, daß ihr Ruf wohlverdient war: Jeder, ob er nun um Gnade bettelte oder nicht, mußte über die Klinge springen - eine Sitte, die zwar nicht ganz unsere Zustimmung fand, aber natürlich mischten wir uns nicht ein.

Die Schiffsbäuche voller Blauholz, erreichten wir den Golfo Triste. Diese Bucht war von jeher eine der beliebtesten Zufluchtstätten, um Freibeuterschiffe auszubessern, und eine gute Stelle zur Beendigung unserer gemeinsamen Fahrt.

An einem weiten Sandstrand wurden Grogfässer aufgebaut, Grillfeuer entfacht, Instrumente hervorgeholt und alles zu einem neuen Fest gerüstet. Die beiden Mannschaften vermischten sich völlig zwang- und reibungslos; sämtliche Sprachunterschiede verschmolzen in einer allgemeinen Verständigung aus Nicken und Augenzwinkern, und es gab nur wenige, die für die exotischen Reize unserer Kollegen nichts übrig hatten. Ich jedenfalls fand es erregend, mich mit zwei jungen dunkelhäutigen Männern zu verlustieren, ohne daß wir auch nur eine Silbe voneinander verstanden. Es bewies, wie überflüssig Worte oft waren.

Zuerst hatte ja Diego selbst es mir angetan, doch ich erfuhr, daß ihn Weiße kalt ließen. Zu schade! Wenn man sah, wie Pancho, Black Billy und etliche andere Schwarze sich zu einer einzigen wilden Orgie verschlangen..! Man hätte dabei sein müssen!.

Wenn dies alles nach einem sorgenfreien Leben klingt, so muß ich feststellen, daß wir von Anfang an auch Verluste zu beklagen hatten. Bei dem eingangs skizzierten Feldzug gegen Riohacha verlor Kanonkugel sein linkes Auge, und die schwarze Augenklappe, die er seither getragen hat, läßt ihn wilder denn je erscheinen; in Santa Marta kam unser Smutje ums Leben, und Pancho übernahm dessen Aufgaben, wodurch sich der Speisezettel zweifelsohne verbesserte; doch das will in Anbetracht der Kost, die wir auf See zu uns nahmen, nicht viel heißen. Tiny Murphy, ein Bär von einem Mann, der aussah, als könnte er sich geradewegs durch die Mauern einer Festung rammen, erlag auf jenem schrecklichen Marsch über den Isthmus einem Fieber. Am tragischsten aber war sicher der Tod von Marcus, Black Billys mehr oder weniger heimlicher kleiner Liebe. Es war das einzige Mal, daß ich diesen mächtigen Schwarzen habe weinen sehen

Ich selbst wurde in der Kapitänskoje durch eine Reihe von jungen Männern abgelöst, die aus dem einen oder andern Grunde nie lange bei uns blieben. Ich muß sagen, daß mich dies ebensosehr entlastete wie erleichterte, konnte ich mein Augenmerk jetzt doch ganz auf diejenigen Besatzungsmitglieder richten, die mich wirklich interessierten; und Long Jimmy schien sich niemals ernsthaft zu binden. Einer meiner Nachfolger hatte es ihm besonders angetan, Higgins, bezeichnenderweise ein englischer Landjunkerssohn, der unter die Bukanier geraten war. Zuerst hoffte ich, diese Beziehung würde meinen Kapitän endlich über den spanischen Jung-Aristokraten hinwegtrösten; als Higgins jedoch ums Leben kam, bekundete Long Jimmy nur eine stille Trauer, die von mir und den anderen bald vergessen war.

Achtes Kapitel

Ozei oder Wie ich einen Sklaven kaufe und dessen Knecht werde

Ich war jetzt ein feiner junger Gentleman - einer, der schöne neue Gewänder trug und mit knapp zwanzig Jahren ein zusehends reicher Mann wurde. (Zu den neuen Kleidern hatte mich Long Jimmy überredet. „Der Maat eines erfolgreichen Schiffes", sagte er, „sollte nicht mit zerlumpten Kniehosen und einem fadenscheinigen Hemd herumlaufen", und obwohl mir diese Sachen bislang genügt hatten, ließ ich mich von ihm zu einem Schneider zerren.) Mein Vater seinerseits redete mir zu, ich solle mich an Land niederlassen. „Kauf dir von deinem vielen Geld ein paar Grundstücke. Oder steck es in ein Geschäft in Jamaika!" sagte er. „Wir könnten die schönste Herberge auf den Inseln haben. Wir könnten all den vornehmen Herrschaften dienen..." Aber sein Traum war nicht der meine. Ich wußte, daß aus diesen Wunschvorstellungen nichts werden würde.

Nun, eines sonnigen Vormittags spazierte ich, hochzufrieden mit mir und dem Leben insgesamt, durch die Tower Street von Port Royal. Wir hatten das Kampescheholz verhökert, obwohl der zuständige Hafenbeamte uns sicher kaum glaubte, daß wir unsere Fracht auf rechtmäßigem Wege erworben hatten. Noch aber wagte sich niemand mit uns anzulegen.

Da wurde ich durch ein lautes „He! Mr. Cutler - Entermesser-Tom!" jäh aus meinen Gedanken gerissen. Die Stimme gehörte Mr. Sawyer, einem wohlgenährter Großgrundbesitzer mit weißem Anzug und breitrandigem Hut, der kurz zuvor in Mode gekommenen Pflanzerkluft. Sein Gesicht war rotbackig und lächelte mich an.

„Mr. Sawyer! Wie geht es Euch?" Ich kannte den Mann bereits, der aufgrund seines neuerworbenen Wohlstands in den Bezirksrat gewählt worden war und sich dort für Restriktionen gegen die Freibeuter zugunsten von Handelsbeziehungen mit Spanien stark-machte. Obschon er mir daher nicht geheuer war, strahlte er im Moment doch reinstes Wohlwollen aus.

„Potztausend! Euch scheint's ja mächtig gut zu gehen! Meinen Glückwunsch! Nach allem, was man hört, war Euch und Eurer »Roten Hexe« einiger Erfolg beschieden."

„Da habt Ihr recht gehört, Sir. Doch darf ich fragen, was mir die Ehre unseres Gesprächs verschafft?"

„Gewiß doch! Kommt! Trinkt ein Glas mit mir, dann will ich's Euch erzählen!"

Ich mißtraute dem Kerl zwar immer noch, nahm seine Einladung aber trotzdem an.

Als wir in der nächstbesten Taverne Platz genommen und etwas Wein bestellt hatten, schmierte er mir neuerlich Honig um den Bart, bevor er zur Sache kam. Ich selbst blieb in Deckung; ich lieferte ihm weder Argumente für seinen politischen Standpunkt, noch sprach ich ihn darauf an.

„Also", sagte er schließlich, „ich hab da eine kleine Schwierigkeit.. nichts Besonderes im Grunde... nur ein Nigger, der von meiner Plantage davongelaufen ist... viermal bis jetzt. Darum möchte ich ihn loswerden. Stiftet nur Unfrieden, dieser Schweinekerl. Nichts als Ärger. Selbst Auspeitschen nützt nichts. Nicht das Geringste!"

„So? Wie alt ist er?"

Sawyer schob einen Moment die Unterlippe nach vorn. „Tja, so um die achtzehn, würd ich sagen. Ausgewachsener Bursche. Mein Kompagnon hat ihn vor vier Jahren schnurstracks vom Boot runter gekauft. Aus Afrika. Hätte 'n guter Feldarbeiter werden müssen, war aber nie zu bändigen. Hält sich sogar für einen Stammesfürsten oder so. Jedenfalls hat inzwischen jeder Pflanzer in Jamaika schon von ihm gehört, und ich schätze, wir werden ihn nicht loskriegen."

Meine Neugier war zu vollem Leben erwacht. „Etwas dagegen, wenn ich ihn mir ansehe? Ein Stammesfürst würde mich schon mal interessieren."

„Aber bitte!" lachte Sawyer. „Das habe ich ja gehofft! Vielleicht... vielleicht könntet Ihr ja einen Freibeuter aus ihm machen. Aber von außen gibt's daran nicht viel zu sehen. Da gleicht er jedem anderen Nigger."

So schlenderten wir denn zu dem kleinen Gittergehege hinüber, in dem der örtliche Sklavenhändler seine Ware feilbot - in der High Street, am Osthafen der Stadt. Erst kürzlich hatte der König der *Royal African Company* das Monopol zum Sklavenhandel in den englischen Kolonien gewährt.

Da Mr. Helyar, der Geschäftsinhaber, abwesend war, führte mich Sawyer selbst in den hinteren Teil des Sklavengeheges und zeigte mir den schwarzen Unruhestifter. Der Bursche saß, den Rücken gegen einen Pfosten gelehnt, an dem er angekettet war, auf einer niedrigen Holzbank. Seine Augen waren geschlossen, und er trug nur ein paar zerlumpte kurze Hosen. Als ich ihn sah, hielt ich unwillkürlich die Luft an.

Nach einem kurzen Moment der Erstarrung wanderte mein Blick zuerst von dem hübschen breiten Afrikanergesicht über die mächtigen Schultern, die muskelbepackten Arme, den schwellenden Brustkorb und die Waschbrettmuskeln des Bauches zu der schmalen Taille, den wohlgeformten Läuferbeinen und den großen nackten Füßen hinab - dann heimlich wieder zurück zu dem massiven Fleischwulst, der unter dem dünnen Hosenstoff hervortrat. Ein schöneres Exemplar junger Männlichkeit war mir noch nie unter die Augen gekommen!

„Steh auf, Hank!" bellte Sawyer. „Der Herr hier möchte dich ansehn!" Der junge Schwarze schlug die Augen auf und starrte mir mit unverhohlener Feindseligkeit ins Gesicht. Dann erhob er sich langsam und verächtlich von seiner Bank. „So, Cutler, da habt Ihr Euren ‚Fürsten'!"

Ich gab keine Antwort. Ich trat um den Schwarzen herum, nahm ihn aus jedem Winkel in Augenschein. Er war ungefähr einen halben Kopf größer als ich. Dann entdeckte ich die Peitschenstriemen auf seinem Rücken und zuckte innerlich zusammen. Es war ein Verbrechen, einen so vollendeten Körper zu verunstalten! „Hank heißt er?" fragte ich.

Sawyer spie in den Staub. „So nennen *wir* ihn. Der Mistkerl selbst nennt ständig so ein gottverdammtes heidnisches Kauderwelsch als seinen Namen. Und das ist nur *ein* Beispiel für den Ärger, den man mit ihm hat. Will nicht mal einen guten Christennamen akzeptieren."

Ich wandte mich an den Schwarzen selbst. „Wie heißt du?" Der Jüngling starrte mir mit ehernem Schweigen ins Gesicht. „Ich meine, richtig."

„Ozei!" Es kam völlig unvermittelt, und er richtete sich zu voller Größe auf. „Ozei Oyoko, Bruder von Ozei Tutu, dem Kumasihene des Ashantistammes. Ich bin niemandes Sklave!" Und er sah trotzig von mir zu Sawyer, dann wieder zurück.

Sawyer warf seine Hände in die Luft. „Da habt Ihr's! Man sollte diesen Saukerl zerhacken und an die Schweine verfüttern!"

Ich wußte, daß es wahnwitzig war, auf die Offerte eines Mannes einzugehen, der seine „Ware" selber nicht anpries, aber dennoch platzte ich heraus: „Was verlangt Ihr für ihn?"

Der Pflanzer schien sich mit einemmal zu besinnen. „Nun, in Abetracht seiner körperlichen Beschaffenheit und des Umstands, daß er recht gut Englisch spricht..." Er überlegte kurz. „Vierzig Pfund, würde ich sagen."

„Für zwanzig nehme ich ihn sofort!" antwortete ich impulsiv.

Sawyer lachte. „Ihr seid ein Hundsfott, Cutler! Aber bitte, da er nichts als Ärger macht: Legt zwei Pfund dazu - das sind die zehn Prozent Kommission, die ich Helyar allemal bezahlen muß -, und der Handel gilt!"

„Topp, abgemacht!" Und wir drückten einander die Hand. Ein paar Minuten später war das Geschäft abgeschlossen. Sawyer zog mit meinem Gold davon, und ich betrachtete den Mann, den ich gerade gekauft hatte. Worauf hatte ich mich da eingelassen? Ein Angestellter des Sklavenhändlers schloß mir den schwarzen Jüngling von dem Pfosten, an den er angekettet war.

„Gebt acht mit diesem Teufel!" warnte mich der Mann. „Der läuft Euch weg, sobald Ihr ihm die kleinste Gelegenheit dazu gebt!"

Ich trat auf die Straße, ohne mich noch einmal umzudrehen. „Los jetzt, Ozei Oyoko! Komm mit!" forderte ich den Ashanti auf, und wortlos folgte er mir bis zu dem Dock, an dem der Leichter der »Roten« Hexe vertäut war. Ich sprang hinein und sah zurück zu der Stelle, wo Ozei unvermittelt gestockt hatte. Eine leise Furcht stand in seinem Gesicht. „Na los, Ozei! Mein Schiff ist kein Sklavenjäger! Du wirst nicht wieder verkauft!" sagte ich aufmunternd. Der junge Mann folgte mir zögerlich. Als das Boot ins Schwanken geriet, klammerte er sich verzweifelt am Dollbord fest, um schließlich in einer ungeschickten Haltung sitzenzubleiben. „Kannst du rudern?" fragte ich. Er schüttelte den Kopf. „Nun, dann, denke ich, werde ich dir das zuerst beibringen." Und ich faßte ihn an der Schulter, um ihn auf die richtige Bank zu führen. Ein Schaudern ging durch meinen Körper. Es war das erste Mal, daß ich diesen Mann berührte, und das Gefühl schien in mir nachzuschwingen wie in einer Kirchenglocke nach dem Läuten.

Ich zeigte Ozei, wie man rudert, und eine Weile hatte ich noch niemanden langsamer oder unbeholfener pullen sehn. Auf halber Strecke zu unserem Schiff jedoch schien er den Bogen etwas mehr herauszukriegen. Ich saß auf der Achterducht und beobachtete das Muskelspiel des Mannes. Meine Kehle war trocken vor Begierde. Vorsicht! ermahnte ich mich. Nur nichts überstürzen! Was, um alles in der Welt, dachte ich mir überhaupt?

Sicher, mein vorrangiger Beweggrund für diesen Kauf war ein impulsiver Reiz gewesen, doch jetzt hatte ich mir nicht nur - schlimm genug! - einen Sklaven zugelegt (auch wenn ich ihn gar nicht als solchen halten wollte), ich brachte auch noch ohne Zustimmung des Kapitäns ein neues Mannschaftsmitglied an Bord - etwas, das mir sogar in meiner Eigenschaft als Zweiter Maat nicht zustand. War ich verrückt geworden - genauso verrückt wie Long Jimmy, als er sein Herz an einen offiziellen Gefangenen, Don Enrique, hängte? Ich verstand die Welt mehr.

Als wir an Bord der »Roten Hexe« stiegen, verfolgte die Mannschaft den jungen Neger, der in seinem Lumpenhöschen hinter mir her trottete, mit merkwürdigen Blicken. Ich winkte ihn in die Kajüte, die ich bei meiner Ernennung zum Maat bezogen hatte.

Dort ließ ich mich auf meiner Koje nieder und bedeutete Ozei, sich zu mir zu setzen. Er zögerte. Wahrscheinlich hatte ihn noch nie ein Weißer neben sich Platz nehmen lassen. Wo sollte ich nur anfangen? Das Gesicht des jungen Mannes wirkte versteinert, aber wenigstens seine Feindseligkeit schien verschwunden.

„Ozei, das hier ist ein Freibeuterschiff, ein Privatier. Wir fahren zur See und plündern unsere Gegner. Weißt du, was das bedeutet?"

In seinen Augen erwachte ein schlagartiges Interesse. Er nickte. „Ich habe davon gehört. Ihr raubt Schätze für euren König."

„Ja. Wir fahren, wohin es uns beliebt, und wir nehmen uns, was wir wollen. Wir sind alle hier freie Männer. Keine Sklaven."

„Ich bin *auch* kein Sklave!" Die Feindseligkeit war zurückgekehrt. „Ich bin Bruder des Kumasihene, unseres Stammeshäuptlings. Er wird uns zum Sieg über unsere Feinde führen. Er wird uns..."

„Schon gut, schon gut! Das weiß ich ja bereits. Genau darum habe ich dich auch gekauft." Sein Gesichtsausdruck verwandelte sich in einen der Verwunderung. „Hör zu! Die Männer auf diesem Schiff gehorchen nur ihrem Kapitän, eben weil er ihr Kapitän ist, verstehst du? Vielleicht so ähnlich wie... wie deine Leute deinem Bruder gehorchen. Du wirst zu uns gehören, Ozei. Zumindest hoffe ich das. Der Kapitän muß noch seine Einwilligung geben..."

„Ja, ich werde ein Freibeuter sein! Ein freier Mann! Und keiner kann mich einen Sklaven nennen!" Er hatte sich aufgerichtet, und sein Gesicht strahlte wie der junge Tag.

Ich blickte zu ihm empor. Wenn ich vorher ein körperlich schönes Exemplar in ihm gesehen hatte, dann sah ich jetzt einen jungen Gott! Ich steckte in Abgründen der Bewunderung und der Ratlosigkeit. „Ozei...", sagte ich. Die Luft in der Kajüte war geladen mit Empfindungen. Sie stiegen mir zu Kopfe, und ich stand auf, um ihm ins Gesicht zu schauen. „Da ist noch etwas. Ich werde dein Maat sein - das ist ein Diener unseres Kapitäns. Aber ich kann auch... äh... dein Freund sein. Dein persönlicher Freund. Es liegt ganz bei dir. Möchtest du mein Freund sein?" Sobald es heraus war, merkte ich, daß ich einen Fehler gemacht hatte. Ozei sah mich an, als verstünde er nicht ganz, aber Freundschaft mit einem Weißen, das mußte für ihn die Überraschung seines Lebens sein.

Doch ehe er sich eine Antwort überlegen konnte, klopfte es an der Tür. „Herein!" rief ich.

Es war Pancho. Als sich bis in die Kombüse herumgesprochen hatte, der Zweite Maat sei mit einem seltsamen schwarzen Jüngling an Bord gekommen, der nichts als eine zerlumpte kleine Hose trug, hatte der Bengel seine Neugier nicht bezwingen können. Unter einem fadenscheinigen Vorwand platzte er zu uns herein. Aber ich war dankbar für diese Unterbrechung. Mit meiner letzten Frage an Ozei war ich vorerst zu weit gegangen.

„Pancho", machte ich die beiden bekannt, „das ist Ozei Oyoko. Er wird bei uns mitfahren, wenn der Kapitän es erlaubt. Ozei, das hier ist Pancho, unser Koch."

Die zwei jungen Männer beäugten einander mißtrauisch. Ich kannte Panchos Vorliebe für Weiße ebensogut wie Pancho meine eigenen, aber seine Augen weiteten sich ein wenig, als sie zu der Wölbung in Ozeis kurzen Hosen gelangten. Dann drang der strenge Geruch des anderen zu ihm, und Pancho rümpfte die Nase. Ozei, dem Sklavengatter geradewegs entronnen, hatte die Kajüte mit einem Duft erfüllt, der weit über das Moschusaroma hinausging, welches mich sonst so schwindlig machte.

„Äh, Tommy... woher kommt dieser Bursche?"

„Nun, ich... Er war auf einer Plantage. Ich, äh... habe ihn bei einem alten Freund mitgenommen: Mr. Sawyer."

Pancho wußte sehr wohl, daß Sawyer nicht gerade ein alter Freund von mir war.

„Du hast ihn gekauft!" rief er entsetzt.

Ich verzog schmerzlich das Gesicht. „Das geht dich nichts an, Pancho! Jetzt ist Ozei hier. Wir werden einen Freibeuter aus ihm machen, und du hilfst mir dabei! Und da du schon einmal da bist: Nimm ihn mit, damit er ein Bad nehmen kann, und gib ihm ein paar anständige Sachen. Und etwas zu essen. Danach kannst du ihm das Schiff zeigen und ihn mit den Männern bekanntmachen."

Pancho stand einen Moment wie versteinert. Dann breitete sich ein Grinsen auf sein Gesicht. „Aye, Aye, Maat! Ist mir ein Vergnügen!" Und er zog Ozei mit sich zur Tür hinaus.

„Pancho!" rief ich ihm nach. Der kleine Schwarze lugte, immer noch grinsend, durch den Türspalt. „Tu nur das, was ich dir befohlen habe! Kein heimlicher Privatunterricht!"

„Selbstverständlich! Pancho würde sich doch nie nehmen, was seinem Maat gehört!" Und obwohl ich da nicht ganz sicher war, ließ ich die beiden gehen.

So weit, so gut. Gegen Abend kehrte Long Jimmy an Bord zurück, und das erste, was ihm zu Ohren kam, war die Nachricht über unseren Neuling. Ohne eine Sekunde zu verlieren, kam er zu mir in die Kajüte.

Ozei war etwa zwei Stunden, nachdem ich ihn mit Pancho fortgeschickt hatte, zurückgekehrt, und der kleine Schiffskoch hatte gestrahlt: „So, da ist er wieder, blitzsauber für dich geschrubbt!... Und er ist wie ein Pferd!"

Ich betrachtete Ozei von Kopf bis Fuß. Seine ebenholzschwarze Haut glänzte jetzt. Sich waschen ist bei den meisten Freibeutern zwar immer noch nicht öfters an der Tagesordnung als bei anderen Briten, aber Panchos Reinlichkeit hatte wie seine übrigen exotischen Gebräuche allmählich auf unsere Männer abgefärbt. Wir waren wahrscheinlich das sauberste Schiff in der gesamten „Küstenbrüderschaft"

Die knielangen Hosen, die Ozei nun trug, mußten von Pancho sein. An der schmalen Taille saßen sie durchaus, für Ozeis wohlgerundeten Arsch und seine muskulösen Oberschenkel indes waren sie zwei Nummern zu klein, und hatte schon sein altes Höschen verraten, daß er ausgeprägt männlich war, so zeigten diese Beinkleider es unverblümt. Ich sah regelrecht vor mir, wie Pancho, dieses kleine Aas, Ozei dabei geholfen hatte, sich hineinzustopfen. Zur Hölle mit dem rotznäsigen Balg!

Bei seinem Eintreten nun wirkte Long Jimmy alles andere als erfreut. „Tommy!" sagte er. „Wie konntest du nur? Es steht dir nicht zu, eigenmächtig neue Besatzungskräfte anzuheuern -" Sein Blick wanderte zu Ozei - „geschweige denn, sie zu kaufen!"

Ich hatte diesem Vorwurf nichts entgegenzusetzen - wußte doch schon die ganze Zeit, daß mein Verhalten jeder Rangordnung widersprach. Zugleich jedoch wußte ich, daß ich nicht anders konnte; Ozei *mußte* bei mir bleiben.

„Ozei", sagte ich kleinlaut, „laß uns allein!" Und als er die Tür hinter sich zumachte, sprudelte es aus mir aus: „Jimmy, ich schwöre dir, es kommt nie wieder vor! Es war nur dies eine Mal! Er ist - "

Long Jimmy hob grinsend seine Hände. „Schon gut, schon gut! Er gehört dir ja. Aber ist unser großartiges loses Geschütz auf der »Roten Hexe« endlich festgemacht?"

„Ach, hör auf! Ich habe ihn rein zufällig gefunden. Wir haben noch nicht einmal... ich meine..."

„Ein Fund ist er allerdings! Und du willst wirklich einen Freibeuter aus ihm machen?"

„Ja", antwortete ich. „Und zweifellos wird er ein guter sein. Er ist nämlich so etwas wie Fürst bei seinem Volk - man hat ihn als Krieger aufgezogen. Ich kann es kaum erwarten, ihn kämpfen zu sehn!"

„Das glaube ich gern - im Zweikampf, Mann gegen Mann, nicht wahr?" Ich übersah Long Jimmys Grinsen, und er fuhr fort: „Tommy, du kennst ja meinen Geschmack. Aber ich sage dir: Bei dem da könnt´ ich eine Ausnahme machen!"

„Zur Hölle mit dir!" rutschte es mir heraus. „Laß bloß deine

Pfoten von ihm! Such dir doch selbst einen!"

Sofort merkte ich, wie Long Jimmys Miene sich verdüsterte, doch noch ehe ich ihn um Entschuldigung bitten konnte, lächelte er erneut. „Hab ich dich nicht gewarnt, alter Freund? Ich wußte, eines Tages würde es so kommen. Genau, wie ich diesem jungen Spanier erlegen bin."

Ich sah ihm scharf ins Gesicht. Long Jimmy hatte Don Enrique schon lange nicht mehr erwähnt. „Über den bist du doch hinweg?" fragte ich.

Das Gesicht meines Freundes wurde ernst, und es dauerte ein paar Sekunden, bevor er antwortete: „Wenn du glaubst..."

Als er schließlich gegangen war, blieb ich mit Ozei allein. „Na", fragte ich unsicher, „da du nun also endgültig zu uns gehörst - wie findest du es hier? Meinst du, das Freibeuterleben könnte dir gefallen?"

„Ja, Mr. Cutler, Sir. Ich glaube, es ist das Zweitbeste - nach meiner Rückkehr in meine Heimat, nach Afrika."

„Schön. Aber es ist schon spät, und morgen gibt es viel zu tun. Wir stechen wieder in See. Besser, wir gehen jetzt schlafen."

Ozei sah mich fragend an. „Ja, aber wo..."

„In meiner Koje. Sie ist zwar nicht groß, aber es reicht für uns beide." Sein fragender Gesichtsausdruck verstärkte sich, aber ich hielt es für besser, erst gar keine Erklärungen zu versuchen. Dann begann er ohne ein Wort, sich die enge Hose herunterzuschälen, kehrte mir aber den Rücken zu, bis er unter die Decke geschlüpft war. Immerhin erhaschte ich dadurch einen Blick auf diesen wohlgerundeten schwarzen Arsch.

Jetzt war die Stunde gekommen! Ich folgte ihm in die Koje, ließ dabei meine Kleider zu Boden fallen und streckte eine Hand nach der Petroleumlampe in einer Wandhalterung, um sie herunterzudrehen. Dann glitt ich behutsam neben meinen Bettgefährten. Endlich! Ich spürte seine Wärme, spürte seine glatte, heiße Haut an der meinen, und mein Körper reagierte wie mit einem Fieberanfall. Mein Speer ragte nach oben, das Herz schlug mir bis zum Hals, die widersprüchlichsten Gedanken rasten mir durch den Kopf: Ich könnte - ganz sacht - eine Hand nach Ozei ausstrecken, könnte ihn berühren, erst wie nebenher, dann zärtlicher -, doch was, *was* würde dieser schöne, stolze Jüngling tun, wenn er von dieser Seite des Freibeuterlebens erfuhr? Würde er eine Annäherung von seiten seines neuen Vorgesetzten erwidern? Der Schrecken, mit dem er heute reagiert hatte, als ich ihm meine Freundschaft anbot, stand mir noch vor Augen. Ich wollte die Gräben nicht wieder aufreißen, die ich so sorgfältig zugeschüttet hatte, um eine künftige Beziehung darauf aufzubauen, und zum erstenmal in meinem Leben begriff ich, warum Long Jimmy den jungen Spanier nicht mit Gewalt genommen hatte.

Ich hielt den Atem an, und noch während ich, in einem wilden Aufruhr der Gefühle, hin und her überlegte, was ich tun sollte, vernahm ich ein leises Schnarchen. Ozei war eingeschlafen.

Ich weiß nicht, wie ich diese Nacht überstand. Für mich selbst war an Schlaf nicht zu denken, und meine Rechte umspannte ein Körperglied, das verzweifelt um Erlösung pochte. Irgendwann jedoch muß ich in einen erschöpften Schlummer gefallen sein, denn als ich die Augen aufschlug, stieg mein junger Gott über mich hinweg aus der Koje. Zwei Reihen strahlender weißer Zähne lächelten mir ins Gesicht. „Guten Morgen, Mr. Cutler, Sir." Und ich konnte nicht umhin, noch einmal diesen muskulösen Körper zu bewundern, an dem - meinen Blicken nun zur Gänze preisgegeben - ein halb erregtes Geschlechtsteil baumelte. Pancho hatte recht gehabt: Ozei war wie ein Pferd.

Mit einem Schlage war ich glockenwach.

Mein neuer Freund zwängte sich indessen in seine Hose, und ein müder, kaum auszuhaltender Tag brach an.

Wir nahmen Kurs auf Neu-Spanien, wußten aber noch nicht, ob wir doch lieber Kuba ansteuern sollten. Als wir in See stachen, vertraute ich Ozei der Obhut unseres alten Quartiermeisters an, wie mich auch Long Jimmy ihm einst anvertraut hatte (es schien Jahre her zu sein, obwohl es eigentlich nur vier waren). Von Kanonenkugel würde mein junger Schützling das nötige handwerkliche Rüstzeug erhalten, während ich selbst und Black Billy - der sich übrigens als meisterlicher Seemann erwiesen hatte - ihn in die navigatorischen Kenntnisse einweihen würden.

Es war noch nicht Abend, da hieß der frischgebackene Bukanier auf dem ganzen Schiff nur mehr „Ossi", aber er selbst hatte nichts dagegen einzuwenden. „Es klingt fast wie mein richtiger Name", erklärte er. „Nur auf englisch. Nicht so wie dieses dumme ‚Hank', das sie mir auf der Plantage anhängen wollten."

Und so wurde aus „Ozei Oyoko" *Ossi*, beziehungsweise „Ossi der

Ashanti" oder „Ossi der..." - Aber der Name, unter dem er am besten bekannt sein würde, sollte später kommen.

Mich faszinierte die Schnelligkeit, mit der er an Bord Freunde gewann. Ein, zwei Tage, und alle hatten ihn ins Herz geschlossen. Falls Ossi jedoch merkte, daß „Freundschaft" bei uns ein sehr umfassender Begriff war - und ich bin sicher, einem so scharfsinnigen Kopf wie ihm konnte das nicht entgehen -, so gab er es nicht zu erkennen.

Am Abend des zweiten Tages kehrte er in meine Koje zurück, und mir stockte der Atem, als ich - schon in Erwartung einer weiteren zermürbenden Nacht - plötzlich diesen starken schwarzen Arm um mich fühlte. Nachdem ich mich ein wenig erholt hatte, starrte ich Ossi ins Gesicht. Ich konnte kaum etwas erkennen außer zwei schwach glänzenden Augen und diesen lächelnden weißen Zähnen. „Was, zum Teufel, tust du da, Ossi?" stieß ich hervor, er aber antwortete nur „Gute Nacht, Mr. Cutler, Sir!" und war bald eingeschlummert.

Hatte ich in der letzten Nacht kaum geschlafen, so schlief ich in dieser überhaupt nicht. Ich bekam kein Auge zu, während der wunderschöne Körper sich an meine Seite schmiegte, und in einer inständigen Hoffnung warf ich alle Bedenken über Bord, drehte mich ganz in diese Arme, wollte Ossi zu spüren geben, was mich bewegte! Was ich spürte, war Ossis überdeutliche Bereitschaft: Ein langer, heißer Druck streckte sich über meine Bauchdecke. Er selber aber schlief den Schlaf des Gerechten.

Ich sah ein, daß es auf diese Art nicht weiterging. Entweder es mußte etwas geschehn, oder Ossi würde künftig in einer Hängematte im Mannschaftsquartier schlafen. Jedenfalls führten diese Nächte bei mir zu einem rapiden körperlichen Verfall.

Die Lösung traf ein, als wir an den Cayman-Inseln haltmachten, um uns mit Schildkrötenfleisch zu versorgen. Man findet dort von allen Karibikinseln die meisten dieser Tiere, und Schildkrötenfleisch gehört zu den Hauptnahrungsmitteln der Freibeuter. Es gibt eine Gattung namens „Echte Krakett", die teils nach Rind, teils nach dunklem Geflügel schmeckt; aus einer anderen Gattung, mit leicht grünlichem Fleisch, bereitete Pancho köstliche Eintöpfe und Suppen.

Auf der Jagd nach diesen Tieren trennten sich unsere Wege. Ich war mit Christian, einem blonden jungen Matrosen, dessen

Vorliebe für schwarze Haut fast ebenso berühmt-berüchtigt war wie die meine, in den Dschungel vorgedrungen und hatte meinen Begleiter ein Stück abgehängt, da hörte ich plötzlich das Brausen eines kleinen Wasserfalls. Ich trat auf eine Lichtung, und das Bild, das sich mir bot, ließ mich wie angewurzelt stehenbleiben: Ein sprudelnder Bach ergoß sich in einen kleinen, kristallklaren See. In diesem See aber erblickte ich Black Billy und Ossi. Die beiden standen, ein Stückweit vom Ufer entfernt, im seichten Wasser, besprengten sich mit dem kühlen Naß, und zum erstenmal bot sich mir Gelegenheit, den einen mit dem anderen zu vergleichen. Beide hatten sämtliche Hüllen abgelegt und sahen, von ferne betrachtet, fast aus wie ein Zwillingspaar, obgleich Billy bei näherem Hinsehn der massivere, männlichere von ihnen war. In anderer Hinsicht jedoch konnte sich ihre Männlichkeit durchaus miteinander messen. Es war genug, um fast alle Männer neidisch zu machen.

Bei meinem Anblick winkten und lächelten sie mir zu, und ich fackelte nicht lange. Im Nu hatte auch ich meine verschwitzten Kleider abgeworfen, um mich wie ein ausgelassenes Kind in den Teich zu stürzen. Ich wußte, daß mir meine Gefühle deutlich anzusehen waren, aber das kümmerte mich nicht. Ich hatte nur einen Gedanken: Mit diesen beiden herumzuplantschen und zu -tollen.

Christian, der bald nach mir erschien, folgte meinem Beispiel, und als ich zu meinen zwei schwarzen Kameraden gelangte, schlang mir Black Billy seinen Arm um den Hals und zog mich nach hinten. Ich wand mich, um mich aus seinem Griff zu befreien, und spürte dabei, wie sich mir die aufgepflanzte Nacktheit des anderen an die Arschbacken preßte. Mit einem „Platsch!" landeten wir im Wasser, wo Billy mich festzuhalten, sich an mir zu reiben, mich zu betasten versuchte, doch ich hatte keinen Sinn dafür. Ich machte mir Sorgen.

Ich warf einen kurzen Blick über meine Schulter und entdeckte, daß Christian sich hinter dem lächelnden Ossi aufgebaut hatte und dessen muskulöse Schultern streichelte. Doch damit nicht genug: Als mein Blick an den ebenholzschwarzen Säulen, die Ossis Beine waren, zu der Stelle emporwanderte, wo sie sich mit der v-förmigen, wie aus Stein gehauenen Perfektion seines Oberkörpers vereinten, stach mir eine gewaltige Erektion ins Auge. Für einen winzigen Moment war ich wie erstarrt. Dann aber sprang ich auf, um Christian den Mann, nach dem ich mich nächtelang gesehnt hatte, zu entreißen. Ich schlang meine Arme um ihn, drückte ihn an mich und - küßte ihn, küßte ihn lang und tief und fest auf seine vollen, sanften Lippen, obwohl ich dies für gewöhnlich nicht tat. Meine Zunge wühlte in seinem Mund, und als unsere Steifheit sich aufeinanderpreßte, wurde ich von dem Glück, das ich empfand, überwältigt: Ich spendete, was mein Körper zu geben hatte.

Für Ossi kam dies alles wie der Blitz aus heiterem Himmel. Als ich meine Umarmung löste, sah er mich, triefend und mit immer noch aufragendem Geschlecht, einfach nur an. Dann warf er einen Blick auf unsere Gefährten: Black Billy hatte seine Hände auf die Schultern Christians gelegt, dessen strohblonder Kopf heftig und mit vollgestopftem Mund über dem Wasser hin und her ruckte.

Noch während ich hinsah, fühlte ich mich plötzlich von hinten ergriffen und fiel auf die Knie. Etwas Langes, Hartes schob sich in mich hinein, wo es kraftvoll zu stoßen begann. Ich stöhnte; Wasser schwappte mir in den Mund.

Als die beiden anderen das bemerkten, zog Black Billy seinen blonden Kameraden auf die Beine und zu uns herüber. Black Billys schwarzes Fleisch ragte mir ins Gesicht, und ich machte den Mund auf, während Christian, nicht weniger erregt, hinter Billy in die Hocke ging, ihm die Arme um die Schenkel schlang, und ich wußte, was jetzt geschah. Der Schiffsmaat leistete keinen Widerstand. Statt dessen spreizte er seine Beine nur umso weiter und beugte sich nach vorn, um sich auf Ossis Schulter abzustützen, während Christians Finger ihn zärtlich zwischen den Beinen kneteten. Schon bald brachte mich das Übermaß seiner Lust zum Ersticken.

Aber das war erst der Anfang. Ich war unersättlich, wollte Ossi die gleichen Wonnen schenken, die er mir bereitet hatte, wollte ihn fühlen, wollte ihn schmecken! Berauscht von meiner Liebe zu ihm, vergrub ich mich in diese schwarzglänzende Haut, diese schwellenden Muskelstränge.

Als es schließlich zu Ende war, lagen wir alle erschöpft im Ufersand - Christian in den Armen Black Billys, ich selbst in denen von Ossi, und keiner mit tieferer Befriedigung als ich. Ossis kleinste Berührung jagte mir neue und unerwartete Wonneschauer durch den Leib. „Großer Gott!" sagte unser blonder Gefährte. „War das ein Fest!"

„Allerdings!" erwiderte ich flüsternd, und dann, zu Ossi gewandt: „War das für dich das erste Mal... mit einem Weißen?" Er nickte glücklich, und ich küßte ihn erneut. In meinem Innern aber wußte ich: Die Zeiten von Entermesser-Tom als *losem Geschütz* waren vorbei.

Neuntes Kapitel

Das Begleitschiff ~ Ich werde Erster Maat Ossi als Seemann und Liebhaber

Als wir an diesem Abend zusammen in meiner Koje lagen, erfuhr ich, daß Ossi bereits Erlebnisse mit anderen jungen Sklaven auf der Plantage gehabt hatte. „Aber nicht so!" versicherte er beharrlich. „Nur ganz schnell, bevor wir erwischt würden. Und nur mit den Händen." Er grinste schelmisch. „So!" Und seine großen, feingliedrigen Finger begannen mit einer neuen Liebkosung, auf die ich sofort ansprach. Das erstaunte mich. Hatte mich der heutige Nachmittag nicht restlos erschöpft? Doch meine Hand suchte Ossis märchenhaftes Lustwerkzeug, schloß sich darum, und das Ganze fing wieder von vorn an.

In den kommenden Tagen erwies sich mein neuer Freund als außergewöhnlich gelehrig. Er wollte alles wissen: über das Schiff, dessen Handhabung, ja, sogar Dinge, auf die nicht einmal Kanonenkugel eine Antwort wußte.

Wir hatten kehrtgemacht, um zwischen Hispañola und der Südküste von Kuba hindurchzusegeln, da erschien ein weißer Fleck am Horizont. Long Jimmy nahm die Segeltuchwolke in Augenschein und senkte sein Fernrohr. Es war ein Prachstück von Schiff - Brite oder Holländer vielleicht. Als es unsere Absichten zu durchschauen schien, änderte sein Kapitän unvermittelt den Kurs.

„Sie fliehen!" frohlockte Long Jimmy. „Sie sind nicht kampftüchtig!"

Und noch ehe ich meine Zweifel daran anmelden konnte, daß wir dieses Gefährt einholen würden, sackte dessen Focksegel in sich zusammen und fiel aufs Deck. Es sah aus, als würde das Schiff stolpern. Dann ruckten und hüpften auch die beiden kleineren Segel unter dem Besantopp wild.

„Was, zum Teufel, ist mit denen los?" fragte Black Billy. „Das sieht ja aus, als wüßten sie ihre Takelage nicht zu handhaben."

Aber Long Jimmy fürchtete, das Ganze könne eine Falle sein; schließlich war der Holländer schwer bewaffnet. Gleichwohl gaben wir die Verfolgung nicht auf, und bald kam es zu einem kurzen Feuergefecht. Der Holländer konnte alle Hoffnung begraben. „Klarmachen zum Entern!" rief Long Jimmy, und wir stürmten an Bord. Ich und Ossi gehörten zu der Spitze des Angriffs. Es war das erste Mal, daß Ossi ein Schiff kaperte, und ich sah ihn mit Leidenschaft und Wildheit kämpfen. Nur die holländischen Offiziere und eine Handvoll weißer Seeleute leisteten irgendwelchen Widerstand. Die übrige Besatzung - ein Dutzend lächelnder Schwarzer - drängte sich mit erhobenen Händen um den Großmast.

Ossi schwang sein neues Entermesser mit verheerender Wirkung: Er säbelte jeden Gegner nieder, und ich war nicht wenig stolz auf meinen Freund - umso mehr, als ich später anerkennende Bemerkungen von seiten unserer Bordkameraden hörte.

Binnen kurzem war allen der Garaus gemacht bis auf einen kleinen dicken Mann mit Schweinsäuglein, den Kapitän. Er schleuderte sein Schwert beiseite, fiel auf die Knie und wimmerte: „Gnade! Bitte! Habt Erbarmen!"

Ich wandte mich an die schwarzen Matrosen, die den Mast umstanden. Ein großer, breitschultriger Mann, der mich an Black Billy erinnerte, obschon er nicht ganz so massiv war, trat vor und sprach immer noch lächelnd mit holländischem Akzent: „Willkommen, Käpt'n! Ich bin Pietr. Wer das Focksegel fallengelassen und das ganze Tohuwabohu hier angerichtet hat, das waren wir - damit Ihr uns kapern könnt! Jetzt machen wir bei Euch mit."

Nun, das erklärte so manches! Doch brachte uns diese neue Lage in eine Zwickmühle: Erfahrene Seeleute als Sklaven zu behandeln, schien schändlich und grausam, obwohl viele Freibeuterschiffe nicht gezögert hätten, diese Männer als Teil ihrer Beute zu betrachten und sie bei nächstbester Gelegenheit zu verkaufen. Andererseits fehlte es uns zur Zeit nicht an Besatzung. Pietr und seine Freunde hegten anscheinend keinen Zweifel, daß wir sie aufnehmen würden. „Und jetzt, Sir, zu Käpt'n van Damm", fuhr er fort. „Würdet Ihr ihn uns überlassen? Mit dem werden wir schon fertig."

Wie sich herausstellte, hatte der Käpt'n die Männer nicht nur als Billigbesatzung, sondern auch mit großer Grausamkeit behandelt. Noch immer waren frische Peitschenstriemen auf den Rücken der schwarzen Seeleute; und als der kleine Dickwanst, statt mir Rede und Antwort zu stehen, stets weiterwinselte, entsprach ich Pietrs Wunsch. Van Damm hatte ihnen keine Waffen gegeben, und sie brauchten auch keine. Sie zerfetzten ihn mit bloßen Händen.

Danach betrat Long Jimmy das Schiff, das nun eng an der »Roten Hexe« vertäut war, ich erklärte ihm die Situation, und er schritt den Kahn von vorn bis hinten ab. Dann kehrte er mit einem breiten Lächeln auf dem Gesicht, zu Black Billy und mir zurück. „Dieses Schiff", sagte er, „wird nicht versilbert. Das behalten wir." Ich muß überrascht gewirkt, und Long Jimmy fuhr fort: „Denk doch nur, Mann! Wie oft, wenn wir ein Fahrzeug sichteten, das zu stark für uns war, haben wir uns schon ein zweites Schiff gewünscht. Und nun haben wir eins! Dieses Prachtstück hier macht uns zum Schrecken der Karibik!" Irgendwie suchte ich nach Einwänden, aber Long Jimmy ließ mich gar nicht zu Worte kommen. „Diese Männer", grinste er und deutete mit seinem Daumen auf die Gruppe von Schwarzen, „sind der Grundstock für eine neue Besatzung. Und es sieht aus, als wären sie genau dein Geschmack."

Ich muß puterrot geworden ein. Trotz all der schwerwiegenden Fragen hatte ich bei Inaugenscheinnahme unserer Gefangenen ein paar wollüstige Gedanken nicht unterdrücken können. Nun also würde ihr Wunsch in Erfüllung gehen: Sie sollten als freie Männer zu uns gehören.

„Zum Käpt'n", fuhr Long Jimmy fort, „schlage ich Black Billy vor. Er ist unser Erster Maat und hat folglich als nächster Anspruch auf diese Stelle. Du, Tommy, wirst ihn in seiner Position ablösen."

Es dauerte einen Moment, bis der Sinn dieser Worte ganz zu mir durchdrang. Ich Erster Maat der »Roten Hexe«! Das war ein Aufstieg, den ich so bald nicht erwartet hatte!

Natürlich würde die Mannschaft das letzte Wort haben, doch die erklärte sich - diesmal auch ohne Kanonenkugels heimliches Zutun - laut und aus vollem Herzen damit einverstanden. Vielleicht war es ja auch wirklich das nächstliegende und vernünftigste - mit Sicherheit, was Black Billy anbetraf. Er wehrte zwar ab, und ich darf sagen, er fühlte sich der Mannschaft viel zu sehr verbunden, als daß er je das standesbewußte Auftreten eines Käpt'n Jones erreichen würde; doch da er sich sowohl allgemeiner Beliebtheit als auch allgemeinen Ansehens erfreute, sprach alles dafür, ihn, nach Diego Grillo, zum zweiten schwarzen Freibeuterkapitän überhaupt zu machen.

Schwieriger war die Frage, wie wir die Männer unter die beiden Schiffe aufteilen sollten. Fest stand, daß Black Billy, gewissermaßen als Leutnant, Long Jimmy unterstellt wäre, der seinerseits den Posten eines „Flottillenadmirals" bekleiden würde. Die neuen Männer würden wir erst einmal zersplittern, bis wir uns von ihrer Zuverlässigkeit und Tüchtigkeit überzeugt hätten. Pietr verlangte ich für uns. Die Kojen der Zweiten Maate müßten vorübergehend leer bleiben, da wir zu wenig Decksmatrosen hatten, und zusätzlich verkompliziert wurde die Sache dadurch, daß wir keine Paare auseinanderreißen durften. Doch schließlich löste sich alles zu jedermanns Zufriedenheit.

„Aber das da muß weg!" sagte Long Jimmy, während er von Bord der »Roten Hexe« den unaussprechlichen Namen des Holländers betrachtete. „Er braucht einen anständigen Namen."

Black Billy, der bereits im Heck seines neuen Schiffes stand, kratzte sich am Kopf. „Tja... da wir im Verbund segeln... wie wär's mit »Zauberer«?"

„Bei Gott! Das gefällt mir! Die »Rote Hexe« und die »Zauberer«. Das nenn´ ich mir ein teuflisches Gespann!"

Und damit war die Sache erledigt.

Während der nächsten Wochen aßen wir außergewöhnlich gut; die Ladung des Holländers bestand zur Hauptsache aus Lebens- und sonstigen Versorgungsmitteln, die beim Verkauf zwar wenig eingebracht hätten, uns selber jedoch umso mehr zustattenkam.

Was Ossi betraf, so war er nun endgültig als Freibeuter anerkannt. Alle hatten gesehen, wie er sein Entermesser schwang, nur er selbst schien unzufrieden. „Ich weiß nicht", murmelte er, während er die Waffe in der Hand drehte. „Dieses Ding da gefällt mir nicht..." Und obwohl er mir auf meine Frage, was daran auszusetzen sei, die Antwort schuldig blieb, sah ich ihn bald sein eigenes Kampfwerkzeug schnitzen: einen kurzen Ashanti-Speer, mit dem er fortan immer ins Gefecht ging; Daher auch der Name, unter dem mein Freund am besten bekannt ist: Ossi der Speer.

Sein Lerneifer schlug gleichzeitig neue Bahnen ein. Hatte Ossi in den vergangenen Tagen alles in sich aufgesogen, was er über das

Schiff erfahren konnte, so wollte er nun auch die Navigation erlernen. Dazu aber mußte er lesen und schreiben können, und ich brachte es ihm bei. Im Laufe der nächsten Monate wurde Ossi darum mein Schüler, wie ich einst der von Long Jimmy gewesen war; allerdings mit einem Unterschied: Ossi nahm alles in sich auf wie ein Schwamm und verlangte ständig nach mehr.

Unsere Liebe wuchs und gedieh dabei so reibungslos, wie man es bei zwei willensstarken, freiheitsliebenden Männern nur erwarten konnte.

Wie ein Schock hingegen trafen mich Ossis andere Vorlieben, die ich kennenlernte, als wir einige Zeit später in Tortuga vor Anker lagen. Die Insel hatte, um sich für Seeleute attraktiver zu machen, eine Schiffsladung Dirnen aus Frankreich importiert, und viele Männer waren dafür durchaus dankbar. Ihre Sitten und Gebräuche beruhten ja nicht zuletzt auf einem Mangel an Frauen, wenngleich ein Großteil von uns seinen alten Gepflogenheiten treu blieb. Ossi aber verschwand für eine Nacht und erzählte mir beim Zurückkehren wie nebenbei, daß er die Reize einer solchen Demoiselle erkundet habe. Ich war wie vom Donner gerührt. Nicht nur, daß die Eifersucht in mir emporwallte - an *meinem* Abgott in all seiner Herrlichkeit hatte sich eine Hure ergötzt! -, auch Ossis Neigung an sich ging mir gegen den Strich.

„Warum?" stellte ich ihn zur Rede. „Warum hast du das getan?"

Er sah mich überrascht an. „Warum denn nicht? Es macht eben Spaß."

„Mehr Spaß als...?"

„Nein. Einfach anders." Und dabei ließ ich es bewenden. Schließlich, tröstete ich mich, hatte er durch mich ja die Liebe zum eigenen Geschlecht entdeckt. Das wollte doch etwas heißen.

Ich nahm Ossis Eskapade also letztlich in Kauf, doch muß ich gestehen, daß insgeheim zwei andere Gründe den Ausschlag gaben: Erstens würde sich so bald keine Gelegenheit für derlei Seitensprünge mehr ergeben, und zweitens hatte ja ich selbst auf unseren neuen Bordkameraden Pietr ein lüsternes Auge geworfen. Es freute mich, zu beobachten, wie er sich schon am ersten Abend - als wir unser neues Begleitschiff und dessen Kapitän feierten - in die Mannschaft einfügte.

Falls ich mit alledem den Eindruck erweckt habe, daß wir Seeleute immer eine glückliche Familie bildeten, so muß ich dies richtigstellen: Häufig gab es Kämpfe und innere Querelen, wenngleich nicht so oft wie auf manch anderem Schiff, wo sie bisweilen sogar das Ende waren. Der Grund dafür ist meist die Eifersucht. Ist ein Matrose seinem Gefährten nicht gerade treu und können auch Freunde oder der Quartiermeister als Schiedsmann in solchen Fällen die Zwistigkeit nicht beilegen, so flackern die Temperamente auf, und Fäuste oder gar Waffen kommen ins Spiel. Bei einem geregelten Verlauf der Dinge werden die beiden Gegner, jeder mit seinem Entermesser und einer Pistole, irgendwo an Land gesetzt, wo sie sich auf Leben und Tod duellieren, oder bis einer von ihnen um Gnade bittet. Wir selbst verloren auf diese Weise im Jahre 1674 zwei wertvolle Männer: einen jungen Matrosen aus Neu-England, Matthew Phipps, und unseren altgedienten Skinner.

1675 fuhren wir zu dem spanischen Kolonialstädtchen Puerto Dorado, wo wir uns leichte Beute erhofften.

ZEHNTES KAPITEL

Rache ist süß ~ Abschied von Port Royal

Bei unserer Ankunft indes fanden wir nichts als rauchende Trümmer vor. Die Straßen waren übersät mit Männer-, Frauen-, ja, selbst mit Kinderleichen - manche davon verstümmelt, manche einfach auf der Flucht erschlagen. Kein Stückchen Gold, kein Krümel Nahrung fand sich noch in den Häusern, und hinter der Stadt stank das tote Vieh in der Sonne. Es war eine einzige Stätte der Verwüstung. Wir hatten selbst Ortschaften gebrandschatzt und ihre Bürger erschlagen, doch das war Krieg gewesen; die Einwohner hatten sich bis zuletzt verteidigt und eine Niederlage erlitten. In diesem Städtchen hier aber waren keine großen Schätze zu holen, und die sinnlose Mordgier, diese unnötige Schlächterei und Zerstörung erfüllte selbst uns hartgesottene Kämpfer mit Wut und Abscheu.

Eine alte Frau und ein kleiner Junge, die wir zwischen den Trümmern fanden, berichteten uns, die Attacke habe am Abend zuvor stattgefunden. Sie sei gekommen wie ein Blitz aus heiterem Himmel. Eine Horde Piraten habe die Leute gequält und niedergemetzelt und, als ihnen nichts zu entlocken war, keine Menschenseele verschont, nicht einmal die Säuglinge in den Armen ihrer Mütter. Daß die Alte von „Piraten" sprach, störte niemanden von uns. „Nur ein paar Frauen haben sie bis heute früh am Leben gelassen, um sie zu schänden und zu mißhandeln", fuhr die Einwohnerin fort. „Danach haben sie die Stadt gebrandschatzt und sind gen Osten davon - erst vor ein paar Stunden."

Damit war klar, was wir zu tun hatten. Ein solches Verhalten von seiten unserer „Mitbrüder" brachte auch uns den Ruin, standen wir doch nun, da die Staatsmänner einem feigen Frieden mit Spanien den Vorzug gaben und andere danach gierten, mit den Papisten ins Geschäft zu kommen, zusehends unter Druck. Berichte von Mord und Totschlag waren Wasser auf die Mühlen Sawyers und seinesgleichen, denn wie, fragten sie, konnte derlei im Namen des Königs geschehen?

„Anker lichten!" befahl Long Jimmy. „Wenn sie ostwärts gefahren sind, dann weiß ich schon, wohin - nach Estrella Cay!"

Estrella Cay war eine Sandbank, etwa zwanzig Meilen von hier und mit Buchten auf der Ost- und auf der Westseite."

„Ja", knurrte Black Billy. „Ich möchte mir diese Hurensöhne schnappen und ihre tripperverseuchten Ärsche mit einem Speer stopfen!"

Damit sprach er natürlich auch andern aus der Seele, aber Käpt'n Jones sagte: „Schluß! Ich will davon nichts hören! Wir attackieren keine Freibeuterkollegen. Wenn sich das herumspräche, dann... dann... ach, zum Teufel! Segeln wir erst einmal nach Estrella Cay. Was wir dann tun, überlegen wir uns später!"

Viele von uns hatten nicht übel Lust, diese Schurken um ihre Beute zu erleichtern und sie selbst auszumerzen, zumal Tote nicht reden können.

Als wir am Nachmittag unbemerkt in die östliche Bucht der Sandbank einfuhren, wo uns ein Hügel vor der anderen Seite verbarg, schickten wir einen Spähtrupp ins Landesinnere, der mit aufregenden Neuigkeiten zurückkam. Unsere Späher hatten die Anhöhe erklommen und von dort die »Drossel« gesichtet.

„Sie liegt in der Westbucht, rund zweihundert Meter vom Strand, vor Anker", meldete „Iren-Jack" Collins. „Und wie es aussieht, ist ihr Kapitän Knüppel-Rob. Sie machen gerade Feuer an Land, kochen Essen und trinken!"

Das deckte sich in der Tat mit einigen Gerüchten, auf die ich bislang nicht viel gegeben hatte: Nach unserem Zerwürfnis sollte Robin Lodge auf der »Drossel« angeheuert haben, deren Kapitän, Ed Davis, ein zwar leutseliger, aber schlampiger und versoffener Mann war. Nicht genug damit, daß er den erstbesten, der ihm dafür geeignet schien, als Ersten Maat genommen hatte - Robin Lodge -, hatte er ihm auch noch erlaubt, die Mannschaft nach eigenem Belieben auszuwählen. Kein Wunder, daß dabei der übelste

Abschaum unter den Weißen von Port Royal herauskam, und prompt hatte Käpt'n Davis beim ersten Scharmützel mit einem spanischen Schiff sein Leben gelassen - durch ein Messer, das man ihm nach allgemeiner Überzeugung von hinten in den Rücken stieß.

„Vortrefflich!" rief Long Jimmy. „Dann wiegen sie sich in schönster Sicherheit! In ein paar Stunden sind sie alle betrunken."

Er versammelte sämtliche Offiziere und die beiden Quartiermeister, um über den nächsten Schritt zu entscheiden. Kanonenkugel berichtete, daß die meisten Männer - darunter auch ich - noch immer darauf brannten, sich an Robby zu rächen. Unsere Fehde war inzwischen zwar schon etliche Zeit her, hatte sich aber trotz neuer Besatzungsmitglieder nicht gemildert.

Schließlich sagte Ossi, der mit versonnenem Gesichtsausdruck neben mir stand: „Seht mal, wir brauchen sie doch gar nicht zu töten - zumindest nicht alle -, sondern nur einen Denkzettel zu verpassen! Und wenn sie nicht herausfinden, wer es getan hat, bekommen wir auch nie Schwierigkeiten, stimmt's? Ich schlage deshalb vor..." Und dann skizzierte er uns seine Idee.

⚓ ⚓ ⚓

An diesem Abend geschah es zum erstenmal, daß unsere Männer sich nach Hautfarbe aufteilten. Rund die Hälfte der fünfundfünfzigköpfigen Besatzung der »Roten Hexe« sowie etwa ein Drittel von den siebzig Seeleuten der »Zauberer« waren schwarz - alles in allem ungefähr fünfzig Mann, und nur sie würden den Angriff bestreiten. Die anderen blieben, auch wenn ein Großteil von ihnen enttäuscht war, zurück.

Unsere schwarzen Bordkameraden entledigten sich vor unseren Augen ihrer Kleidung, wickelten Lumpen um ihre Hüften und bemalten sich Gesicht und Körper mit phantastischen weißen Mustern - ein grotesker Anblick, der wahre Heiterkeitsstürme und zweideutige Ratschläge von seiten der Zuschauer hervorrief. Würde man einen von unseren Männern noch erkennen? Nicht bei Nacht und in dieser Maskerade. Von wem also würden die Matrosen der »Drossel« sich attackiert fühlen? Von einer Bande entsprungener Sklaven höchstwahrscheinlich.

Als alles soweit war, übernahm Ossi eine Gruppe von dreißig Mann und führte sie durch den Busch den Hügel hinauf, um dort den vereinbarten Zeitpunkt zum Angriff abzuwarten; im Laufe der Monate hatte mein Freund rasch Führungstalent entwickelt. An die Spitze der anderen zwanzig setzte sich Black Billy. Sie stiegen in unsere Beiboote, um die »Drossel« von See aus zu überfallen, während wir übrigen, die weißen Besatzungsmitglieder, uns mit der »Zauberer« und der »Roten Hexe« auf den Weg zum Nordende der Sandbank machten. Dort würden wir uns, wenn alles gutging, wieder mit unseren Kameraden treffen.

Es verstrichen mehrere Stunden, und ich muß zugeben, daß ich nervös war. Eine unerwartete Angst um Ossi überfiel mich. Es war das erste Mal, daß wir nicht gemeinsam in den Kampf zogen, und düstere Gedanken über ein Leben ohne ihn kamen mir in den Sinn. Mir war nie klar gewesen, wie leer es sein würde.

Ein paar Minuten vor Mitternacht vernahmen wir ein paar Gewehrschüsse und dann ein, zwei Stunden lang nichts mehr. Zu guter Letzt kam langsam ein Schiff in Sicht - die »Drossel«. Wir standen auf Gefechtsstation, und ich ertappte mich bei einem stillen Gebet - etwas, das ich sonst nie tue. Erst, als schließlich das Leuchtsignal aufflammte, wußten wir, daß das Schiff in unseren Händen war. Es drehte bei, und in einem Langboot kam, zusammen mit mehreren anderen, Ossi herübergerudert. Lachend und lärmend kletterten sie an Bord der »Roten Hexe«. Also war alles gutgegangen!

Wir verloren keine Sekunde. Pietr, der sich wie Ossi als tüchtiger Seemann bewährt hatte, wurde das Kommando der »Drossel« überlassen, und gemeinsam segelten die drei Schiffe zu einer kleinen Sandbank, weiter im Osten.

„Mein Gott, Ossi!" sagte ich, sowie wir ablegten, und nahm meinen Freund in die Arme, um ihn zu küssen. „Erzähl mir schon, was passiert ist!"

Er grinste bis über beide Ohren. „Tommy! Oh, Tommy! Ich wünschte, du wärst dabei gewesen! Es hätte nicht besser laufen können!" Und dann erzählte er mir die Geschichte.

Sein Trupp hatte auf dem Hügel gewartet, bis das Gelage am Strand unten allmählich abflaute. Dann waren sie leise in das Buschwerk hinter dem Strand hinabgestiegen.

Die ersten Matrosen der »Drossel« hatte man in einer Kuhle, etwas mehr im Innern der Sandbank, entdeckt: ein dicklicher nackter Mann, der den Arsch eines jungen ritt. Noch ehe er sich's versah, spürte der Dicke an seinem eigenen Arsch eine Waffe, die weniger angenehm war - eine aus kaltem Stahl. Just auf dem Höhepunkt sprang er plötzlich von seinem Gefährten herunter, und beim Anblick der bemalten Wilden um ihn herum traten ihm schier die Augen aus dem Kopf. Im Handumdrehen wurde das ungleiche Paar gefesselt und geknebelt, noch ehe es die andern durch einen Schrei warnen konnte. Dann schlichen unsere Freunde weiter, wobei sie noch etliche andere Paare überraschten - alle mit demselben Ergebnis.

Ossi schilderte mir nicht nur die Stellungen und die erotischen Aktivitäten, mit denen sie gerade beschäftigt waren, ausführlich, sondern auch die lächerlichen Folgen solch jäher Unterbrechung.

Kapitän Lodge wurde zusammen mit seinem langjährigen Gefährten Little David und zwei anderen Männern bei nicht uninteressanter Kurzweil überrascht und stieß, noch ehe man ihn knebeln konnte, einen lauten Schrei aus. Aber zu spät. Die anderen hatten seine Warnung wohl für Lustschreie gehalten, denn als unsere Männer mit über zwanzig Gefangenen ins Freie traten, lag der übrige Teil von Robs Besatzung, viele volltrunken, um die Strandfeuer, und ihre Festnahme war ein Kinderspiel.

Black Billys Truppe hatte inzwischen die Schiffswache der »Drossel« überrumpelt und dabei zwei Matrosen umgebracht. Das waren die Schüsse, die wir auf See gehört hatten. Die anderen wurden lebend an Land geschleppt, zu den übrigen Gefangenen.

„Und da", sagte Ossi, „haben wir beschlossen, uns einen kleinen Spaß zu machen. Wir haben sie an Bäume gefesselt, allen, die noch nicht nackt waren, die Kleider vom Leib gerissen und mit unseren Säbeln und Pistolen gefuchtelt - etwa so." Er befreite sich aus meinem Griff und hüpfte, immer noch in Kriegsbemalung, auf dem Deck herum, wobei er Dinge schrie wie: „Iya! Uga! Puh-puh!" Ich konnte nicht anders als zu lachen; es sah einfach irrsinnig aus. „Pietr, Jan und die andern von dem holländischen Schiff", fuhr er dann fort, „haben in ihrer Curaçao-Sprache geschrien, ich auf Ashanti, und die anderen, was ihnen so in den Sinn kam. Dabei habe ich mit meinem Speer nach den Burschen gestochen. Die hättest du sehen sollen! Sie haben sich fast in die Hosen gemacht vor Angst - das heißt, falls sie welche angehabt hätten. Robby war rein entsetzt, als wir ihn nach vorne gezerrt und auf die Knie gezwungen haben. Er mußte Moe den Arsch lecken. Und dann ist Black

Billy hin und hat ihm diesen Riesen reingeschoben."

Ich versuchte mir die Szene vorzustellen. „Und Robby? Was hat er gemacht?"

„Eine Zeitlang hat er geschrien wie am Spieß - und darauf hat er ja auch wirklich gesteckt, am Spieß. Aber dann fand er wohl Gefallen daran, und ob du's glaubst oder nicht: Dieser Knüppel von ihm ist hochgeragt wie ein Baum im Walde!"

„Und seine Männer haben die ganze Zeit zugesehn?"

„Ja. Und vergiß nicht: Sein Gesicht war immer noch in Moes Kehrseite vergraben."

Ich schüttelte den Kopf. „Es dürfte ihm sehr schwer fallen, das morgen seinen Männern zu erklären. Und die andern?"

„Na ja." Mein Freund grinste verlegen. „Billy und Moe konnten ja nicht als einzige ihren Spaß haben. Die meisten haben wir uns ebenfalls vorgeknöpft - auch Little David. Genau vor Robbys Augen haben wir ihn durchgefickt."

„Und?"

„Also erstens wissen wir nun, warum er ‚Little David' heißt."

„Oh, nein!"

„Doch. Und zweitens hat's ihm richtig Spaß gemacht. Robby hat dauernd darauf gewartet, daß sein Freund schreit, aber der hat bloß gestöhnt. Ich glaube, das hat Robby noch mehr geärgert als was mit ihm selbst geschah."

„Oh, mein Gott! Ossi! Wart ihr von allen guten Geistern verlassen! So etwas hätte ins Auge können; womöglich hätten sie eure Maskerade durchschaut! Ihr solltet sie doch nur außer Gefecht setzen und mit der »Drossel« entwischen."

„Ja. Aber sie waren doch gefesselt. Und von uns war jeder auf der Hut - außer Pancho. Der hätte ein paar von diesen Schweinehunden am liebsten ihr Spielzeug abgeschnitten!"

Das freilich konnte ich mir nur allzugut vorstellen! Dieser kleine Satansbraten! „Ein Glück, daß er's hat sein lassen! Weiß der Teufel, was sonst demnächst auf unsrem Küchenzettel stehen würde!"

Ossi lachte. „Jedenfalls haben wir sie kleingekriegt und sie blamiert bis auf die Knochen! Und dann sind wir mit ihren Sachen weg, um uns die »Drossel« samt ihrer Ladung unter den Nagel zu reißen. Fürs erste also sitzen sie dort fest. Es wird ein Weilchen dauern, bis sie diese Fesseln losbekommen."

„Ja. Und jetzt geh, wasch dir diese Kriegsbemalung ab! Wir wollen nicht unsere Koje besudeln." Er verstand, was ich meinte, und grinste mich an. Diese Nacht war noch nicht zu Ende. Das einzige, was ich mich fragte, war, ob er sich aus den Vorgängen auf der Sandbank wirklich so herausgehalten hatte, wie er es anklingen ließ...

⚓ ⚓ ⚓

Am nächsten Morgen gingen unsere drei Schiffe an der Leeseite einer kleinen, namenlosen Sandbank vor Anker. Wir waren in Feststimmung, und Ossi erhielt ringsum Glückwünsche für seinen Plan und seine Leistung als Anführer.

Die momentane Frage bestand darin, was wir mit unsrer Prise machen sollten. Die »Drossel« war ein ganz vorzügliches Schiff, und wir hätten sie gerne unserem Geschwader einverleibt. Doch das hieße, uns selbst den Strick zu knüpfen. Ebenso stand es mit einem Verkauf. Wir kamen darum, schweren Herzens, zu dem Beschluß, daß wir sie zerstören müßten.

Vorher natürlich räumten wir sie aus: Gold, Wertsachen, Proviant, Rum, ja, sogar Leinen, Segel, Werkzeug, Schiffsinstrumente und Möbel schafften wir auf die »Rote Hexe« und die »Zauberer«. Selbst die Kanonen wurden zerlegt und als Reserve verstaut.

Als die »Drossel« schließlich fast kahl bis auf das Holz war, setzten wir sie in Flammen, um damit - hoffentlich - auch das Geheimnis von Estrella Cay auf ewig zu begraben.

An diesem Abend gingen wir an Land und feierten wie üblich. Der Höhepunkt des Festes kam, als ein paar aus dem Überfallkommando das Schauspiel der gestrigen Nacht noch einmal nachstellten, wobei einige unsrer weißen Kameraden die Rolle von Robins verängstigten Männern übernahmen. Andy spielte Knüppel-Rob selbst, auch wenn er, eingeklemmt zwischen Moe und Black Billy, keineswegs gedemütigt erschien. Den Rest überlasse ich der Phantasie des Lesers; erst sehr spät am darauffolgenden Tag jedoch konnte unsere Gemeinschaft Segel setzen und wieder in See stechen.

⚓ ⚓ ⚓

Es war eine lange Fahrt. Wir kreuzten die gesamte Sturmsaison hindurch entlang der „spanischen Küste", wo die schweren Unwetter selten vordrangen. Immerhin war dies sicherer, als in die nördlichen Breiten von Jamaika zurückzukehren.

Als wir es, Anfang 1676, schließlich doch taten, war Port Royal ein gefährliches Pflaster für uns geworden. Die öffentliche Meinung hatte sich vollkommen gegen uns und statt dessen dem neuen Gouverneur, Lord Vaughn, zugewandt. Manche Freibeuter waren sogar verhaftet worden. Hinzu kamen Nachrichten wie die von dem Blutbad in Puerto Dorado, und wir erfuhren, daß unsere Regierung deswegen ein Kopfgeld auf Robin Lodge ausgesetzt hatte. Das war wirklich etwas Neues! England machte sich Sorgen um die Spanier!

Wenig später drang das Gerücht zu uns, Robin und seine Männer seien von der Guarda del Costa aufgegriffen worden, und viele habe man auf dem Scheiterhaufen verbrannt, andere wiederum erhängt. Robbys eigenes Geschick jedoch blieb ungeklärt. Wahrscheinlich, sagten wir uns, war er mit all den anderen gestorben.

Was uns aber erschreckte, war, daß Freibeuter jetzt in die Hände der Inquisition fielen. Das hatten selbst unsere ärgsten Feinde nicht verdient. Damit Rob und seine Leute, als einfallsreiche Waghälse, schließlich entkommen würden, hatten wir ihnen ja Musketen und Schießpulver auf der Sandbank zurückgelassen!

Also fädelte ich mit meinem Vater schnell ein paar Geldgeschäfte ein und legte Long Jimmy dann nah, wieder abzusegeln.

„Ja", pflichtete er mir bei. „Das ist nicht mehr derselbe Hafen wie früher. Ich habe heute alte Bekannte von mir gesehen, die haben bei meinem Anblick die Straßenseite gewechselt."

Ich nickte. So luden wir denn neuen Proviant und stachen in See, um nie wieder unter dem Namen „englische Freibeuter" hierher zurückzukehren. Es war unser kürzester Hafenaufenthalt aller Zeiten.

Elftes Kapitel

Ein tragisches Wiedersehen ~ „Kapitän Cutler"

Wir werden französische Kaperbriefe bekommen, weil Frankreich gerade mit Spanien im Krieg liegt", flüsterte Kapitän Coxon und nippte an seinem Grog. Seine Stimme klang, als ob sich ein Schiff an einer Hafenmole reiben würde. „Und wenn wir alle zusammenhalten, dürfte es keine großen Schwierigkeiten geben."

„Nicht schlecht. Ich glaube, wir sind dabei", erwiderte Long Jimmy. „Das heißt, sowie ich mit meinem Leutnant gesprochen habe, dem Kapitän unseres Begleitschiffs."

Wir saßen in einer Grogschänke auf Tortuga, wo wir nicht nur den Winter 1676/77 verbrachten, sondern auch die folgenden paar Jahre. Diese Insel stand unter der Herrschaft des französischen Gouverneurs Bertram d'Oregon und diente fast zweitausend Freibeutern als Heimathafen, auch wenn ich selbst mir nie viel daraus gemacht hatte. Es war ein unfruchtbares Felseneiland. Doch empfingen die Franzosen uns, obwohl Papisten wie die Spanier, mit offenen Armen - ja, sogar noch herzlicher, als ich es je zu Hause erlebt hatte.

Ein recht erfolgreiches, obschon nicht weiter bemerkenswertes Jahr lag hinter uns. Wir alle hatten Geld in der Tasche, es gab reichlich zu essen und zu trinken, und ich gebe zu: Ich erlebte ein paar schöne Stunden auf dieser Insel. Weit weniger hingegen gefielen mir die französischen Huren, mit denen sich einige unserer Männer verlustierten - darunter, zu meinem Leidwesen, auch Ossi. Schon bei unserem ersten Besuch auf Tortuga hatte ich diese

Untugend ja an ihm kennengelernt, und mein Mißfallen rührte nicht von Eifersucht, sondern von der Sache an sich.

Doch auch ich gestattete mir alsbald Freiheiten, die in meinem ersten Gefühlsüberschwang für Ossi eingedämmt worden waren. Fiel mein Auge auf einen Burschen oder ein Bürschchen, das Gelüste in mir wachrief, so griff ich zu. Derlei verspielte Seitensprünge rührten ja nicht an unserer Beziehung, die von ganz anderer, besonderer Art war. Und so ist es seither geblieben; nur daß wir heute offen darüber sprechen, ja, sogar miteinander lachen können, während es früher jeder von uns wußte oder ahnte, aber kein Wort verlor. Es sind Abenteuer - kleine Genüsse am Rande unseres großartigen Beisammenseins.

Nun, ich saß also mit Long Jimmy im »Perroquet Bleu«, als Kapitän John Coxon bei uns Platz genommen hatte, um uns seinen Plan zu einem Überfall auf Santa Marta zu erklären. Diese Stadt gehörte zwar nicht zu den größten von Neu-Granada, war aber immerhin so stattlich und gut befestigt, daß »Zauberer« und »Rote Hexe« allein sie nicht hätten angreifen können. Gegen einen solchen Streich sähen unsere Beutezüge während der letzten paar Jahre vergleichsweise harmlos aus.

„Aber wohlgemerkt: Was wir dabei erobern, behalten wir für uns", stellte Long Jimmy klar. „Kein Teilen der Beute!"

Coxon verzog mißmutig sein Gesicht, nickte dann aber. „Nun gut. Sagen wir, ein Drittel für euch. Doch die anderen zwei Drittel bekommen ich und die übrigen Schiffe, die mitfahren."

Long Jimmy sah mich an.

„Klingt nach einer sauberen Sache", antwortete ich. „Aber die letzte Entscheidung liegt bei Black Billy und den beiden Mannschaften."

Als dann alles besprochen war und wir im Frühjahr 1677 tatsächlich an der Isle des Vaches anlegten, erwarteten uns noch fünf andere Schiffe - drei englische, auch wenn Franzosen unter der Besatzung waren, und die anderen beiden französisch. Befehligt wurden sie alle von dieser großen, schillernden Persönlichkeit, dem Bretonen Louis Adehemar Timothée le Golif. Ihre Mannschaft bestand aus einigen der rauhesten und undiszipliniertesten Desperados von allen Freibeutern, und obwohl wir mit unseren neuen Gefährten nicht gar zu glücklich waren, nahmen wir - alle unter französischer Flagge - Kurs auf die „Spanierküste".

Der Angriff auf Santa Marta war das militärischste Unterfangen seit meiner ersten Fahrt mit den Freibeutern, dem „Feldzug" gegen Maracaibo und Gibraltar. Da die Hafenanlage nicht zu durchdringen war, gingen über dreihundert Bukanier an dem flachen Küstenstrich nördlich der Stadt an Land, um die Befestigungen von dort aus zu erobern. Die spanischen Soldaten schlugen sich tapferer und geschickter als erwartet, und wenn wir siegten, dann nur dank unserer Stärke und Entschlossenheit. Doch wir zahlten einen hohen Preis. Etliche unserer besten Freunden und Kameraden kamen ums Leben.

Danach fuhren unsere sechs Schiffe in den Hafen, bombardierten die Stadt, und wir marschierten ein. Während Coxons Männer und die von den anderen Schiffen ausschwärmten, um zu plündern, blieb es der »Zauberer« und der »Roten Hexe« überlassen, sich mit dem letzten Widerstandsnest herumzuschlagen, dem Gouverneurspalast. Schließlich hatten wir von Anfang an den Vorkämpfer gespielt.

Obwohl der Gouverneur wie auch ein Großteil der Bürgerschaft bereits ins Hinterland geflohen waren, versuchte man dieses letzte Bollwerk der Stadt zu halten, und das mächtige, mit Schnitzereien bedeckte Portal blieb verbarrikadiert.

Wir sprengten es mit einem Sturmbock und stürzten uns dann auf die Soldaten in der weitläufigen Halle dahinter, Long Jimmy, Black Billy und ich abermals an der Spitze. Obwohl zäh und erbittert, war unser Gegner zahlenmäßig zu schwach, und wir drängten ihn an den Fuß einer breiten Treppe zum Obergeschoß, wo wir, ritsch-ratsch, auch den letzten paar Männern den Garaus machten.

Long Jimmy sprang gerade mit einem langen Satz die Stufen hinauf, da sah ich ihn plötzlich erstarren: Am oberen Ende der Treppe stand mit blankgezogenem Schwert der Garnisonshauptmann, und obwohl es schon sieben Jahre zurücklag, war doch jeder Irrtum ausgeschlossen: Es handelte sich um Don Enrique José de Guzmán y Garcia. Natürlich war er von einem frappierend hübschen Jungen zum Mann gereift, einem imposanten kraftvollen Offizier. Sein Körper wirkte größer und voller, doch diese stählernen grauen Augen blitzten immer noch aus demselben kastilischen Aristokratenantlitz und unter demselben Blondschopf.

Ich betrachtete Long Jimmy, wurde aber nicht schlau aus seinem Gesicht. Es zeigte teils Schock, teils Freude und teils... ich weiß nicht, was. Doch sein Anblick erschreckte mich. In einem einzigen Moment wurde eine Leidenschaft, von der ich gehofft hatte, sie sei längst tot, neu entflammt. Und das konnte nichts Gutes bedeuten.

Don Enrique ließ sein Schwert sinken. „Sieh da! Käpt'n Jones! Wie mir scheint, bin ich abermals Euer Gefangener."

Long Jimmy starrte noch einen Moment lang zu ihm auf. Dann sagte er fast krächzend: „Don Enrique! Endlich!" und steckte sein Entermesser in den Gürtel, um mit ausgebreiteten Armen auf den Spanier zuzugehen. Ich wollte eine Warnung rufen - der andere hatte doch immer noch sein Schwert! Aber er hielt es Long Jimmy demonstrativ entgegen.

Mein Kapitän betrachtete die Waffe unschlüssig. Dann sagte er: „Nein, nein, Don Enrique! Behaltet es bei Euch. Ihr seid zwar mein Gefangener, aber dennoch auch mein Freund, hoffe ich."

Für mich war das der Gipfel des Leichtsinns. Don Enrique winkte meinem Freund lächelnd, ihm zu folgen, und beide verschwanden sie in das Gemach am oberen Ende der Treppe.

Ich war wie betäubt, und als ich mich wieder etwas gefaßt hatte, bemerkte ich Black Billy neben mir. Auch er starrte sprachlos zu der Tür hinauf, die sich vor uns geschlossen hatte. „Macht ihr hier weiter!" rief ich. „Ich lasse Long Jimmy nicht mit diesem Spanier allein!" Und ich stürmte die Treppe hinauf. Als ich in den Raum am Treppenkopf platzte, erstarrte ich. Long Jimmy und Don Enrique saßen auf brokatgepolsterten Stühlen, zwischen sich ein gedrechseltes Tischen, auf dem eine Weinkaraffe stand, und jeder mit einem langstieligen Glas in der Hand. Sie sahen aus wie zwei Gentlemen, die unbeschwert in den Tag hineinlebten.

Long Jimmy lächelte mich an. „Tommy, mein Lieber! Erinnerst du dich noch an Don Enrique?"

Nach dem Gemetzel unten hatte diese Szene hier etwas Unwirkliches. Ich machte eine steife Verbeugung. „Selbstverständlich."

Don Enriques Gesicht blieb ausdruckslos, doch er nickte mir zu. „So trifft man sich wieder", sagte er leise.

Da ich dem nichts zu entgegnen wußte, blickte ich zu Long Jimmy. „Du und Black Billy, ihr könnt euch um die Sachen da unten kümmern", sagte er. „Ich komme nachher wieder zu euch. Vorerst muß ich meine Bekanntschaft mit Don Enrique auffrischen."

Was blieb mir zu tun? Ich war offensichtlich unerwünscht und mußte mich fügen. Außerdem hatte ich wirklich genug, worum ich mich kümmern mußte. Black Billy ließ bereits die Stadt plündern, da er Coxon und den anderen mißtraute. Pietr war damit beauftragt, sämtliche Wertgegenstände aus dem Palast zu schaffen, während andere unsere Toten und Verwundeten an Bord brachten. Schon standen manche Gebäude in Flammen, und die Männer von den anderen Schiffen gebärdeten sich wie wahnsinnig. Als ich Black Billy berichtete, was in dem Zimmer dort oben vorging, schickte er mich zurück. „Bleib lieber vor der Tür, Tommy, und paß auf, daß nichts geschieht!" sagte er, anscheinend nicht weniger besorgt als ich, und ich ging wieder die Treppe hinauf.

In diesem Moment hörte ich einen Schuß. Ich stürmte los und platzte in das Zimmer, gefolgt von einem halben Dutzend Männer hinter mir. Don Enrique stand aufgerichtet da, in der Hand eine rauchende Pistole, die er bei unserem Eintritt auf den Tisch legte. Ich beachtete ihn kaum. Ich hatte nur Augen für Long Jimmy. Mein alter Freund und Lehrmeister lag am Boden, ein klaffendes Loch in seiner Brust und einen ungläubigen Ausdruck auf dem Gesicht. Er starrte zu Don Enrique empor, und ich kniete mich neben Long Jimmy, um seinen Kopf in meinem Schoß zu betten. Er versuchte, etwas zu sagen, doch nur Blut kam aus seinem Mund, und dann erschlaffte sein gesamter Leib. Long Jimmy war tot. Mein Kapitän, mein Freund, mein Bruder war nicht mehr!

Ich kann die Gefühle, die mich in diesem Moment durchbrandeten, nicht beschreiben. Wut, Schrecken, Verzweiflung - all dies verspürte ich und mehr. Am liebsten hätte ich losgeheult - meinen Schmerz hinausgeschrien; aber ich beherrschte mich und blickte auf. Don Enrique wurde von Pietr und einem anderen Mann an beiden Armen festgehalten. „Warum?" brüllte ich ihn an. „Warum? Er hat Euch so vertraut!"

Don Enrique grinste mir eiskalt ins Gesicht. „Das hat er in der Tat, der Narr! Glaubte er etwa allen Ernstes, ich könne sein Freund sein? Dieser schmutzige Pirat? Dieser verkommene Sodomit? Dieser gottverdammte Ketzer? Er und euresgleichen, ihr seid doch der Abschaum der Menschheit! Er hat es gewagt, den Edelmann zu spielen! Er hat gewagt, mit mir zu sprechen, als wäre ich seinesgleichen! Ich habe nur darauf gewartet, ihn umzubringen wie einen räudigen Hund. Und wenn ich könnte, würde es euch allen genauso ergehen!"

Am liebsten hätte ich ihm mein Entermesser in den Bauch gerammt. Dann aber dachte ich an Long Jimmy. Er hatte diesen hochmütigen Laffen, diesen unwürdigen jungen Spanier geliebt - so aberwitzig es war. Es galt, Long Jimmy zu rächen, aber er hatte diesen spanischen Hurensohn als Edelmann behandelt, auch wenn jener nicht den Edelmut besaß, dies zu erwidern. „Laßt ihn los!" befahl ich Pietr und dem anderen, der den jungen Spanier hielt. „Er wird sterben, aber er soll sterben, wie Long Jimmy es gewollt hätte."

Die Männer trauten ihren Ohren nicht. Ratlos sahen sie einander an. Als ich jedoch meinen Säbel zückte, gehorchten sie. „Alsdann, Don Enrique, zieht! Ich werde Euch töten, aber Ihr sollt eine letzte Gelegenheit haben, Euch zu verteidigen, was mehr ist, als Ihr verdient."

Don Enrique brach in Gelächter aus. „Ihr seid ebenso ein Narr! Glaubt Ihr etwa, Eure Piratenschlägereien hätten Euch gelehrt, es mit einem geschulten Fechter aufzunehmen? Ihr gebt mir nur Gelegenheit, heute noch einen zweiten Piraten unschädlich zu machen. Habt vielen Dank! Ich werde sie ergreifen."

Ich wußte, daß er recht hatte, und frage mich bis heute, wie ich so voreilig sein konnte. Noch nie hatte ich mir einen Zweikampf geliefert, geschweige denn mit einem ausgebildeten Fechter.

Wir trafen uns in der Mitte des Raumes, und meinen ersten Stoß parierte Don Enrique im Handumdrehen, während ich mit knapper Not seinen Stich nach meinem Kopf abwehren konnte. Langsam, aber sicher, drängte er mich Richtung Tür, wo eine Gruppe von Männern den Weg frei machte und ich mich nach draußen zurückzog. Don Enrique folgte mir, und ein paar Minuten kämpften wir am Kopf der Treppe. Das Geklirr unserer Waffen erfüllte die Halle. Als ich ein, zwei Stufen zurückwich, stieß ich an das breite Marmorgeländer, setzte mich darauf und rutschte seitwärts ein kleines Stück hinunter. Don Enrique stach ins Leere, geriet aus dem Gleichgewicht, und das wurde ihm zum Verhängnis. Schnell sprang ich von dem Geländer herab, um mich wutschnaubend und mit gerecktem Entermesser auf meinen Gegner zu stürzen. Er landete genau auf dessen Spitze. Das Schwert entfiel seiner Hand und klirrte auf die Stufen, während ich selbst meine Stellung einfach beibehielt. Don Enrique war vollkommen aufgespießt, und ich sah einen ungläubigen Ausdruck auf seinem Gesicht. Dann, mit einem schnellen Ruck, zog ich mein Entermesser aus seinem Körper, und er rollte die Treppe hinunter. Ich konnte meine Freunde jubeln hören, selbst aber empfand ich keine Siegesstimmung. Ich hatte lediglich das Gefühl, daß eine leidige Pflicht getan war.

Müde und ohne weiter nach unten zu sehen, begab ich mich wieder in das Zimmer, wo Long Jimmy lag. Ich bettete seinen Kopf abermals in meinen Schoß und bat Ossi, der neben mich getreten war, mich allein zu lassen. Er gehorchte. Kurz darauf ging die Tür zu, und über die darauffolgende Stunde möchte ich schweigen - meine Gedanken, meine Erinnerungen, meine Tränen... ja, Tränen, denn ich weinte, wie seit meiner Kindheit nicht mehr.

Long Jimmy Jones! Ein walisisch-portugiesischer Bastard, der es durch Charme, Intelligenz und Führungsqualitäten zum Freibeuterkapitän gebracht hatte, der aber einen einzigen Fehler besaß: den eitlen Wunsch, seinem Freibeuterdasein zu entrinnen. Und dieser Wahn hatte ihn zu Fall gebracht.

Als ich zu den übrigen zurückkehrte, befahl Black Billy, die Leiche unseres Kapitäns an Bord zu schaffen, und mit allem, was wir im Palast geplündert hatten, machten wir uns auf den Weg zum Hafen.

Die anderen Freibeuter schwelgten unterdessen in einer wahren Orgie der Verwüstung. Unweit des Hafens fanden wir Coxon, und Black Billy teilte ihm mit, daß wir abfahren würden. Coxon runzelte zwar die Stirn, erhob jedoch keinen Einwand, da die Eroberung geglückt und die Stadt geplündert war. Ein paar Trupps sollten noch ins Binnenland, um für den Bischof, den man gefangengenommen hatte, ein Lösegeld zu erpressen, doch uns war das alles gleich. Selbst Kanonenkugel, der als Quartiermeister auch für die Belange der Mannschaft zuständig war, meinte, wir sollten mit dem vorlieb nehmen, was wir bis jetzt zusammengetragen hatten. Ich sah, daß auch ihm Long Jimmys Tod sehr nahe ging.

So war etwa binnen einer Stunde all unsere Beute an Bord verstaut, und wir fuhren los. Fast jeder in der Mannschaft hatte es eilig, von dieser Unglücksstätte wegzukommen, aber trotz unseres verfrühten Aufbruchs war es ein dicker Fischzug gewesen.

Indessen waren viele von uns nicht für die reguläre Arbeit zu gebrauchen. Sie trauerten ihren Freunden und Gefährten nach, die bei der Eroberung gefallen waren. Black Billy gab Befehl, Richtung Osten zu segeln, und als es allmählich dunkelte, drehten die

Schiffe bei und machten nebeneinander fest. Fast die gesamte Mannschaft der »Zauberer« kam auf die »Rote Hexe«, um ihre Toten zu bestatten - eine Zeremonie, die mir von jeher zuwider war. Zwar teilten wir, von ein paar Schwarzen abgesehen, alle einen christlichen Glauben - ja, manche Freibeuterkapitäne lasen ihren Männern sogar regelmäßig aus der Heiligen Schrift vor oder versammelten sie zum Gebet -, aber hier hieß es ja, von einem Bruder im Kampf - und oft auch in der Liebe - abschiednehmen. Die Schiffsbibel und das Gebetbuch wurden hervorgeholt, die Toten dem Meer übergeben, und noch nie war diese Feierlichkeit für mich so herzzerreißend gewesen wie heute. Ezechiel, Greg, Matt, ein halbes Dutzend andere - und Long Jimmy: sie alle gingen in die Tiefe.

Ein paar Meilen weiter östlich warfen wir an einer unbewohnten Insel Anker, ruderten an Land, entfachten ein paar Feuer und versammelten uns. Die Wahl eines neuen Führers duldete keinen Aufschub. Mehr als eine Mannschaft war bei diesem Anlaß zersplittert und mehr als ein Freibeuterschiff dadurch außer Gefecht gesetzt worden. War die Verliererseite stark, so konnte dies ein blutiges Ende nehmen.

Doch während mir noch solche Gedanken durch den Kopf gingen, stand der Beschluß der Mannschaft bereits fest: Kein anderer als ich sollte Käpt'n Jones als Oberbefehlshaber ablösen! Es wurde nicht einmal ein anderer Kandidat aufgestellt! „Entermesser-Tom!" rief es von allen Seiten. „Machen wir ihn zum Kapitän! Kapitän Cutler!"

Es dauerte ein wenig, bis ich überhaupt begriff. Zu tief war meine Trauer, als daß mir klar wurde, wie hier ein langgehegter Traum in Erfüllung ging. Dann antwortete ich: „Gut. Wenn ihr es wollt, werde ich euer Kapitän sein..." Man applaudierte, auch wenn es unter anderen Umständen sicher fröhlicher geklungen hätte. „...Aber nur unter einer Bedingung: Ihr müßt mir samt und sonders versprechen, daß ihr bei mir bleibt und, wenn nötig, mit mir zur Hölle zu fahrt!" Neuerlicher Applaus und ein Chor der Zustimmung.

Heikler schien die Frage, wer mich als Erster Maat ablösen solle, denn natürlich wollte ich Ossi auf diesem Posten. Er war zwar nicht so lange bei uns wie manch anderer, hatte sich inzwischen aber seemännische Kenntnisse angeeignet, mit denen es keiner der in Frage kommenden Bewerber aufnehmen konnte. Ich empfand äußerst zwiespältige Gefühle und überlegte, ob ich es mir wohl leisten könne, die Mannschaft in dieser Sache zu erpressen?

Zu meiner großen Erleichterung erwies sich dies jedoch als überflüssig. Black Billy selber schlug Ossi vor, und per Akklamation wurde mein Geliebter zum Ersten Maat der »Roten Hexe« ernannt, Pietr zum Zweiten.

Traditionsgemäß war dies Anlaß zum Feiern. Aber keiner von uns fühlte sich dazu recht aufgelegt. Wenn wir es trotzdem taten, so nur pro forma: Wir saßen um die Feuer und spülten unseren Kummer weg, doch unsere Lieder waren traurig und niemand tanzte. Ossi kam und setzte sich neben mich. Soviele Höhepunkte unsere Beziehung auch noch haben sollte - dies war keiner davon.

Früh am nächsten Morgen fuhren wir los und nahmen wieder Kurs auf Tortuga.

Zwölftes Kapitel

Unter Piratenflagge ~ Der Bücherfreund Mein dreißigster Geburtstag

Die glorreichen Taten des Kapitäns Cutler" - wer da meint, daß mein weiterer Werdegang unter dieser Überschrift stehen müsse, daß ich unsere Gemeinschaft zu neuen Höhen des Freibeutertums führte oder mich gar zum Ruhm der privaten Kriegsschiffahrt machte, den muß ich enttäuschen. Unsere Unternehmungen nahmen einfach ihren gewohnten Gang, doch gerade deshalb möchte ich behaupten, daß ich ein würdiger Nachfolger Long Jimmys war. Anfangs fehlten mir noch sein Rat und seine Erfahrung; Black Billy war ein guter Kapitän, aber kein sogenannter „Könner"; in nautischen Dingen verließ er sich, da er weder des Lesens noch des Schreibens mächtig war, ganz auf meine Anweisungen. Doch je länger ich die Mannschaft befehligte, desto weniger fragte ich mich, was mein verstorbener Freund in dieser oder jener Situation wohl getan hätte, und die täglichen Erfordernisse meines Amtes verdrängten ihn aus meinen Gedanken - bis auf stille Stunden, in denen ich allein war.

Einmal segelten wir in Begleitung des kleinen Geschwaders von Marquis de Maintenon an die Küste Trinidads, um die spanische Perlenfischerei zu plündern - ein sehr gewinnbringender Raubzug, bei dem ich diesen Winkel der Karibik kennenlernte. Maintenons Flotte löste sich hinterher auf, aber wir machten des öfteren mit Franzosen wie de Grammont oder Le Golif gemeinsame Sache, die wir, neben manch anderem großen Freibeuterkapitän, in unserer neuen Heimat Tortuga kennenlernten.

Von Trinidad segelten die »Zauberer« und die »Rote Hexe« zwischen den Inseln über dem Winde hindurch nach Norden und an Concepción vorbei, das bei den Franzosen „Grenada" heißt und noch immer von dem kriegerischen Indianerstamm der Karaiben beherrscht wurde. Wir durchfuhren die - ebenfalls unter karaibischer Herrschaft stehende - kleine Inselkette, die von St. Vincent ausgeht, und dann wieder nordwestwärts, nach Tortuga.

Wenn unsere Unternehmungen eine neue Richtung einschlugen, so ergab sich dies erst im Laufe der Jahre und durch den Zwang der vor allem politischen Verhältnisse, von denen im folgenden mehr zu sprechen sein wird.

Waren Jamaika und sein Hafenstädtchen Port Royal uns schon dadurch verschlossen, daß England der Freibeuterei abgeschworen hatte, so versuchte man uns nun mit dem „Act wider die Privatiers" ein für allemal das Handwerk zu legen. Jeder von uns, der sich aus freien Stücken dem Gouverneur unterwerfe und seine Kaperbriefe abgebe - besonders ausländische wie die französischen, die wir für die Eroberung Santa Martas gehabt hatten - solle begnadigt werden und sich, sofern er künftiges Wohlverhalten gelobe, friedlich auf Jamaika ansiedeln dürfen, und wie wir später erfuhren, hatten Coxon sowie einige andere englische Freibeuter von diesem Angebot tatsächlich Gebrauch gemacht - um den Preis, daß Gouverneur Vaughn sie um eines Großteils ihrer Beute erleichterte. Wir hingegen hatten keine Lust, uns unsere mühsam erkämpften Reichtümer abknöpfen zu lassen, und überhaupt mißtrauten wir derlei Versprechungen; Papier war geduldig.

Wer also nicht schon gleich die schwarze Fahne hißte, der tat dies 1678, als der Dritte Holländische Krieg - der Krieg Frankreichs gegen die Niederlande - nach fünf Jahren zu Ende ging. Die europäischen Nationen lebten nun in Frieden, und wenn Frankreich beziehungsweise die französische Statthalterschaft auf Tortuga in keinster Weise gegen uns einschritt, so handelten wir nun doch zum allererstenmal ohne jegliche offizielle Befugnis. Was sollte ich tun? Das Freibeuterleben hatte mir von jeher gefallen, aber andererseits wollte und konnte ich nicht ewig zur See fahren. Doch es gab kein Zurück. Nicht mehr. Nur zwei, drei Männer hatten die Frist genutzt, in welcher der jamaikanische Gouverneur Vaughn erneut von unserem alten Bruder und Mitstreiter Henry Morgan abgelöst wurde, doch erstens blieb Morgan wiederum nur ein paar Monate im Amt, und zweitens waren diese Männer durch ihre Familie und Verwandte an Jamaika gebunden. Schwarzen hingegen - und ein Großteil unserer Besatzung war ja schwarz - stand diese Möglichkeit kaum offen. Waren sie schon auf vielen Freibeuterschiffen unwillkommen, so bestand an Land für sie keine Hoffnung, wenigstens einen Teil ihres Geldes selbst behalten und irgendwo auf ein Pflanzer- oder Kaufmannsdasein umsatteln zu können.

So mußte wohl oder übel auch ich die schwarze Fahne hissen, auch wenn sich die Piratenflaggen ansonsten unterschieden wie Tag und Nacht; die meisten trugen irgendein weißes Muster oder Wahrzeichen - nicht selten Totenköpfe oder Dolche. Wir selbst hingegen verständigten uns nach etlichem Hin und Her auf ein weißes Einhorn, das unseren englischen Ursprung bezeigen sollte.

Unsere Stammannschaft blieb während alles dessen bemerkenswert stabil, weil, wie erwähnt, fast die Hälfte davon schwarzer Hautfarbe war. Neu hinzu stießen zwei Holländer, ein Däne und einige Männer aus Diego Grillos Besatzung, jenes kubanischen Freibeuters, welcher der erste dunkelhäutige Kapitän gewesen war; „gewesen", weil man Diego selbst nicht lange nach unserem gemeinsamen Beutezug gegen die spanische Blauholzschiffahrt gefangengenommen und gehängt hatte. Wir hörten dies mit Bedauern. Ein paar Männer jedoch waren dem Galgen entronnen und hatten nach Tortuga zurückgefunden, darunter auch Manuel und Antonio, zwei hinreißende Spitzbuben. Englisch sprachen sie nicht, waren uns deshalb aber nicht weniger willkommen. In der Tat wurde unsere Gemeinschaft äußerst vielzüngig, und jeder brachte neues Gedankengut und neue Ansichten ein, aber irgendwie verflocht sich alles zu einem großen Ganzen, so daß wir selbst, ich inbegriffen, noch offener für die vielen Andersartigkeiten unter uns wurden; außerdem hatte ich mir das Französische und Spanische auch soweit angeeignet, das ich in beiden Sprachen ein wenig plaudern konnte, worin mir Ossi kaum nachstand.

Wir hatten Glück mit unserer Besatzung, denn verringerte sich auch nicht die Zahl, so doch die Qualität der Männer, die in unserem Gewerbe tätig waren, nach meinem Dafürhalten zusehends. Während es früher größtenteils ehrliche Seeleute gewesen waren, die ihr Handwerk als Dienst an König und Vaterland begriffen, umgaben uns jetzt Schurken, die nur ihren persönlichen Gewinn im Schilde führten und sich kein Gewissen daraus machten, ob sie nun spanische, holländische, französische oder gar englische Schiffe attackierten.

In dieser Zeit lernte Black Billy Rufus kennen, einen großen, schlanken und behenden Schwarzen, der binnen kurzem kaum von seiner Seite wich. Ich glaube, Black Billy hatte diesen neuen Gefährten von Herzen gern, und wenn er über zehn Jahre ein „loses Geschütz" geblieben war, so wohl nur deshalb, weil er seinem früheren Geliebten, Marcus, immer noch nachtrauerte. Wie man sich vielleicht erinnert, war Marcus gestorben, als wir mit Henry Morgan gen Panama marschierten. Rufus glich diesem Negerjüngling wie ein Ei dem anderen, obgleich er von viel ruhigerem, verschlossenem Wesen war. Oft, wenn ich Billy still und versonnen dasitzen sah, ahnte ich, daß seine Gedanken bei Marcus weilten, und ich wage zu behaupten: Auch Rufus konnte diesen toten Freund nie ganz ersetzen.

Mein Vermögen wuchs und gedieh indessen weiterhin, und bei meinen gelegentlichen Abstechern nach Jamaika, wo ich inkognito auftrat, stellte ich fest daß mein Vater nicht nur Grundbesitz erworben, sondern gleichzeitig etwelche kaufmännische Unternehmungen in die Wege geleitet hatte. So war ich beispielsweise stiller Teilhaber an mehreren Plantagen und einem der führenden jamaikanischen Innen- und Außenhandelsgeschäfte und fragte mich allmählich, was ich mit all meinem Geld beginnen sollte.

Zu meiner Überraschung erfuhr ich außerdem, daß Long Jimmy bei unserem letzten Besuch in Port Royal und hinter meinem Rücken mit meinem Vater vereinbart hatte, daß sein gesamtes Vermögen im Falle seines Todes an mich übergehen solle. Was für ein Freund! Auf diese Weise besaß ich nunmehr nicht nur meine eigenen, sondern auch Long Jimmys Ersparnisse - das spanische Gold, nach dem wir immer noch trachteten, hatte ich gar nicht mehr nötig!

Man kann sich denken, daß auch dies die Zweifel an meinem Lebenswandel verstärkte, und fürderhin ertappte ich mich immer häufiger bei Tagträumen von einem seßhaften Dasein - irgendwo, an einem stillen Fleckchen Erde, mit Ossi zusammenzuleben und Bücher zu lesen; denn Bücher hatten wir beide lieben gelernt. Aber dazu gleich mehr. Wo jedoch, außer auf Tortuga, *konnten* wir in diesen veränderten Zeiten noch so offen zusammenleben? Und was sollte aus der Mannschaft werden? Mehr als die Hälfte davon waren treue Freunde und mir sehr ans Herz gewachsen. Ich konnte sie nicht einfach im Stich lassen!

Und auch im Leben meines Vaters hatte ich große Veränderungen festgestellt. Zwar besaß er immer noch das »Achterdeck«, überließ es nun jedoch anderen, sich tagtäglich darum zu kümmern. Ihm selbst war dank seiner (und ich darf sagen: auch meiner) Einnahmen ein beachtlicher gesellschaftlicher Aufstieg gelungen; man kannte ihn nun als Obristen Cutler, Kommandant der Bürgerwehr, und er hatte eine kleine Plantage im Tal des Rio Minho erworben, gleich neben dem Wohnsitz von Sir Henry Morgan. Unser beider Verhältnis war im Lauf der Jahre zwar herzlicher geworden, doch rührte dies hauptsächlich von unserer Geschäftsbeziehung, aus der gegenseitiges Vertrauen und Respekt reiften. Mein Freibeuterdasein hielt mein Vater weiterhin für ebenso anstößig wie mein Privatleben.

Das entscheidende Ereignis in all diesen Jahren jedoch war für mich die Begegnung mit Sir George. Ich konnte nicht ahnen, daß es der Beginn einer lebenslangen Freundschaft sein und Sir George einen nachhaltigen Einfluß auf mein Leben und meine Weltsicht üben würde. Diese Bekannschaft ergab sich eines Abends im »Perroquet Bleu«, meiner Lieblingsschänke in Cayona, Tortugas Hauptstadt. Der vornehm, wenngleich ziemlich zerschlissen wirkende Herr saß mit mehreren jungen Bukaniern an einem Tisch, sprach lebhaft, lächelte, und beim Vorübergehen bemerkte ich ein spitzbübisches Funkeln in seinen Augen. Er hatte ein blühendes Gesicht, war in mittleren Jahren und offenkundig englischer Herkunft. Als ich mich an einen anderen Tisch begab, rief er mir „Ah, Käpt'n!" hinterher. „Kapitän Cutler! Endlich begegnen wir uns! Ich habe schon soviel von Euch gehört. Ich bin Sir George Webster. Wollt Ihr mich nicht mit Eurer Gegenwart an meinem Tisch beehren?"

Ich konnte schlecht nein sagen und setzte mich also neben ihn, worauf er gleich losplapperte, ohne seine jungen Begleiter noch zu beachten. Er war geistreich, witzig, ein Charmeur, und bald begann ich, mich bei ihm wohlzufühlen.

„Ich bin unlängst hier angekommen", erzählte er, „aus Westindien. Früher lebte ich in England, aber politische Wirren zwangen mich, meine Heimat zu verlassen. Seither bin ich ein wenig in Europa umhergereist und habe mich nun hier angesiedelt - als Euer Nachbar."

„Als mein Nachbar?" Ich hatte Tortuga nie als mein richtiges Zuhause betrachtet, und die Hütte, in der ich und Ossi zusammenlebten, erschien mir eher wie eine Notunterkunft. Offenbar war dieser Mann während unseres letzten Beutezugs hier angekommen - ein Asylsuchender, wie wir -, und daß wir uns noch nicht begegnet waren, erklärte Sir George mit seiner zurückgezogenen Lebensweise.

„Ich wohne in einem bescheidenen Häuschen, umgeben von Büchern, trinke gern einen über den Durst und genieße die Gesellschaft der Einheimischen hier."

Ich mußte grinsen. Letzteres hatte ich schon vom ersten Augenblick an vermutet, als ich sah, mit welchen Blicken er seine Zechkumpane betrachtete. Tortugas „Einheimische" bestanden größtenteils aus Freibeutern, und wie sich später bestätigte, füllte Sir George mehr als einem jungen Matrosen wieder den Säckel, um sich durch nächtliche Gesellschaft dafür entschädigen zu lassen.

Sir George lud mich für den darauffolgenden Abend zu sich ein, und ich nahm an, sagte aber, daß ich meinen Gefährten mitbringen würde.

Ob es mit Sir Georges Titel seine volle Richtigkeit hatte, weiß ich bis heute nicht genau, aber wir redeten ihn trotzdem damit an. Erst später, als unsere Freundschaft eng und gefestigt war, erzählte er mir, daß er wegen eines von Titus Oates angezettelten Komplotts habe fliehen müssen. Oates, ein abtrünniger Priester, hatte 1678 einen Plan ans Tageslicht gebracht, demzufolge eine Gruppe von englischen Katholiken König Karl den Zweiten ermorden und dessen Bruder Jakob, den Herzog von York, auf den Thron setzen wollte. Das Ganze wurde später zwar als Schwindel entlarvt, führte aber bis dahin zu einer Terrorherrschaft gegen alle, die Oates namentlich genannt hatte - mit anderen Worten: alle, die ihm persönlich nicht genehm waren, darunter viele bedeutende Männer. Willkürlich bezichtigte man sie des Hochverrats, und fünfunddreißig unschuldige Katholiken wanderten aufs Schafott. Es war ein Schock für mich, als ich erfuhr, daß auch Sir George Papist war. Gleich zu Beginn war er außer Landes geflüchtet und erhielt auf Umwegen weiterhin ein kleines Einkommen, in seine Heimat aber kehrte er nie wieder zurück.

Mein anfänglicher Schock legte sich jedoch, und nach einer Weile wurde mir Sir Georges Glaubensbekenntnis gleich. Schließlich kannte ich ihn bis dahin so gut, daß mein Horizont - einmal mehr - durch persönliche Erfahrung erweitert wurde. Andersartigkeiten wohlwollend zu ertragen, war eben eine Lernsache.

Aber kehren wir zu dem Abend zurück, als ich mit Ossi bei Sir Georges Häuschen anklopfte. Geöffnet wurde uns von einem alten Neger, Joshua, der Sir Georges Sklave war, aber so gut behandelt wurde, daß es sich ein befreiter nicht besser hätte wünschen können. Bei Ossis Anblick weiteten sich seine Augen ein wenig; dann aber bat er uns herein, und wir betraten ein Zimmer, wie ich noch nie eines gesehen hatte: Die Wände waren mit Bücherborden gesäumt, dicke Lederbände bedeckten Tische und Böden; das ganze Häuschen schien randvoll davon!

„Bitte, tretet doch näher!" rief Sir George, der mit einem Glas Wein in der Hand neben einem Tischchen saß und die Karaffe darauf in Reichweite hatte. „Ich bin erfreut, Euren Freund kennenzulernen."

Er stand auf, um mir die Hand zu schütteln, und begrüßte dann nicht minder herzlich auch Ossi. Wenn er gegen Schwarze Vorbehalte hegte, so ließ er es sich nicht anmerken. Ich griff nach einem der Bücher, die herumlagen, und schlug es auf; es waren die „Viten" des Plutarch. Natürlich hatte ich schon Bücher gesehen, aber noch nie so schöne und so kostbare auf einmal. Meine Lektüre bestand einzig und allein aus geschäftlichen Briefen und Unterlagen. Mit Sir George wurde das alles anders. Er gestattete mir, nach Herzenslust in seiner Bibliothek zu lesen, und als ich Ossi erst einmal dazu angespornt hatte, es mir nachzutun, fing auch er Feuer, ja, verschlang die Bücher sogar noch gieriger als ich.

Von da an sollten wir noch viele, viele Abende mit Sir George verbringen. Wir lasen - vor allem die „Odyssee" hatte es mir angetan, nachdem ich ihren Helden als bloßen Freibeuter durchschaute - oder plauderten über Menschen, Orte, Geschichtliches, Geschichten und Gedanken, die mir selbst nicht im Traum gekommen wären! Besonders stolz war ich, als mein Freund über die Militärtaktiken und -strategien des griechisch-persischen Krieges schwärmte, von denen er in Sir Georges Herodot-Ausgabe gelesen hatte. Ossis Feldherrnlatein ging dem Ärmsten über den Verstand, und ich gestehe, auch mir, aber ich amüsierte mich glänzend. Und das alles bei einer guten Schüssel Punsch.

Sir George war in der Tat eine willkommene Entdeckung auf

einer bisweilen öden Insel, und ohne seinen Zuspruch hätte ich diese bescheidenen Zeilen nie zu Papier gebracht.

Zu Beginn des Jahres 1681 hieß mich mein Vater erneut, mein Seemannsleben aufzugeben. Ein Jahr zuvor, im Mai, war der Earl of Carlisle wieder nach England zurückgekehrt, und Henry Morgan wurde zum dritten Mal Gouverneur von Jamaika. „Junge", drängte mein Vater, „du könntest hier deine rechtmäßige Stelle einnehmen, als Erbe von alledem und als einflußreicher Bürger. Schon ganz andere haben das geschafft. Mit ein bißchen Geld am rechten Ort und dank meiner neuen Verbindungen hier bin ich sicher, daß du des König Gnade erwirken könntest. Vielleicht findest du ja sogar ein nettes junges Frauenzimmer, mit dem du mir ein paar Enkel schenken könntest...?"

Und in der Tat fühlte ich mich eine Zeitlang versucht - natürlich nicht, was die Frau anbetraf. Als sich dann jedoch durchsprach, daß selbst Sir Henry inzwischen Freibeuter wegen Piraterie am Hinrichtungsdock aufknüpfen ließ und gegen Ende des Jahres wieder unser Erzfeind, Sir Thomas Lynch, den Gouverneurssessel einnahm, war die Gelegenheit verpaßt.

Am 17. Mai 1682 wurde ich dreißig. Ich war jetzt dreizehn Jahre lang Freibeuter und fühlte mich zusehends reifer, abgeklärter, ja, sogar milder. Die Zeiten jugendlichen Leichtsinns waren vorbei.

Als ich an diesem Tag nach Hause kehrte, erwartete mich eine Überraschung: Unsere kleine Hütte war leer! Ich rief nach Ossi, suchte ihn und stieß die Tür zu unserem Schlafzimmer auf, da erblickte ich Jan, eines unserer holländischen Besatzungsmitglieder. Er war über das Bett gebeugt; in dem Bett aber lag ein junger, kräftiger Mulatte, den ich noch nie gesehen hatte; er war vielleicht um die zwanzig und von frappierender Schönheit: mit glatter, goldbrauner Haut, wohlgeformten Muskeln und vor allem diesen Augen - Augen, die mich gleich auf den ersten Blick erstarren ließen! Sie waren groß und weit auseinanderliegend - helle Spiegel einer überschäumenden Lust. Es tanzte und funkelte darin, und als dies Funkeln auf mich fiel, empfand auch ich schlagartige Wollust.

Dabei nahm ich im ersten Moment überhaupt nicht zur Kenntnis, daß die Ekstase des Jünglings von Jan herrührte, der ihn mit dem Mund bearbeitete, während der schöne Fremde selbst splitternackt auf unserem Bett lag. Ich war wie vom Donner gerührt; und noch während Jan, von meinem Eintritt unterbrochen, lächelnd aufblickte, fühlte ich mich hinterrücks ergriffen und zum Bett geschoben.

„Herzlichen Glückwunsch!" sagte Ossi und gab mir von hinten einen dicken Kuß auf Hals und Wange. Dann stieß er mich neben diesen betörenden Mulatten, ich spürte, wie mir, ruck-zuck, die Kleider vom Leib gerissen wurden, und ein Lärm von Schritten, Lachen und Zurufen erfüllte das Zimmer; meine Männer kamen herein. Offenbar hatten sie sich versteckt gehalten.

Mit diesen funkensprühenden Augen und einem breiten, weißen Lächeln auf dem Gesicht wandte sich der junge Mulatte zu mir um, nahm mich in die Arme und schob mir seine Zunge in den Mund. Es war, um den Verstand zu verlieren! Schon aber ergriff Ossi abermals von hinten und zog mich an sich heran, um mir seine pochende Länge ins Kreuz zu pressen. Mir schwanden die Sinne. Ich nahm nicht mehr wahr, was um mich herum vorging. Nur ein verschwommener Lärm brauste mir in den Ohren. Dann drehte Ossi meinen Kopf ganz zu sich herum, wir küßten uns und hatten kaum angefangen, einander in die Brustwarzen zu zwicken, da schob sich ein aufgerichteter dunkler Schaft zwischen unsre Gesichter. Im selben Moment spürte ich etwas Sanftes, Glattes - die Hände unseres Bettgefährten - auf meinem Rücken, von wo es mir mit zärtlicher Festigkeit über Arsch und Beine strich, während eine warme Zunge mir Bauch, Lenden und die Innenseite meiner Schenkel leckte.

Ossi und ich lösten unseren Kuß, um mit unseren eigenen Zungen zu bearbeiten, was zwischen uns hüpfte und zuckte. Gleichzeitig aber griff ich nach meinem Freund hinunter und genoß dieses Gefühl von warmem Samt, in den Stahl gehüllt war, während eine andere Hand meine eigene Steifheit zu reiben und zu drosseln begann.

Jede weitere Wahrnehmung verschwamm im Übermaß der Gefühle: Der Schaft entzog sich unseren Liebkosungen, die wunderwirkende Zunge wanderte mir weiter an den Beinen hinab, ich wand und krümmte mich, um der Bewegung zu folgen, schnappte mit meinem Mund, während Ossis Lippen einsogen, was zwischen den dunklen Schenkeln herabhing, und hätte schreien können vor Lust, als die fremde Zunge meine Füße bearbeitete, mich leckte und kitzelte. Das hatte selbst Pancho nie getan!

Alles war Berührung, alles Härte in meiner Hand, und ich spürte, wie wir fast gleichzeitig alle drei explodierten. Schöner hätte man meinen Geburtstag nicht feiern können!

Wie ich später erfuhr, war die Mannschaft auf Ossis Anregung übereingekommen, mir Marcel - so der Name des bemerkenswerten Mulatten - zu schenken. Ossi hatte ihn in einer Schankstube kennengelernt, und er sollte für immer bei uns bleiben. Bemerkenswert ist jedoch auch, daß Ossi und ich mit ihm zum erstenmal eine Nacht zu dritt verbrachten, ja, daß es seit Beginn unserer Beziehung, in jenem See, überhaupt das erste Mal war, daß wir gemeinsam ein Liebesabenteuer hatten. Doch sollte es nicht das letzte sein. Nach einem ausgelassenen Fest, als all unsere Freunde gegangen waren, schlüpfte Marcel zwischen uns ins Bett und beschenkte uns diesmal zu gleichen Teilen. Er war unersättlich, aber schließlich ermüdete auch er, und wir sanken in einen rechtschaffenen Schlaf.

Ich bemerkte von Anfang an, daß Marcel nicht lange ein gemeiner Matrose bleiben würde. Diese Augen, die mich stets aufs neue beeindruckten, spiegelten nicht nur jedes seiner Gefühle wider - sie sprühten auch von Witz und Intelligenz. In seiner Lernfähigkeit war Marcel meinem Freund durch und durch ebenbürtig, übertraf diesen jedoch noch, was seinen Ehrgeiz anbetraf. Unter der Obhut von Sir George - der diesen Augen auf Anhieb erlag - lernte er Lesen und Schreiben, und ich ahnte nicht, wie bald er mir mit seinem Wunsch zusetzen würde, ihn in die Schiffahrtskunde einzuweihen. Zu guter Letzt fügte ich mich, denn schließlich konnte es ja nur vonnutzen sein.

Dreizehntes Kapitel

Ein Schatten der Vergangenheit wird zu neuer Gefahr

Eines Mittags - die Stürme hatten sich endlich gelegt und wir rüsteten zu einer neuen Fahrt - kam „Iren-Jack" Collins aufgeregt auf die Veranda gelaufen, wo Ossi, Sir George und ich beisammensaßen. „Tommy! Ossi!" rief er mit schreckerfülltem Gesicht. „Habt ihr eben diese Schaluppe einlaufen sehen?" Und als wir bejahten, fuhr er fort: „Dann wißt ihr auch, wem sie gehört?"

Wir mußten gestehen, daß wir keine Ahnung hatten.

„Knüppel-Rob!" verkündete Jack. „Er ist noch am Leben!"

Das waren in der Tat besorgniserregende Neuigkeiten. Vor sechs Jahren hatten wir Robin Lodge und die Seinen auf Estrella Cay sitzenlassen und vor fast ebensolanger Zeit von seiner Gefangennahme durch die Spanier gehört. Mein alter Widersacher war mir längst entfallen, da ich ihn für tot hielt. Jetzt aber stellte sich mir unwillkürlich die Frage, ob er meinetwegen gekommen war - ob er gehört hatte, wer hinter jener Sache steckte, denn unsere Mannschaft bestand fast zur Hälfte aus neuen Leuten, und wer wußte, ob die, welche weggegangen waren, wirklich den Mund gehalten hatten? Nur ein Wort zuviel - vielleicht nach einem Gläschen Rum -, und unser wohlgehütetes Geheimnis war heraus! Ich muß sagen: In diesem Augenblick verwünschte ich den Tag, da wir uns zu jenem albernen Streich hatten hinreißen lassen.

„Wer ist Knüppel-Rob?" fragte Sir George, als er die Besorgnis auf unseren Gesichtern wahrnahm, und ich erklärte ihm, daß zwischen Robin und mir eine alte Feindschaft bestünde. Mehr wollte ich selbst einem so guten Freund wie ihm nicht verraten.

„Ach so", sagte Sir George, als ich geendet hatte. „Dann fürchtet Ihr, daß Eure Fehde wieder aufflammt und es hier Unfrieden geben wird?"

„Ja", antwortete ich. „Und wir haben zuviele Neulinge an Bord. Sie würden nicht einsehen, warum sie einen anderen Bukanier angreifen sollten. Wir sind zu schwach, und die Sache kommt zu plötzlich. Am besten wäre es wohl... wenn wir gleich ablegen", schlug ich vor.

Sir George verstand meine Sorge zwar nicht ganz, stimmte mir aber zu. „Nun, wenn Ihr übermorgen in See stechen wollt, warum dann nicht schon morgen?"

„Aber ich muß diese Sache mit Black Billy besprechen. Schließlich ist er unser Zweiter Kapitän."

Doch ich brauchte ihn gar nicht erst aufzusuchen; Black Billy ließ nicht lange auf sich warten. Ihn quälten die gleichen Befürchtungen wie mich, und er hatte den gleichen Vorschlag: Die Schiffe waren fast fertig, um in See zu stechen, und wenn Robin uns nicht spornstreichs auf den Hals käme - denn zweifellos hatte er die »Zauberer« und die »Rote Hexe« gesehen -, wollten wir die Ortschaft bis zu unserer Abfahrt meiden.

Während wir daher auf weitere Neuigkeiten warteten, wandte ich mich an Sir George. Schon lange spukte mir ein bestimmter Gedanke im Kopf, den ich angesichts unserer Lage nicht zögerte, auszusprechen: „Sir George, Ihr wißt, wir haben keinen Schiffsarzt an Bord, und kennen wir auch die probatesten Mittel gegen Skorbut, Fieber, offene Wunden et cetera, so würdet Ihr Euch bestimmt besser darauf verstehen. Ihr habt Bücher gelesen, Ihr seid ein Mann der Wissenschaft und in den Geheimnissen des menschlichen Körpers ebenso bewandert wie in der Heilkunst. Hättet Ihr nicht Lust, uns zu begleiten?"

Sir George wirkte aufrichtig verblüfft. „Mein lieber Freund!" rief er. „Ich habe innerhalb der letzten paar Jahre weidlich Abenteuer erlebt! Zuletzt bin ich um ein Haar meinen Gläubigern in Italien entronnen! Gewiß, auch ich hätte gegen ein paar Beutel voll Gold nichts einzuwenden, aber mein Vermögen reicht aus, um hier ein friedliches, behagliches Leben zu führen. Ich bin..." - und er breitete mit einer verzagten Geste die Arme aus - „...ein alter Mann."

Ich schüttelte lachend mit dem Kopf. „Ihr seid kein alter Mann,

Sir George! Und ich wette, Ihr habt jeden Moment, da Ihr Euren Häschern ein Schnippchen schlugt, genossen! Stimmt's?"

Nun war es an ihm, zu lachen. „Ja, Ihr habt mich durchschaut! Ich habe die Aufregung und das Abenteuer genossen. Und vielleicht fehlen sie mir wirklich ein wenig, aber..."

„Nicht lang gefackelt, Sir George!" Ich beschloß, meinen Trumpf aus dem Ärmel zu ziehen. „Ihr kennt meine Männer... Und ich glaube, sie sind Euch ans Herz gewachsen."

Er lachte abermals. „Ja. Es ist eine beispiellose Gemeinschaft. Das Vorbild, welches Ihr gebt - das harmonische und gleichberechtigte Nebeneinander zweier Rassen - sollten unsere Philosophen einmal sehen und darüber nachdenken! Ich muß zugeben: Für mich war es wie eine Offenbarung, die ich nicht zuletzt dank einiger... äh... farbiger Gentlemen aus Eurer Mannschaft..."

Er wußte nicht, wie er sich ausdrücken sollte, doch ich verstand ihn besser als er dachte: Pancho, der nie ein Geheimnis für sich behalten konnte, hatte Sir George die Wonnen gezeigt, von einem dunkelhäutigen Mann umarmt zu werden, und seitdem waren Marcel, inzwischen mein Zweiter Offizier, und dieses unwiderstehliche Gespann, Manuel und Antonio, oftmals in seinem Häuschen zu Gast gewesen.

„Nun, Sir George, so überlegt, wie Ihr Euch revanchieren könnt. All meine Männer wären Euch sehr dankbar, wenn Ihr Euch bereit erklären könntet, nach ihrem Wohlbefinden zu sehn. Sie brauchen Euch. Ihr wißt, daß es sonst auf dieser Insel keinen zuverlässigen Mann für diese Aufgabe gibt. Tut es für Eure Freunde, wenn nicht für Euch selbst. Wir haben eine schöne Kabine auf der »Roten Hexe«, die ganz Euch gehören würde. Ossi wird Euch mit allem versorgen, was ein Schiff an Bequemlichkeit zu bieten hat. Und was noch fehlt, um das wird sich die Mannschaft kümmern." Sir Georges leuchtende Augen verrieten mir, daß mein hintersinniger Appell an seine „Uneigennützigkeit" ins Schwarze getroffen hatte. Seufzend willigte er ein:

„Also gut, ich gebe mich geschlagen; ich komme mit. Aber was wird dann aus Joshua?"

An Sir Georges alten Diener hatte ich gar nicht gedacht. Es wäre sicher nicht ratsam, einen Sklaven - und behandelte man ihn auch noch so gut - auf ein Schiff mitzunehmen, wo alle Schwarzen frei waren. „Laßt ihn hier", empfahl ich. „Er kann Euer Haus hüten und Eure Angelegenheiten regeln, bis Ihr zurückkommt."

Und so sollte es geschehn.

Am späten Nachmittag kam Christian, jener Blondschopf, mit dem ich seinerzeit im See erstmals Ossis Reize erkundet hatte, um uns das Neueste zu berichten. Kaum war das unbekannte Schiff im Hafen aufgetaucht, da liefen auch schon die Gerüchte um. „Robin", erzählte Christian noch ganz atemlos, „soll den Spaniern davongelaufen sein. Zuerst hätte er seine eigne Haut gerettet, indem er zum Katholizismus übergetreten und mit der Küstenwache gesegelt sei, während seine Männer gehängt oder auf dem Scheiterhaufen verbrannt worden wären. Und dann, ein paar Jahre später, heißt es, hätte er auch die Spanier verraten und soll zusammen mit ein paar anderen Überläufern auf der Schaluppe entwischt sein, die er jetzt befehligt."

„Wenn das stimmt, dann ist dieser Robin Lodge zweifellos der verachtungswürdigste Lump, der je zur See gefahren ist!" empörte sich selbst Sir George, und ich muß sagen: Ich gab ihm von ganzem Herzen recht. Doch niemand wußte etwas Genaues, nur daß Robby mindestens einem Mann, der ihm dieses Gerücht unter die Nase rieb, für immer das Maul gestopft hätte. Das sollte angeblich in Petit Goâve geschehen sein, einer Siedlung, die im Schutze der „Cul de Sac" genannten Bucht am Westende von Hispañola lag und neuerdings ein ebenso wichtiger Freibeuterstützpunkt war wie Tortuga.

Ich ließ den Männern durch Chris Bescheid sagen, daß unsere Abfahrt um einen Tag vorverlegt würde, und war froh, als wir früh am nächsten Morgen den Anker lichteten. Sir George hatte sich mit mehreren Taschen voll Büchern und Habseligkeiten eingefunden und winkte seinem alten Diener Joshua, der uns vom Kai aus verabschiedete. Ich weiß nicht, ob es wirklich klug oder unklug war, zum erstenmal einen medizinisch bewanderten Mann mit an Bord zu haben. Wenn sich das Unheil nämlich heraufbeschwören läßt, so hatten wir es hiermit getan, und ein Arzt sollte sich auf dieser Unglücksfahrt als bitter nötig erweisen.

Das einzige, was unsere Mannschaft ein wenig wundernahm, war dieser übereilte Aufbruch, aber Black Billy und ich nannten ihnen eine Ausrede. Draußen auf See würden wir uns überlegen, wie wir weiterverfahren und was wir tun sollten, falls Robin Lodge sich auf Tortuga niederließ.

Vierzehntes Kapitel

Ein Begräbnis und ein neuer Begleiter

Es war ein Julimorgen des Jahres 1682, und es regnete leicht, da kreuzten die »Zauberer« und die »Rote Hexe« vor Cabo Samaná im Norden der Insel Hispañola, etwa zweihundert Meilen östlich von Tortuga. Es war ein trostloser Küstenstrich, den die Spanier längst geräumt hatten, und wir befanden uns auf dem Weg zum Mona-Kanal, zwischen Hispañola und Puerto Rico, wo wir ein paar spanische Schiffe abzufangen hofften. Plötzlich jedoch erschien aus einer Sturmbö und hinter einer Landzunge hervor eine Fregatte. Sie war uns nur etwa eine Meile voraus, und ich erkannte sofort, daß es sich um ein Schiff der spanischen Küstenwache handelte. Ein Kräftemessen mit ihm hätte keinen Sinn, zumal es weder Reichtümer noch wertvolle Fracht an Bord führen würde, sondern nur Kanonen, und die Beute waren in diesem Falle *wir*.

Schnell blinkte ich der »Zauberer« ein Signal, und beide Schiffe drehten ab, um Richtung Westen zu fliehen. Dadurch fuhren wir zwar vor dem Wind, als ich mich aber umdrehte, merkte ich, daß der Spanier uns rasch einholte. Es handelte sich um ein Gefährt neuester Bauart, das seine Geschützluken inzwischen aufgeklappt hatte, und es war bis an die Zähne bewaffnet!

„Verflucht!" heulte ich. „Es hat keinen Zweck! Der Schuft wird uns schnappen!"

Die »Zauberer«, die schon ein gutes Stück voraus war, hatte unsere Lage inzwischen erkannt und wendete, um uns zu Hilfe zu kommen. Sie fuhr gegen den Wind zu der Stelle, wo der Spanier uns angreifen würde. Aber zu spät. Kaum war unser Begleitschiff auf dem neuen Kurs, da überholte die Fregatte und feuerte mehrere Breitseiten auf uns. So billig würden wir unsere Haut nicht verkaufen! Wir würden den Angriff nach besten Kräften erwidern, und auch ich rief: „Feuer frei!"

Bis die »Zauberer« in unser Gefecht eingreifen konnte, verging fast eine halbe Stunde. Bis dahin hatten wir uns zwar wacker geschlagen - der Fockmast des Spaniers war gebrochen, und ich konnte viele Tote oder Verwundete an Deck erkennen -, aber die »Rote Hexe« hatte ihren Großmast verloren und schlingerte gefährlich. Mit dem Eintreffen unserer Freunde jedoch wendete sich das Blatt. Eine Breitseite riß der spanischen Fregatte den Bugspriet weg; bald darauf zersplitterte ihr Ruder, und der Kapitän, der erkannte, daß sein Schiff nun hilflos und manövrierunfähig war, strich die Flagge. Die Schlacht war zu Ende. Ich gab Befehl, das Feuer einzustellen.

Als wir längsseits des Spaniers festmachten und ich zusammen mit einem runden Dutzend anderer an Bord ging, empfing mich der Kapitän mit gestreckten Waffen. Eine sehr militärische Geste! Wahrscheinlich war er wenig erfahren im Umgang mit Freibeutern, aber er schien aufrecht und unerschrocken - ein kleiner, drahtig wirkender Mann, der allenfalls etwas nervös war. Das erstaunte mich. In der Regel handelte es sich bei der Guarda del Costa um Privatschiffe - eigentlich selbst Freibeuter, die im Auftrag der spanischen Regierung ausländische Privatiers und Piraten jagten. Nicht selten bestanden Mannschaften und Offiziere dieser Flotte aus Überläufern von anderen Staaten - zum Beispiel Robin Lodge, falls das, was man sich erzählte, zutraf. Das Schiff freilich, auf dessen Planken ich nun stand - die »San Isidoro«- gehörte nicht zu dieser Kategorie.

Mit einer kurzen Verbeugung nahm ich das Schwert des Kapitäns entgegen und hatte gerade damit begonnen, das Deck abzuschreiten, da ertönten zwei Stimmen hinter mir. Die eine davon gehörte Ossi, der mir hinterhergesprungen kam, die andre Rufus, Black Billys Gefährten. Der Ausdruck auf dem Gesicht der beiden zeigte mir, daß unsere Freude nur von kurzer Dauer wäre. Sie hatten Hiobsbotschaften zu verkünden.

„Billy!" schrie Rufus. „Eine Kanonenkugel hat ihm den linken Arm zerfleischt!"

Ich war entsetzt. Doch noch ehe ich diesen Schreck recht fassen konnte, meldete mir Ossi seine Nachricht: „Wir haben ein Loch unterhalb der Wasserlinie, Tommy! Der Kahn läuft so schnell voll, daß wir gar nicht mit Lenzen nachkommen!"

Die Lage erforderte schleunigstes Handeln. „Schaffen wir's bis zum Strand?" fragte ich ihn.

Ossi drehte den Kopf. Die Küste war über eine Meile entfernt. „Ich weiß nicht. Kann sein", antwortete er.

„Gut." Und mit Riesenschritten stürmte ich zurück auf die »Rote Hexe«, um Sir George unverzüglich an Bord der »Zauberer« zu schicken. Er mußte sich um Black Billy kümmern. Dies getan, widmete ich mein ganzes Augenmerk unserem Schiff. „Sehen wir also zu, ob wir sie stranden können!"

In der Zwischenzeit kümmerte sich Ossi um die Gefangenen, und danach sollte er das Kommando der »Zauberer« übernehmen. Es war eine Eigenmächtigkeit von mir, aber irgend jemand mußte Black Billy ersetzen, und mir schien es in diesem Moment selbstverständlich, daß Ossi dies tat. Er gab Befehl, die spanischen Soldaten und Offiziere zu entwaffnen, fesselte die gesamte Mannschaft und trieb sie wie eine Schafherde unter Deck.

Während wir auf die Küste zufuhren, nahm die »Zauberer« unter Ossis Kommando die »San Isidoro« ins Schlepp und folgte uns. Unser Leck machte mir schwere Sorgen. Je näher wir an Land kamen, desto größeren Tiefgang hatten wir, und wir schafften es nur mit knapper Not auf den sanft abfallenden, sandigen Grund. Die »Zauberer« und der Spanier gingen nicht weit hinter dem lädierten Fahrzeug vor Anker.

Es war ein Bild des Jammers. Ich wußte, daß es für die »Rote Hexe« keine Rettung mehr gab. Da hielten wir uns immer für fröhlich und abgebrüht, aber dieses Schiff war die Seele unserer Gemeinschaft gewesen; es mußte mindestens zwanzig Jahre alt sein und war im Laufe der Zeit immer wieder so liebevoll von uns geflickt und überholt worden, daß heute kaum einer seiner ursprünglichen Sparren übrigblieb. Es war ein alter Kahn, gewiß, aber auch ein wackerer und getreuer, und ich fühlte mich den Tränen nah.

Ossi kam in einem Boot herübergerudert, stieg an Bord und klopfte mir trostreich auf die Schulter. „Schau her, Tommy!" sagte er. „Eben hast du dir doch ein neues Schiff erobert! Den Spanier da!"

Seine Worte trafen mich wie der Blitz. Ossi, Pietr, Kanonenkugel und ich drehten im selben Moment den Kopf, um nach der Fregatte zu sehen. Natürlich, dachte ich, sie war wirklich ein schönes Stück Beute! Dieses Schiff müßte die »Rote Hexe« ersetzen! Doch gleichzeitig ging mir etwas anderes durch den Sinn. „Eigentlich sollte es Black Billy gehören", sagte ich. „Ohne ihn und seine Männer wäre es aus mit uns gewesen, und er hat seinen Arm für uns eingebüßt."

„Nein, Tommy!" protestierte mein Freund. „Gib doch nicht dir die Schuld daran! Black Billy liegt in seiner Kajüte, und ich hoffe, daß er wieder zu sich kommt. Aber vorerst übernimmst du diesen Spanier! Danach sehen wir weiter!"

Ich fühlte mich mit dieser Regelung zwar nicht ganz wohl, mußte Ossi jedoch in *einem* Punkt rechtgeben: Vorläufig rief uns anderes zur Tat. Also gab ich Befehl, die Ruderanlage der spanischen Fregatte wenigstens notdürftig zu flicken, und rasch schafften wir möglichst viel von dem, was an der »Roten Hexe« noch zu retten war, auf die beiden anderen Schiffe. Danach setzten wir unsre Gefangenen an Land. Viele von uns hätten sie zwar mit Freuden über die Klinge springen lassen, aber das gefiel mir nicht - vielleicht, weil ich nicht mehr ehrlich für mich behaupten konnte, im Auftrag von König und Vaterland zu handeln, und weil wir Freibeuter in so üblem Ansehen standen. Ich wollte nicht in den blutrünstigen Ruf eines D'Ollonais oder eines Robin Lodge gelangen. Nein, ich war kein Pirat, ich war ein Kämpfer - genau wie jener spanische Kapitän, der mich als Mann von Ehre und Disziplin beeindruckt hatte!

Als alles geschehen war, steckten wir die »Rote Hexe« in Brand, und segelten Richtung Nordosten davon. Es war ein herzzerreißender Anblick, wie unser gutes altes Schiff da in Schutt und Asche fiel, und ich konnte die Tränen nicht mehr unterdrücken.

Nun, wohl oder übel hatte ich selbst die »San Isidoro« übernommen, während mein Freund einstweilen Black Billy vertrat. Ich weiß selbst nicht, wie es kam, aber keiner stellte diese Regelung je in Frage, obwohl ich sie wider sämtliche Gepflogenheiten alleine traf.

Am meisten beschäftigte mich jedoch die Sorge um Black Billy. Wie Sir George mir mitteilte, hatte sich der zerfleischte Arm entzündet, und Billy litt große Schmerzen. Er lag in seiner Kajüte unter Deck, wo Rufus ihm nicht mehr von der Seite wich. Der junge Schwarze war ihm mit Leib und Seele ergeben. „Ich fürchte sogar, es hat bereits Wundbrand eingesetzt", erklärte Sir George. „Der Arm muß schleunigst amputiert werden; es ist unsere letzte Hoffnung. Aber hier auf See kann ich das nicht tun."

Die Lösung kam, als wir auf eine kleine Sandbank stießen, die zwar unerfreulich nah vor der „Spanierküste" lag, aber uns blieb keine andere Wahl. Wir warfen Anker, um unsere Beute zu feiern, aber Ossi und ich bestanden darauf, daß immer ein Mann auf Wache blieb und scharf Ausschau hielt. Glück im Unglück hatten wir insofern, als die See fast vollkommen still war und Sir George, Rufus, Ossi und ich uns unserer grausigen Aufgabe ungestört widmen konnten. Black Billy wurde auf einen Tisch gelegt und festgehalten, während Sir George sich mit seiner Säge ans Werk schickte. Es war unglaublich, aber Billy schrie nicht *ein* Mal. Wir hatten ihm zwar jede Menge Rum eingeflößt, doch zum Glück schwanden ihm schon lange, bevor Sir George zu Ende war, die Sinne. Was mich selbst betrifft, so habe ich ja einen starken Magen, aber als Sir George den Stumpf mit glühenden Eisen versiegelte, überstieg dies meine Kräfte. Ein Gestank von verschmortem Fleisch erfüllte die Kajüte, und Rufus wankte nach draußen, um sich die Därme aus dem Leib zu speien.

Natürlich gehörte auch dieses Fest nicht zu den fröhlichsten, die wir erlebt hatten; dafür gab es allzuviele Tote und Verwundete zu betrauern. Aber nachdem Sir George seine Hauptsorge, Black Billy, erst einmal los war, ließ er sich auf den Geist der Dinge ein wie ein kleiner Junge. Es war sein erstes Freibeutergelage, und dank seiner Beliebtheit fehlte es ihm nie an einer Vielzahl von Gefährten.

Ich selbst kümmerte mich während all dessen um die Ausbesserungsarbeiten an der »San Isidoro«. Barlow und Jacob, unsere beiden Schiffszimmermänner, würden noch alle Händevoll damit zu tun haben, und manches wäre ausschließlich an Land zu bewerkstelligen. Aber wo? Dieses Problem hatten wir noch zu lösen. Für den Anfang jedenfalls brauchte das Schiff einen neuen Namen, denn der, welchen ihm während unserer kurzen Fahrt die Männer gegeben hatten - „Izzy" - kam nicht in Frage. „Izzy! Tizzy! Wizzy!" sagte ich zu meinem Freund. „Das ist doch Unfug! Weißt du nicht einen?"

Ossi besann sich gar nicht erst lange. „Okamfo", antwortete er leichthin.

„Wie bitte?"

„Okamfo." Er lachte. „Das ist so eine Art Ashanti-Hexer."

„Oh. Da werden wir eine halbe Ewigkeit mit Erklärungen verbringen. Aber die Idee an sich ist nicht schlecht. Warum nennen wir es nicht die ‚Hexer'? Das wäre die richtige Begleitung für einen ‚Zauberer'. *Du* kannst ja trotzdem ‚Okamfo' zu ihr sagen."

Und dabei blieb es. Aus der spanischen Fregatte »San Isidoro« wurde die »Hexer«, in Gedenken an unser gutes altes Schiff. Sie war noch fast nagelneu und ihre Ausstattung königlich. Die Kapitänskajüte erinnerte eher an ein Prunkgemach, und Ossi und ich warfen nur einen einzigen Blick auf die breite Koje, da schlossen wir ohne jedes Wort die Türe hinter uns. Im Handumdrehen lagen wir auf der dicken, molligen Daunenmatratze, rauften miteinander und lachten. Gottlob wurden wir unseres Liebesspiels nie überdrüssig!

Billy blieb noch zwei Tage bewußtlos und phantasierte viel, wobei er mehr als einmal nach seinem alten Freund Marcus rief, was Rufus, der nie von seiner Seite wich, ziemlich unglücklich machte. Am dritten Tage erwachte er aus seiner Bewußtlosigkeit und verlangte lautstark nach Rum und etwas zu essen. Wie es aussah, würde er sich erholen. Leid tat mir nur, daß dieser starke Arm, den ich - über zehn Jahre war es jetzt her - um meine Schultern gespürt hatte, nun unterhalb des linken Ellbogens amputiert war.

Überhaupt zwang uns allein der Mangel an Männern schon, irgendwo an Land zu gehen. Die »Zauberer« hatte für gewöhnlich eine rund fünfundsiebzigköpfige Besatzung; für die »Hexer« wurden nach unserer Einschätzung noch einmal neunzig bis hundert Mann benötigt. Statt aber Tortuga anzusteuern, nahm ich Kurs auf Puerto Rico, wobei ich mich von San Juan mit seinen starken Bollwerken möglichst fernhielt. Zu guter Letzt warfen wir vor Culebra Anker. Die kleine spanische Siedlung dort, ein bloßes Fischerdorf, fiel widerstandslos, und wir trafen auf viele entsprungene Sklaven, die meisten von St. Thomas. Sie hatten den Kanal nach Culebra auf Flößen überquert - ein Wagestück, das mich beeindruckte -, und binnen kurzem waren unsere neuen Rekruten gefunden. Zwar sprachen nur wenige davon Englisch, aber da ließe sich bald Abhilfe schaffen. Wir alle würden sie gerne unterrichten - und das nicht nur im Englischen.

Da in dem Fischerdorf selbst außer frischem Wasser und Proviant nichts zu holen war, überfielen wir auch die Städtchen Guayama und Ponce an der Südküste von Puerto Rico - mit nur bescheidenem Ergebnis. Endlich kaperten wir genau vor Cabo Rojo einen reich beladenen Spanier, und die Fahrt war doch noch ein Erfolg.

Bevor sie aber zu Ende ging, hinterbrachte mir Pancho eine Neuigkeit, bei der ich aus allen Wolken fiel (ich wußte nie, ob Pancho die größte Klatschbase der sieben Meere oder mein bester Spitzel war). Sir George, der alte Liederjan, so sagte er, habe sich verliebt, und der Adressat seiner Leidenschaft gehörte zu den entsprungenen Sklaven, die wir auf Culebra angeheuert hatten - ein ausnehmend hübscher Junge mit breitem Brustkorb. Nun, mir sollte es recht sein! Alles, was Sir George fester an uns band, war mir willkommen. Ich hoffte nur, daß diese Geschichte von Dauer wäre, denn ich trug mich mit Absichten, die ich unseren Männern erst erklären mußte.

Als die üblichen Gelagen zu Ende waren und wieder einmal die Sturmsaison vor der Tür stand, rief ich die gesamte Besatzung an Deck und verkündete, daß ich nicht nach Tortuga zurückkehren wolle. Dabei berief ich mich auf eine alte Fehde zwischen mir und einem Piraten, der sich dort niedergelassen habe. Noch stärkeres Gewicht aber legte ich auf etwas, das mich seit meinem dreißigsten Geburtstag zusehends beschäftigte: „Ich möchte einen Hafen, eine Insel, auf die wir uns zwischen unseren Fahrten zurückziehen können - kein Felsennest, das von Räubern und Schurken überlaufen ist." Und um Bedenken gar nicht erst aufkommen zu lassen, bat ich unsere Männer um Vorschläge.

Es wurden mehrere Häfen genannt, darunter auch Neu-Providence auf den Bahamas; die größte Zustimmung jedoch fand St. Thomas, eine der Jungferninseln, die unter dänischer Herrschaft stand. Der ehemalige Freibeuter Adolph Esmit waltete dort als Gouverneur, und es hieß, er empfange sämtliche Bukanier mit offenen Armen. Außerdem war dies Eiland einigermaßen abgelegen. Gegen meinen Plan stimmte natürlich das Sklavengrüppchen, das wir auf Culebra angeheuert hatten - war es St. Thomas doch gerade erst entronnen. Wir versicherten ihm jedoch, daß wir es in unseren Schutz nehmen würden, und bis wir dort wären, hoffte ich auf eine bessere Idee.

So setzten wir denn mit wenigstens einem vagen Fahrtziel vor Augen am nächsten Morgen die Segel.

Fünfzehntes Kapitel

Mein Gespräch mit Gouverneur Esmit
Die Bucht
Die Entscheidung einer Vollmondnacht

Wir wußten nicht, welcher Empfang uns in St. Thomas erwartete. Der Hafen dort gehört zu den schönsten natürlichen Ankerplätzen, die ich kenne, und wird nach der See hin von zwei Inseln bewacht. Steile Hügel verjüngen sich vom Strand zu einem hohen Gipfel, an dessen Fuß sich jedoch, zwischen Bäumen und Gehölz, eines der elendesten, undefinierbarsten Dörfer drängt, die ich je gesehen habe. Am Ostende dieser Siedlung steht ein Gebäude, das wohl einmal als Festung gedacht war - die Daneborg, eine rote Flagge mit einem weißen Kreuz, flatterte auf dem Dach -, aber mit ein paar Breitseiten hätten unsere beiden Schiffe es mühelos in Schutt und Asche legen können.

Als wir vor Anker gingen, befahl ich allen vorsichtshalber, an Bord zu bleiben und die Geschütze auf die Festung zu richten. Dann stieg ich, mit meinen besten Sachen angetan, in unser Beiboot und ruderte zusammen mit Kanonenkugel und vier anderen zu dem schmalen Landungssteg. Ein Menschenknäuel, allen voran ein großer, ruppiger Kerl von beträchtlichem Leibesumfang - vermutlich der Gouverneur -, erwartete uns bereits. Als ich an Land stieg, begrüßte ich ihn mit leichtem Kopfnicken. „Gouverneur Esmit?"

„Ebenderselbe. Und mit wem habe ich das Vergnügen?"

„Käpitän Thomas Cutler, zu Euren Diensten."

„Ah! Entermesser-Tom! Hab ich mir's doch gedacht! Willkommen auf St. Thomas. Wir haben schon viel von Euch gehört."

„Viel" konnte einiges bedeuten, und da sich die Stimme des Gouverneurs trotz dessen Worten kalt anhörte, blieb ich auf der Hut.

Er musterte kurz die Männer, die immer noch in meinem Boot saßen, und sah dann wieder mich an. „Darf ich Euch zu einem Glas Wein einladen, Kapitän?"

„Mit Vergnügen, Sir." Und indem ich meinen Leuten Anweisung gab, am Dock zu bleiben, folgte ich dem Gouverneur in die gebrechliche Festung, hinter uns die buntscheckige Schar von Haudegen - sechs oder sieben insgesamt - die er als seine „Soldaten" bezeichnete.

Er bat mich in einen Raum mit niedrigem Deckengebälk, wo wir an einem Brettertisch mit primitiven Holzbänken Platz nahmen, und rief nach Wein. Dann sagte er: „Und jetzt, Tommy, was verschafft mir die Ehre? Was können wir hier auf St. Thomas für Euch tun?"

Ich zögerte. „Wie ich höre, gibt es hier einen Markt für, äh, Ware, wie wir sie zu verkaufen haben? St. Thomas soll ein Hafen sein, wo unsereins zwischen den Fahrten etwas Ruhe und Erholung finden kann."

Die blauen Augen des Gouverneurs, die unter lichtem, sandbraunem Haar saßen, blieben kalt und hart. Er trommelte mit seinen Fingern einen nervenzermürbenden Takt auf dem Tisch. „Stimmt", sagte er schließlich. „Zumindest im großen Ganzen. Aber warum haltet Ihr Eure Geschütze auf meine Festung gerichtet?"

„Ich bitte tausendmal um Vergebung. Aber wir konnten uns nicht sicher sein, welchen Empfang Ihr uns bereiten würdet." Im stillen freilich hatte ich noch nicht die Absicht, die Männer von ihren Gefechtsstationen zu entlassen. Nur die Geschützluken sollten geschlossen werden.

„Und weshalb werdet Ihr Tortuga abspenstig? Weil der neue Gouverneur, de Franquesnay, nun dieselbe Politik verfolgt wie Gouverneur Lynch auf Jamaika?"

Diese Neuigkeit überraschte mich. Ich hatte nur gehört, daß unser alter Freund, Gouverneur de Pouancay, gestorben war. Doch Esmits Worte boten mir einen willkommenen Ansatzpunkt. „Ja", bestätigte ich. „Ja! Teilweise sicher auch deshalb. Es schien an der Zeit für eine Veränderung."

Der Gouverneur nickte kurz, lehnte sich dann zurück und lächelte zum erstenmal, doch sein nervöses Fingergetrommel hörte nicht auf. „Dacht' ich mir's doch! Wenn der Franzose so töricht ist, die Politik der Engländer zu übernehmen, dann werden gewiß noch viele Eurer Kollegen meine Gäste sein."

Da hatte ich meine Zweifel. Falls Esmit diese Insel in ein neues Port Royal oder Tortuga verwandeln wollte, lag noch ein weiter Weg vor ihm, und ich hatte nur drei andere Schiffe im Hafen gesehen - zwei unbemannte Schaluppen und eine kleine Brigg. Viel nämlich hatte das Dorf für Freibeuter bestimmt nicht zu bieten. Ich fragte mich, ob überhaupt eine Rumschänke unter den erbärmlichen Hütten war.

„Doch falls Ihr diese Insel zu Eurem Heimatstützpunkt machen wollt", fuhr Esmit fort, „so muß der dänische König natürlich eine gewisse, äh, Provision erhalten."

Ich hatte nichts anderes erwartet, obwohl der König sicher nicht viel von dem Gold zu sehen bekäme, das Esmit sich erhoffte. Angeblich hatte der Kerl ja seinen eigenen Bruder vom Gouverneurssessel verdrängt, freilich mit Unterstützung der, größtenteils englischen, Inselbewohner. Ich nickte und versicherte ihm, daß wir uns bestimmt handelseinig würden.

„Doch um ganz offen zu sein... Es gibt da noch eine kleine Schwierigkeit", fügte Esmit hinzu und lehnte sich nach vorn, wobei seine Augen schmaler wurden. „Wie ich höre, ist der Kapitän Eures zweiten Schiffes ein Schwarzer - der berühmte Black Billy?"

„Black Billy ist zur Zeit dienstuntauglich. Er hat einen Arm verloren. Mein zweiter Kapitän heißt Ossi und ist ebenfalls schwarz."

Der Gouverneur nickte. „Wie auch ein Großteil Eurer Männer, stimmt's?"

„Stimmt."

„Das ist sehr außergewöhnlich."

„Außergewöhnlich vielleicht, aber nicht noch-nie-dagewesen."

Das Trommeln seiner Finger hatte sich verschnellert. „Nun, wir sind nur eine Kleingemeinde - weniger als vierhundert Weiße -, und unsre Sklaven sind uns zahlenmäßig haushoch überlegen. Das gibt Anlaß zu großer Sorge. Die meisten kommen geradewegs aus Afrika, und etliche sind uns davongerannt. Wir befürchten einen Aufstand. Unsere Leute sind über die Plantagen verstreut..." Er deutete mit einer verschwommenen Geste auf die Hügel. „Und so eine Mannschaft wie die Eure hier zu haben, könnte schwierig werden. Woher soll ich wissen, daß Ihr keine entlaufenen Sklaven bei Euch aufnehmt? Woher soll ich wissen, daß Eure Männer keinen Sklavenaufstand anzetteln?"

Also da lag der Hase im Pfeffer! Ich versuchte, Esmit nach besten Kräften zu beruhigen. „Was uns interessiert, liegt auf dem Meer, Gouverneur. Ihr und Eure Insel kümmern uns wenig."

„Ich hoffe, daß ich mich darauf verlassen kann! Aber vielleicht wäre es trotzdem besser, wenn Eure Männer... nun ja, nicht in die Stadt gehen würden."

„Ich verstehe." Die Wendung, die unser Gespräch genommen hatte, gefiel mir nicht. Offensichtlich taugte St. Thomas nicht als neuer Heimathafen, aber auf blindes Umhersegeln war ich nicht eingestellt.

„Nun, Gouverneur, wir werden Eure Wünsche respektieren. Aber zuerst müssen wir dringend unsre Schiffe überholen. Sie waren geraume Zeit auf See. Vielleicht könntet Ihr uns ein geeignetes Plätzchen nennen, wo wir Euch nicht in die Quere kommen würden."

Esmit entspannte sich und hob versonnen sein Glas an die Lippen. Sein Fingergetrommel hatte endlich aufgehört! „Nun, etwa eine Meile westlich von hier, auf der Südseite der Insel, befindet sich eine kleine Bucht, die Euren Ansprüchen genügen dürfte. Dort könnt Ihr Eure Schiffe von mir aus gern wieder auf Vordermann bringen"

„Danke! Dann fahren wir sofort dorthin." Zweifellos wollte Esmit unsere Schiffe und deren bedrohliche Kanonen so schnell wie möglich aus dem Hafen haben.

Also umrundeten wir die Südspitze der größeren Insel, die vor dem Hafen lag, und nahmen sodann Kurs auf die Bucht im Norden. Zwischen ihr und dem Hafen lagen eine zweite Bucht und eine felsige Landzunge, doch schienen die dortigen Gewässer zu seicht. Die Bucht hingegen, in welche wir einfuhren, war wie gemacht für unsere Zwecke - und die von Esmit: lang, schmal und zu beiden Seiten von hohen, mit Strauchwerk bedeckten Halbinseln eingegrenzt, trennte sie uns von den Inselbewohnern, und dahinter lag breites, flaches Sumpfland.*

Am späten Nachmittag kamen wir an, und gegen Abend war die »Hexer« mit ihren Masten an den Bäumen hinter dem Strand vertäut, so daß sie auf der Seite lag. Morgen früh könnten wir unsere Arbeit beginnen.

Solche Schiffspflege war unerläßlich, da Entenmuscheln, Seewürmer und anderer Unrat regelmäßig vom Rumpf entfernt werden mußten. Andernfalls würde nicht nur die Geschwindigkeit unseres Fahrzeugs ernsthaft beeinträchtigt, sondern auch der Schiffskörper selbst zerstört. Wir putzten und scheuerten bei dieser Gelegenheit auch stets das Schiffsinnere; unsere Bilge wurde ausgepumpt, Kielraum und Deck wurden geschrubbt und das Ganze, falls Farbe verfügbar war, neu gestrichen. Farbe gehörte daher immer zu sehr willkommener Beute, wenn wir ein Schiff kaperten.

Solcher Reinlichkeit verdankten wir sicher auch, daß so wenige Männer bei uns einer Krankheit erlagen. Allerdings ist meines Erachtens auch ein zweiter Grund in diesem Zusammenhang zu erwähnen: der Grog. Wir verquickten ihn stets mit Zitronen- oder anderem Fruchtsaft sowie Zucker und Wasser, und wenn ich jahrelang annahm, der Zucker sei die Wunderarzenei, so habe ich doch kürzlich gehört, es könne der Zitronensaft sein. Jedenfalls gibt es keine bessere Medizin gegen Skorbut als einen ordentlichen Rumpunsch.

Während die Männer am Strand Feuer machten und sich auf einen lustigen Abend vorbereiteten, kam Ossi in meine Kajüte auf der »Zauberer«, und ich schilderte ihm mein Zwiegespräch mit Gouverneur Esmit.

„Dieser räudige Hund!" rief mein Freund. „Es würde ihm nur recht geschehn, wenn wir hier einen Sklavenaufstand anstifteten! Wir sollten ihn mitsamt seiner Bande von dieser Insel runterschmeißen und die Herrschaft selbst übernehmen!"

Einen Moment starrte ich ihn an. Es war eine völlig aberwitzige Idee. „Wie lange, glaubst du, würden wir uns hier halten? Wenn es etwas gibt, daß alle Engländer, Franzosen und Niederländer - ja, vielleicht sogar die Spanier - gemeinsam auf die Beine bringen würde, dann doch ein Sklavenaufstand!"

Das mußte selbst Ossi einsehen.

Später, als wir in meiner Koje lagen und er an meiner Schulter eingeschlummert war, löste ich mich sanft aus seinen Armen. Solche Zweisamkeit ergab sich selten, seit er das andere Schiff befehligte, und unser Liebesspiel war langsam und zärtlich gewesen, wie es bei Menschen, die nach rund zehn Jahren jeden Fingerbreit vom Körper des anderen kennen und jede seiner Reaktion vorhersehen, ganz recht und billig ist. Unser Zusammensein war höchstens noch genußvoller als in den ersten Jahren. Doch der Schlaf wollte nicht kommen, und ich dachte an all die Schwierigkeiten, die in meinem Gespräch mit Esmit zutage getreten waren. Leise schlüpfte ich in meine Hosen und schlich mich an Deck.

Als ich hinaustrat, wurde ich vom Licht des Vollmonds übergossen. Silbern funkelte er auf dem stillen Wasser der Bucht und erhellte den Berg, der drohend über uns aufragte. Ich dachte, ich wäre allein bis auf die Schiffswache; dann aber bemerkte ich noch zwei andere, die Arm in Arm an der Reling standen: Sir George und sein Freund Hendrick. Ich ließ sie in Ruhe. Es war eine Nacht für Verliebte.

Leise stieg ich aufs Achterdeck, setzte mich auf die Reling und steckte mir mein Pfeifchen an. Warum, dachte ich, sollten wir nicht unser eigenes kleines Königreich haben? Nicht hier, auf dieser Insel, natürlich - irgendwo, an einem unbesiedelten Fleckchen Erde. Unsere Beute könnten wir in anderen Häfen verkaufen und wieder davonsegeln. Ja, warum nicht uns vom Rest der Welt für unabhängig erklären, ein eigenes Dorf bauen, miteinander zechen, würfeln, Karten spielen und uns lieben? Je länger ich darüber nachdachte, desto besser gefiel mir diese Vorstellung. Sicher, ein paar von uns würden solche Weltabgeschiedenheit nicht lange ertragen. Aber die konnten ja gehen. Und wenn es uns gelänge, den Ort geheimzuhalten, wäre er sogar ein sicherer Ausgangspunkt für unsere Beutezüge.

Das heißt: Falls Beutezüge dann noch nötig wären! Ich versuchte mir unsere Gemeinschaft beim Häuserbauen, bei der Feldarbeit und beim Fischen vorzustellen, kurz: als rechtschaffene Siedler, und ich fühlte es: Ich war inzwischen soweit - ich und auch ein paar andere. Freilich müßte man die Sache Schritt für Schritt angehen: Erst einen Ausgangspunkt für unsere Fahrten finden und ihn dann, ganz allmählich, in eine feste Gemeinde verwandeln.

Und so beschloß ich in diesem Moment, in dieser warmen Mondnacht, meinen Traum wahrzumachen und einen solchen Ort zu suchen. Gewiß wäre es die größte Herausforderung an meine Fähigkeit, die Männer zu lenken und zu führen, aber ich würde es tun.

Fest entschlossen kehrte ich daher in meine Kajüte zurück, um neben Ossis beruhigende Wärme zu gleiten.

---

* Der St.-Thomas-Urlauber erkennt sicher die Bucht wieder, in der Charles Lindberg gelandet ist, und bei dem Sumpfgelände handelt es sich um den heutigen Harry S. Truman Airport - M.S.H.

Sechzehntes Kapitel

Jean Hamlin ~ Nächtlicher Alarm
Eine Mißgeburt und andere neue Gefährten

Eine Woche darauf war unsere Arbeit fast getan. Die »Hexer« schaukelte wieder auf den Wellen, und nun wurde die »Zauberer« an Land vertäut. In ein, zwei Tagen, schätzte ich, wäre wohl auch sie wieder seetüchtig und bereit, St. Thomas Lebewohl zu sagen - mit welchem Ziel, wußte ich noch immer nicht. Mittlerweile kannten auch unsere Männer Gouverneur Esmits Einstellung und hatten es eilig, wieder in See zu stechen.

An diesem Nachmittag erschien aus dem Sumpfgelände zwischen der Bucht und dem Dorf ein Reiter, der ein zweites Pferd bei sich führte. Als er auf den Strand gelangte, hielt er nervös Umschau und suchte sich dann einen Weißen heraus, der ihn zu mir bringen sollte. Es war ein Bote von Esmit. „Käpt'n?" sagte er. „Der Gouverneur bittet Euch um... äh, das Vergnügen, heute abend bei ihm zu essen... äh, zu speisen."

Die Gedächtnisschwierigkeiten des Mannes brachten mich ein wenig zum Lächeln. Esmits „Soldaten" waren gewiß keine großen Leuchten.

„Danke", antwortete ich. „Findet das Essen in der Festung statt?"

„Nein, im Privathaus des Gouverneurs. Er läßt Euch durch mich dieses Pferd schicken."

„Ach so. Und Ihr führt mich zu ihm?"

„Jawohl, Sir."

Nun, auch wenn ich nicht viel von Esmit hielt, wäre es doch kaum diplomatisch, sich unnötig Feinde zu machen. Darum bestieg ich zwei Stunden später mein Pferd und folgte meinem Führer durch den Sumpf.

Als wir auf eine Hügelkuppe gelangten, sah ich den Hafen vor mir, und ein nicht gerade kleines Schiff sprang mir ins Auge. Es kam mir irgendwie bekannt vor, und mit einem Schock erkannte ich die »La Trompeuse«, seit ein paar Jahren eines der meistgesuchten Schiffe der Karibik. Die Geschichte dieses Schiffes begann, als es den Franzosen entwendet und ein paar leichtgläubigen Engländern auf Jamaika angedreht wurde. Gouverneur Lynch sah sich verpflichtet, das gestohlene Gut wieder herbeizuschaffen, und hatte Jean Hamlin, einen „bekehrten" französischen Freibeuterkapitän, damit beauftragt, es zu kapern. Dieser wiederum war mit etwa 160 Mann hinausgefahren - unendlich viel mehr, als zu diesem Zwecke nötig -, hatte gefunden, was er suchte, Kapitän und Maat der »La Trompeuse« an Bord seines eigenen Schiffes gelockt und - deren Fahrzeug an sich gerissen, um damit neuerlich auf Raubzüge zu gehen.

Zu allem Übel bestand seine Lieblingsbeute aus englischen Schiffen, und er hatte kurz hintereinander siebzehn oder achtzehn jamaikanische Frachter gekapert und die Handelsschiffahrt der Insel damit völlig zerrüttet. Außerdem hieß es, er mißhandle seine Gefangenen; aber dafür kann ich meine Hand nicht ins Feuer legen; solche Geschichten wurden über uns alle verbreitet.

Ich selbst hatte mit Hamlin auf Tortuga Bekanntschaft geschlossen. Er hatte scharfe, aber keineswegs reizlose Züge, dunkles Haar und ebensolche Augen und war etwa in meinem Alter - ein gewinnender, leutseliger Bursche, der es verstand, das wildeste Seemannsgarn glaubhaft zu machen. Wenn er so lächelte und einem geradewegs ins Gesicht sah, konnte niemand an seiner Aufrichtigkeit zweifeln. Was wunder also, daß sich dieser argwöhnische Gouverneur, Sir Thomas Lynch, von ihm hatte täuschen lassen!

Und da war er nun, auf St. Thomas, und ich bemerkte seine Anwesenheit mit gemischten Gefühlen. Soweit ich wußte, waren die Gouverneure Lynch und Stapleton ihm mit mehreren Schlachtschiffen auf den Fersen.

Die Zeiten hatten sich wahrlich geändert, seit uns von Gouverneur Modyford die »Oxford« zur Fahrt gegen Cartagena oder vielmehr Maracaibo geschickt worden war! Früher einmal hatte ich selbst davon geträumt, Kapitän einer englischen Fregatte zu sein -

und nun würde ich ein englisches Schlachtschiff allenfalls in Ketten und auf dem Weg zum Galgen betreten! Wann hatte dieser radikale Wandel nur stattgefunden? Wann hatte ich aufgehört, ein ehrlicher Diener meines Königs zu sein, und war zu einem gesuchten Verbrecher geworden? In irgendeiner bestimmten Nacht, während eines ausgelassenen Freibeutergelages? Nein, es war nicht über Nacht geschehen, und darum hatte ich es auch nie richtig bemerkt. Das Pendel der Politik war im Laufe der Jahre stets hin und her geschwungen; doch jetzt hatte es damit aufgehört. Es war stehengeblieben, wir Freibeuter standen endgültig auf der falschen Seite des Gesetzes und wußten nicht einmal, wann und warum uns dies geschehen war.

Vertieft in solche Gedanken, erreichte ich das Dorf. Mein Begleiter führte mich auf einen der Hügel hinauf, und bald gelangten wir in Sichtweite eines Hauses, das größer und fester war als die, welche ich von Deck aus erblickt hatte. Es lag hinter Bäumen versteckt. Ein paar Sklaven brachten unsere Gäule weg, und während ich mir noch den Hintern rieb, erschien Gouverneur Esmit auf der Veranda. Sein Willkommensgruß war weitaus herzlicher als bei unserer ersten Begegnung.

„Ah, Kapitän! Wir können Euch nicht absegeln lassen, ohne das Vergnügen zu haben, Euch zu bewirten. Außerdem müßt Ihr einen Gast von mir kennenlernen..."

Ich verneigte mich, und als ich wieder den Kopf hob, erschien Jean Hamlin aus der Tür hinter Esmit. „Wir kennen uns bereits, Gouverneur", sagte er. „Entermesser! Wie schön, dich hier begrüßen zu können, *mon ami!* Du siehst gut aus!"

Und in diesem Ton ging es weiter. Man hätte meinen können, wir wären die ältesten und engsten Freunde, und auch den Gouverneur behandelte Hamlin mit solcher Vertraulichkeit. Er nannte ihn „Adolphe", und Esmit strahlte. War mir das Verhältnis dieser beiden zuerst rätselhaft, so stellte sich im Laufe des Abends heraus, daß Hamlin dem Governeur zu beträchtlichem Gewinn verholfen und ihm versprochen hatte, St. Thomas als Heimatstützpunkt zu verwenden.

„Und wo bist du die letzten Monate über gewesen?" erkundigte ich mich.

„Weißt du das denn nicht?" staunte Hamlin. „In Afrika! An der Küste von Guinea! Binnen weniger Wochen haben wir dort etwa siebzehn Schiffe gekapert - Holländer, Engländer und Portugiesen!"

Ich war beeindruckt. „So weit seid ihr gewesen? Und losgefahren erst im...?"

„Ja, im April. Dabei ist es gar keine besondere Kunst, und es gibt herrliche Fischgründe dort drüben!"

„Und seid ihr alle heil zurückgekommen?"

Hamlin schwieg einen Moment, und Esmit scharrte nervös mit den Füßen. „Nun ja, alle nicht", gestand mein Kollege. „Es gab ein paar Unstimmigkeiten über der Beuteteilung. Manche Männer waren fürchterlich gierig. Sie haben sich eines der gekaperten Schiffe genommen und sind mit dem Großteil unserer Schätze davon."

„Und? Wieviel Mann habt Ihr also noch?"

Wieder schwieg Hamlin einen Moment, und ich konnte nur Esmits Finger auf die Armlehne seines Stuhles trommeln hören. „Nun, auf dem Rückweg sind wir in Dominica gelandet - haben dort das meiste von unserer Ware verkauft, hauptsächlich Sklaven. Und etwa vierzig Mann beschlossen, dortzubleiben. Die feigen Hunde fürchteten sich vor der Rückkehr in die Inselgewässer - sagten, es wär jetzt hier zu gefährlich für uns."

Zwei schwerwiegende Verluste nach einer erfolgreichen Fahrt! Ich wußte sofort, daß da etwas faul war. „Also, Jean", fragte ich noch einmal, „wieviel Mann seid ihr noch auf der »La Trompeuse«?"

Hamlin seufzte. „Sechzehn. Mehr sind nicht übrig."

Mir stockte der Atem. Sechzehn Mann! Das war viel zuwenig für ein Fahrzeug dieser Größe.

„Und zweiundzwanzig Nigger."

„Du meinst, Sklaven?!"

Er zuckte auf diese typisch gallische Art mit den Schultern. „Natürlich! Ich führe meine Mannschaft nicht so wie du, Entermesser! Aber ich bilde sie zu Matrosen aus. Sie waren auf einer portugiesichen Galeere, die wir erobert haben. Lauter große, starke Männer - na ja, vielleicht auch ein, zwei Jungens dabei. Nach ihrer Behandlung durch die Portugiesen sind sie sich wie befreit vorgekommen."

„Du hast sie nicht verkauft wie die andern?"

„Wieso? Wir brauchen ihnen nichts von der Beute abzugeben, und sie tun ihre Arbeit."

Nun, gute Seeleute mochten sie vielleicht sein, aber bestimmt keine Kämpfer. Wenn das Schiff in Bedrängnis geriete, würde es sich nicht verteidigen können. „Und wie gedenkst du deine Mannschaft zu vervollständigen?" fragte ich.

„In Saint Domingue - Petit Goâve, glaub´ ich. Aber jetzt zu etwas anderem, Entermesser! Erzähl mir von Tortuga! Was geht dort vor? Stimmt es, daß der neue Gouverneur die Küstenbrüderschaft zu unterdrücken versucht?"

Esmit hob seine Hand. „Meine Herren! Dazu ist noch reichlich Gelegenheit. Vorläufig steht das Abendessen bereit. Wollen wir nicht hineingehen?"

Und er führte uns in das Nebenzimmer, wo seine Sklaven eine erstaunlich gute Mahlzeit kredenzten: einen fleischigen Fisch, den der Gouverneur „Altes Weib" nannte, danach Hammel- und Schweinefleischgerichte und zu alledem Madeira und andere gute Weine im Überfluß. Da es nach Beendigung unserer Mahlzeit regnete und ich keine Lust hatte, bei diesem Wetter und im Dunklen den schmalen Pfad zurückzureiten, sondern ein überwältigendes Verlangen nach einem weichen Bett verspürte - ganz davon zu schweigen, daß das reichhaltige Essen, der Wein und der Schnaps mir zugesetzt hatten - bot Esmit mir an, bei ihm zu übernachten.

Und so kam es, daß ich am darauffolgenden Vormittag, als die Sonne bereits hoch am Himmel stand, ein bewaffnetes Schiff im Hafen einlaufen sah. Mit Schrecken erkannte ich, daß es sich um die »Francis«, eine englische Fregatte, handelte, die Governeur Stapleton auf Piratenjagd geschickt hatte, und obwohl wir uns in einem neutralen Hafen befanden, fragte ich mich, wie Captain Carlile reagieren würde, wenn er entdeckte, daß das ein paar Kabellängen weiter verankerte Schiff die berüchtigte »La Trompeuse« war. Hoffentlich würde er nichts von der »Zauberer« und der »Hexer« erfahren, die keine zwei Meilen von hier entfernt lagen! Es war ein Grund mehr, schleunigst von dieser Insel zu verschwinden.

Am späten Nachmittag konnten wir die »Zauberer« wieder zu Wasser lassen. Sie war in einem üblen Zustand gewesen: wurmstichig und schwer angeschlagen, und ich fürchtete, über kurz oder lang würde auch sie der »Roten Hexe« folgen.

Ich stand gerade in meiner Kajüte und starrte auf die Seekarten, die vor mir ausgebreitet lagen, da kam Ossi herein. Er paar Minuten lang sah er mir schweigend zu. Dann fragte er, ob ich mich schon für ein neues Ziel entschieden hätte.

„Noch nicht", seufzte ich. „Erinnerst du dich an das da?" Und ich deutete auf die nördlichste Insel einer Kette, die sich von St. Vincent südwärts nach Concepción erstreckte. Auf dieser Karte stand der Name „Bequia" daneben.

Ossi sah hin. „Ja. Aber damals wußten wir noch keinen Namen für sie."

„Sie hat einen sicheren Hafen, gutes Wasser und wird meines Wissens kaum angelaufen. Ich glaube, das könnte der Ort sein, den wir suchen."

Ossi sah mich verwundert an. „Suchen? Weshalb? Als Heimathafen? Dort ist doch gar keine Siedlung - rein nichts!"

„Eben. Darum können wir dort ja vielleicht unser eigenes Reich gründen!"

Einen Moment starrte er mich an, und dann trat ein breites Lächeln auf sein Gesicht. „Na, endlich! Wenn du wüßtest, wie lang mir so etwas schon durch den Kopf geht! Eine Insel ganz allein für uns, mit einer eigenen Flagge!" Er klopfte mir auf die Schulter. „Aber es wird nicht leicht sein."

„Nein. Doch ich sehe keine andere Möglichkeit. Die Welt, die wir gekannt haben, ist am Ende. Es wird nicht von heut auf morgen gehen, aber... nun ja, angefangen hat es bereits."

„Wirst du den Männern Bescheid sagen?"

„Nein. Nur teilweise. Sie wissen bloß, daß wir einen sicheren Ort suchen. Sie haben diese Frage einfach noch nicht so durchdacht wie wir. Wenn wir erst ein freundliches Plätzchen gefunden haben, werden wir ihnen erklären, wovon wir reden. Schrittweise."

„Dann also auf nach..." Er sah auf die Karte. „...Bequia!"

Wir verschoben unsere Abreise bis zum nächsten Morgen. Gegen Mitternacht aber wurden wir von Gewehrfeuer aus der Richtung des Hafens geweckt: Erst Musketen- und Pistolenschüsse, dann eine donnernde Explosion. Ein Späher, den wir auf den Hügel im Osten der Bucht schickten, meldete ein Leuchten am Himmel, so als sei irgendwo ein großes Feuer.

Wir gingen in Alarmbereitschaft. Ungefähr eine Stunde später bemerkten wir zwei Boote, die um die Landzunge herum in die Bucht einfuhren. Es handelte sich um Beiboot und Jolle der »La Trompeuse«, beide überfüllt mit Männern. Als sie an der »Zauberer« anlegten, grüßte mich Hamlin. Wie es aussah, hatte er seine gesamte Mannschaft, einschließlich der Schwarzen, in den Booten, und manche waren bewaffnet, manche nicht.

„Was ist los?" brüllte ich. „Was ist geschehen?"

„Dieser englische Hurensohn hat mein Schiff angesteckt!"

„Im Hafen?"

„Ja! Der Teufel soll ihn holen! In einem neutralen Hafen! Und es ist in die Luft gegangen!"

„Und seid ihr alle davongekommen?"

„Die meisten. Aber wir haben ihm einen heißen Kampf geliefert."

Eine neue Sorge kam mir in den Sinn. „Hat er euch flüchten sehen?"

„Ja. Aber sie können uns nicht verfolgen. Wir sind durch diese kleine Durchfahrt am Westende des Hafens entwischt."

Ich war mir da weniger sicher. Carliles Leute konnten ihre eigenen Beiboote benutzen, und wenn sie sich an der Küstenlinie hielten, mußten sie uns finden. Mit einer kleinen Bootsbesatzung würden wir natürlich fertig, aber trotzdem behagte mir die Vorstellung nicht, in dieser engen Bucht festzusitzen.

Nun, fürs erste schickte ich Hamlin an den Strand, wo wir mehrere provisorische Hütten aufgebaut hatten. Dort konnten er und diejenigen seiner Männer, die unverletzt waren, für die Nacht Unterschlupf finden, während Sir George sich der übrigen annahm. Danach stellte ich an der Einfahrt zur Bucht einen Posten auf, der uns warnen sollte, falls die »Francis« oder eines ihrer Boote gesichtet würden, und allmählich verebbte die Aufregung. Die meisten unserer Leute legten sich wieder in ihre Hängematten, und bei seiner Rückkehr meldete Sir George, daß keiner von Hamlins Männern ernsthaft verletzt war; es handele sich um vierzehn Weiße und neunzehn Schwarze. Die übrigen waren vermutlich im Kampf zurückgeblieben.

Noch vor Tagesanbruch gingen Ossi und ich an Land, um mit Hamlin zu sprechen. Nichts regte sich bei den Hütten, und da wir nicht wußten, in welcher wir Hamlin finden würden, deutete mein Freund auf die nächstliegende. Ich nickte. Wir traten an die offene Eingangstür und verharrten dort wie angewurzelt. Als ich sah, welcher Anblick uns begrüßte, schnappte ich nach Luft.

Eine solche Männlichkeit hatte ich noch nie gesehen! Ein großer, muskelbepackter Schwarzer von etwa Mitte zwanzig lehnte mit geschlossenen Augen und entrücktem Gesichtsausdruck an einem Sägebock, den wir hier hatten stehen lassen. Er war nackt bis auf eine zerlumpte Hose, die ihm um die Knie hing, während ein anderer Schwarzer - ein etwa vierzehnjähriger Junge - leicht von uns abgewandt vor ihm kniete und dessen Rechte mit gleichmäßigem Tempo, weder langsam noch schnell, an dem riesigen Fleisch auf und ab glitt. Es pochte ihm zwischen den Fingern, und das Gesicht des Jungen befand sich dicht vor seiner Arbeit, seine Linke hingegen vor der offenen halblangen Hose, die er anhatte. Als verschwommener Streifen bewegte sie sich hin und her, während er auch sich selbst Lust verschaffte.

Keiner von den beiden nahm unser Erscheinen wahr. Sie gingen ganz und gar in ihrem Vergnügen auf. Der Anblick gehörte zum Erotischsten, was ich je gesehen habe, und als ich mich von meiner ersten Überraschung erholte, betrachtete ich den jungen Mann näher. Sein Kopf war nach hinten gelehnt, seine weiten Nasenlöcher flatterten vor Anstrengung, und seine dicken Lippen öffneten sich, während er mit beiden Händen den Sägebock umklammerte. Jeder Muskel seiner Brust und seines Bauches trat zitternd hervor, und mit seinen breiten Schultern und der schmalen Hüfte erinnerte mich sein Körper an den von Ossi.

Was indes zwischen seinen Beinen und seiner Brust emporragte, hätte selbst Ossi jämmerlich verblassen lassen. Obwohl groß, konnte die Hand des Jungen es nicht umspannen, und bei seinem Anblick verspürte auch ich einen unwiderstehlichen Druck in den Lenden. Ich sah kurz zu Ossi, der mit starren Augen die Szene vor uns beobachtete. Seine Lippen standen leicht offen, und sein Atem kam tief und keuchend. Der Anblick erregte ihn ebensosehr wie mich.

In diesem Moment ließ der Junge von sich ab, und ich sah, daß auch er sich nicht zu schämen brauchte. Lang und schlank zuckte es in der Luft, während seine linke Hand zwischen die Beine des Mannes wanderte, ihn dort sanft zu liebkosen begann und seine Rechte ihr Tempo beschleunigte. Unter Gestöhn und erschauernd explodierte der Mann. In weißen Bögen flog sein Nektar über den Kopf des Jungen und klatschte uns um die Füße. Die schwarze Kanone wollte nicht aufhören. Sie feuerte eine Runde nach der anderen. Gleichzeitig sauste die linke Hand des Jungen schnell wieder hinab, um ihn mit ein paar raschen, kraftvollen Bewegungen selbst zum Höhepunkt zu bringen. Glückliche Schwälle flogen dem Mann zwischen die Beine.

Schließlich entspannte sich der Körper des Mannes, sein Kopf ging nach vorn, seine Augen öffneten sich, und er sah uns. Mit einem Schrei richtete er sich auf und rief etwas in einer Sprache, die mir unbekannt war, woraufhin auch der Junge aufsprang und, seine Hose um sich zusammenraffend, in eine Ecke zurückwich. Ich hörte Ossis neben mir etwas sagen - offenbar in derselben Sprache wie der andere. Der junge Mann riß die Augen auf und gab ihm Antwort, während er sich in seine kurze Hose stopfte. Dann folgte ein rascher Wortwechsel, von dem ich keine Silbe verstand.

„Was ist los?" fragte ich. „Was schwatzt ihr da?"

Ossi hielt inne und drehte sich zu mir um. Sein Gesicht leuchtete vor Erregung. „Ashanti!" rief er. „Das da ist ein Ashanti!" Und mehr sagte er nicht. Die beiden setzten ihr Gespräch fort, als wäre ich Luft. So also klang Ashanti! Ich sah zu dem Jungen hinüber. Er starrte unverwandt auf Ossi und verfolgte offenbar jedes Wort.

Außer Atem ging ich vor die Tür. Das Schauspiel, das wir gerade miterlebt hatten, und Ossis Entdeckung so kurz darauf, hatten mich völlig aus der Fassung gebracht. Draußen wurde es langsam Tag, und während ich in dem stillen, grauen Licht Umschau hielt, verflog meine Erregung und mir fiel wieder ein, weshalb wir so früh an Land gekommen waren. In der Nachbarhütte entdeckte ich eine Gruppe von Schwarzen, die auf dem Boden schlief. Hamlin war nicht darin. Eine Hütte weiter jedoch fand ich ihn. Zusammen mit seinen weißen Besatzungsmitgliedern schlief auch er den Schlaf des Gerechten. Welch ein Gegensatz zu unserer Gemeinschaft! Wir hätten alle, ob schwarz oder weiß, ohne Unterschied durcheinandergelegen.

Hamlin selbst schlief gleich neben der Tür, und als ich ihn sanft an der Schulter rüttelte, fuhr er aus seinem Schlummer, sah sich mit wilden Blicken um und schien sich erst dann wieder zu erinnern. Lächelnd stand er auf und folgte mir nach draußen.

„Möchtest du mir zu erzählen, was passiert ist?" fragte ich.

Er zuckte die Achseln. „Ich hatte einen von diesen Niggern auf Wache gelassen. Das faule Schwein muß eingeschlafen sein. Was uns aufgeweckt hat, war der Schuß, mit dem er getötet wurde, und als wir an Deck kamen, hat alles bereits gebrannt. Hätten wir eine richtige Mannschaft gehabt, dann hätten wir löschen können. So aber befahl ich allen, in die Boote steigen, und ein bißchen später flog der Kahn in die Luft. Wahrscheinlich ist das Feuer zum Magazin vorgedrungen. Na, unser Geld ist jedenfalls zum Großteil gerettet." Er trat mit seinem Fuß gegen einen schweren Sack, den er aus der Hütte mitgeschleppt hatte.

Während er dies sagte, kamen Ossi und der Ashanti, immer noch in lebhafter Unterhaltung, aus der Hütte, und mein Freund eilte zu uns herüber. Offensichtlich brannte ihm etwas auf der Seele, aber erst wollte er mit mir unter vier Augen sein. Er zog mich beiseite.

„Dieser Mann -", plapperte er dann erregt, „Kodscho - er hat mir Neues von meinem Volk und meinem Bruder erzählt. Mein Bruder hat unsere Feinde tatsächlich besiegt und trägt jetzt einen neuen Titel: Asantehene - das heißt, Herrscher über alle Ashanti -, und alle Ashanti sind jetzt frei. Sie sind nun ein großes, starkes Volk!"

Wie seltsam das alles für mich klang! Ossi gehörte so sehr zu meiner Welt, daß ich ihn mir nur schwerlich als Teil eines solch andersartigen Lebens vorstellen konnte. Ich nahm seine beiden Hände und sagte ihm, wie sehr mich das für ihn freue. Doch wir hatten keine Zeit. In Hamlins Gesellschaft kehrten wir auf die »Zauberer« zurück, um zu frühstücken.

„Sag, Tommy", wandte er sich während des Essens an mich, „was hieltest du davon, wenn wir uns zusammentun? Ich weiß, ich komme als Bittsteller zu dir; aber schließlich habe ich heute nacht mein Schiff verloren..."

Ich zögerte. Sollten seine Schwarzen etwa als Sklaven zwischen unseren Leuten leben? Darum sagte ich: „Ich weiß nicht, Jean. Es ist kein Platz für einen dritten Kapitän."

„Wennschon! Ihr werdet bald wieder ein Schiff kapern, und damit laßt ihr mich und meine Männer unserer Wege ziehn!"

Ich versprach ihm, es mir bis Mittag zu überlegen, und fragte, als er gegangen war, Ossi nach seiner Meinung.

„Warum nicht?" antwortete er. „Irgendwie möchte ich Kodscho gerne bei mir haben. Er hat zu den Kriegern meines Bruders gehört, ehe er in der Schlacht gefangengenommen wurde. Er sagt, er würde gern unter mir dienen, wie meinem Bruder."

Nun, ich mußte zugeben, daß auch ich Kodscho in meiner Mannschaft haben wollte, wenngleich aus anderen Gründen. Ossi lachte.

„Ist *ein* Ashanti dir etwa nicht genug?"

„Doch. Du weißt schon, was ich meine. Mein Gott! Hast du je so ein Ding gesehen? Es ist wie mein Unterarm!"

„Eine Mißgeburt", antwortete mein Freund.

„Von so einer Mißgeburt würde ich zu gern selbst einmal probieren!"

„Dann nur zu, hol dir dein Vergnügen! Was mich betrifft, so würde ich diesen Jungen da gerne ein paar neue Kunststückchen lehren."

Nun war ich es, der lachte. „Vielleicht sollten wir sie alle beide einladen?" Und wir grinsten einander glücklich an.

In diesem Moment ertönte von Land ein lauter Salut. Esmit und zwei seiner Männer waren zum Strand gekommen. Wir schickten ihnen ein Boot, und in ein paar Minuten hatte sich der Gouverneur zusammen mit Hamlin bei Ossi und mir eingefunden. „Ich habe Kapitän Carlile heute früh ein Protestschreiben geschickt", erklärte er, „wegen Inbrandstecken eines Schiffs, das in meinem Hafen lag und das ich für die dänische Krone requiriert hatte!"

Dieser scheinheilige Tropf! Die »La Trompeuse« war mit Sicherheit nicht beschlagnahmt worden, aber diese Behauptung lieferte dem Gouverneur ein vortreffliches Deckmäntelchen. Jedenfalls hatte die »Francis« sofort und ohne jede Antwort abgelegt, so daß ich hoffte, wir würden unbehelligt von hier verschwinden können.

Dann fuhr Esmit fort: „Jean, erinnerst du dich noch an diese kleine Schaluppe, die du mir anläßlich deines letzten Besuches mitgebracht hast? Wenn du willst, gebe ich sie dir zurück. Du kannst von hier wegfahren."

Ich hatte besagtes Fahrzeug ja schon am Dock gesehen. Es war eine unbewaffnete Handelsschaluppe und eigentlich nicht groß genug für Hamlins Mannschaft; doch zu meinem Erstaunen stürzte er sich auf das Angebot und wandte sich dann an mich.

„Also, Entermesser. Ein Schiff habe ich nun. Aber trotzdem würde ich noch gerne mit euch segeln, bis wir uns etwas Größeres aneignen können."

„Und was wird aus deinen Männern? Du kannst sie doch nicht alle in diese kleine Schaluppe pfropfen!"

Hamlin zuckte die Achseln. „Die Neger werden verkauft. Wenn du willst... ich überlasse sie dir billig."

Ich war verblüfft. „Jean, du weißt, es gibt keine Sklaven bei uns an Bord."

Aber Ossi fiel mir ins Wort. „Einverstanden! Aber wir werden sie freilassen. Sie sollen als Kameraden mit uns fahren. Als Gegenleistung dürft ihr uns begleiten, und wir kapern euch ein neues Schiff!"

„Das will ich hoffen!" erwiderte Hamlin. „Neunzehn geschulte Seeleute - dafür findet ihr mir besser einen *sehr* guten Kahn!"

Und damit war die Sache erledigt. Der Gouverneur kehrte zu seinen Pferden zurück, während Hamlin und seine weißen Besatzungsmitglieder in ihrem Beiboot losfuhren, um sich die Schaluppe zu holen. Dann sagte Ossi Kodscho Bescheid, daß er wie auch die anderen Afrikaner nun mit uns fahren würden. Keiner von ihnen konnte ja Englisch, auch wenn die meisten ein paar Brocken Portugiesisch oder Französisch aufgeschnappt hatten. Fürs erste bestand unser einziges wirksames Verständigungsmittel in Kodscho und der Ashantisprache.

Gegen Nachmittag trafen wir uns vor der Küste mit der Schaluppe, verluden etwas Proviant und frisches Wasser auf das kleinere Fahrzeug und nahmen dann allesamt Kurs Richtung Süden, weg von den dichtbesiedelten Inseln, um erst in Bequia wieder an Land zu gehen.

SIEBZEHNTES KAPITEL

Black Billy beweist seine Großherzigkeit
Die Insel

In dieser Zeit löste sich auch eine andere Schwierigkeit. Black Billy war langsam von seiner Amputation genesen und nun ganz wiederhergestellt. Er hätte seinen Posten als Kapitän der »Hexer« jederzeit neu übernehmen können, auch wenn er selbst keinen solchen Wunsch anmeldete. Also sprach ich zuerst mit Ossi über die Sache.

„Wenn Billy sein Kommado zurückhaben will, muß ich ihm Platz machen", sagte mein Freund. „Schließlich war er der rechtmäßig gewählte Kapitän. Und da er außerdem ein enger Freund von uns beiden ist, kann ich ihn nicht einfach verdrängen."

Genauso sah auch ich die Sache, und ich begriff, daß nur ein persönliches Gespräch mit Black Billy Klarheit schaffen konnte. Darum lud ich ihn eines Abends in meine Kajüte ein und gestand unumwunden, wo mich der Schuh drückte. Black Billy lächelte.

„Tommy, ich weiß, was in dir vorgeht, und ich bin froh, daß wir die Sache endlich beim Namen nennen", sagte er. „Ich habe immer gern unter dir gedient, denn mehr als dein Leutnant bin ich nie gewesen - ein Schiffskommandant, der in seemännischen Dingen ganz auf dich angewiesen war, weil du mehr vom Kartenlesen verstehst und das ABC besser kennst als ich. Ossi hat derlei Hilfe nicht nötig. Er hat sich in den zurückliegenden Monaten als echter Kapitän bewährt, währenddem ich nun einmal nichts als ein Decksmatrose bin. Laß mir und Rufus nur die Maatskajüte, und ich will gern unter euch beiden dienen, so gut ich es mit einem Arm noch kann."

Ich hatte auf eine solche Antwort nicht zu hoffen gewagt, auch wenn ich überglücklich war, daß mein Freund nun Zweiter Kapitän bleiben konnte. Davon abgesehen, ersparte es uns einen Führungswechsel, der nur wieder Unruhe gebracht hätte.

Was mich außerdem freute, war das neugewonnene Vertrauensverhältnis zwischen Black Billy und Rufus. Hatte letzterer im Laufe seiner aufopferungsvollen Pflege oftmals hören müssen, wie sein Freund nach dem längst verstorbenen Marcus rief, so gab Billy ihm nun wieder die notwendige Gewißheit, daß er ihn noch liebte, und die beiden blieben so eng zusammen wie eh und je.

⚓ ⚓ ⚓

Am 15. Juli des Jahres 1683 und unter dräuendem, sturmgepeitschtem Himmel erhaschten wir einen ersten Blick auf die Insel, die jenseits des Kanals von Santa Lucia und unserem eigentlichen Ziel lag: das Eiland St. Vitus. Meinen Karten zufolge war es unbewohnt - die westlichste der sogenannten „Inseln über dem Winde" und ehedem die letzte Bastion der Arawak-Indianer, die aber das Feld geräumt hatten, als es 1640 zu jenem gewaltigen Ausbruch des Monte Pericolo kam, dem dortigen Vulkan. Wir alle waren müde und naß von einer Fahrt, die unsere letzten Reserven erschöpft hatte.

Kaum nämlich war der Berg von St. Thomas am Horizont verschwunden, da hatten sich die Naturgewalten gegen uns gewandt. Gegenwind, heftiger Regen und hohe See hatten uns bis nach Süden verfolgt, und wenn wir auf dem Weg ins Gelobte Land waren, so mußten wir allem Anschein nach erst durch die Hölle gehen. Es gab kaum Zeit für eine Mützevoll Schlaf und einen Happen zwischen die Zähne, und nun ragte dort der berüchtigte Vulkan in die Wolkendecke empor, daß es aussah, als trüge er den schmutzfarbenen Himmel.

Während unsere drei Schiffe, dicht beieinander, von Nordwesten darauf zufuhren, erschien allmählich die Küste aus dem tiefhängenden Nebel. Rauh, felsig und von Schaumkronen umgeben, bildete sie keinen sehr ermunternden Anblick. Erst, als wir etwas weiter in den Windschatten kamen, wurde ein einladender Strand sichtbar, doch auch hier warnte uns eine verräterische Linie von Brechern vor dem Riff, das den Zugang vom offenen Meer aus versperrte.

Unmittelbar voraus, im Süden, schien sich eine weite Bucht aufzutun. Beim Herankommen aber entpuppte sich die zur See gelegene Landmasse als eine weiteres Inselchen, an dem die »Zauberer« unter meiner Leitung vorbeifuhr, bis wir hinter dieser scheinbaren Bucht offene Gewässer erkennen konnten. Die Luvseite von St. Vitus selbst wahrte ein finsteres, abschreckendes Äußere.

Südlich des vorgelagerten Inselchens drehten wir auf Rufweite zu den anderen Schiffen bei. Genau vor uns, zwischen einer dritten Insel und der eigentlichen Landmasse, schien eine Durchfahrt zu liegen, auf die ich Ossi und Hamlin, von neuer Hoffnug erfüllt, aufmerksam machte. Vielleicht böte sich ja dort der gesuchte Ankerplatz!

Hamlin, dessen Schaluppe weit weniger Tiefgang hatte als die »Hexe« oder die »Zauberer«, erklärte sich zu dem Versuch bereit, diese Meerenge zu durchsegeln, und gespannt beobachteten wir, wie er darauf zufuhr, an deren Eingang gelangte und dann wieder umdrehte.

„Sie wird von einem Riff versperrt!" rief er mir zu. „Unmöglich, durchzukommen!"

„Und was hast du dahinter gesehen?" schrie ich zurück.

„'ne große Lagune, scheint's!"

Ich gab unseren Schiffen Befehl, leewärts zu drehen und weiter an der Insel, welche die Küste abschirmte, entlangzufahren. Vielleicht gab es ja noch einen anderen Eingang.

Wir hatten diesen Kurs kaum eingeschlagen, da sichteten wir zwei weitere vorspringende Landmassen, und im selben Augenblick riß schiffvoraus die Wolkendecke auf, so daß ein breiter Sonnenstrahl die beiden Kuppen übergoß. Hendrick, der neben mir stand, hielt die Luft an.

„Hol mich der Teufel!" rief er. „Seht euch das an!"

Marcel trat neben uns und starrte mit leicht geöffnetem Mund hinüber. „Das sieht ja aus wie... wie..."

„Wie ein brauner Jungenarsch!" beendete Hendrick den Satz für ihn.

„Weiß Gott! Ja! Und was für ein hübscher noch dazu!"

Sie hatten recht. Die beiden Landkuppen bildeten ein perfektes Paar und wirkten von unserem Standort aus rund und glatt. Die Sonne, die auf sie herabströmte, verlieh dem Fels und dem nackten Erdboden das Aussehen warmer brauner Haut, während die tief ins Meer abfallenden Innenseiten der beiden Landformationen von einem stillen, engen Kanal durchschnitten wurden. Ein, weiß Gott, einladendes Bild!

„Wunderbar!" rief ich. „Aber wenn ihr geilen Hunde ein Paar schöne Arschbacken darin seht, muß ich sagen: Auf *mich* wirkt das wie ein Omen. Stoßen wir rein in diesen Arsch! Das hat uns noch nie geschadet."

Die beiden Matrosen lachten, und im Nu war die niedergedrückte Stimmung, die fast die ganze Fahrt vorgeherrscht hatte, verflogen. Während der Lotse die Tiefe ausrief und dicht gefolgt von den zwei anderen Schiffen, fuhr die »Zauberer« zum erstenmal seit Tagen in die Sonne hinaus, hinein in den „Po" (wie er seitdem immer heißen sollte), und als wir auf der anderen Seite herauskamen, entdeckten wir eine gewaltige Reede. Es war ein Anblick, wie wir ihn in unseren wildesten Träumen nicht vermutet hätten! Die Bucht erstreckte sich mindestens zwei Meilen gen Osten, und vom Mannschaftsdeck stiegen Rufe des Erstaunens auf. Hatte ich mir nicht mehr erhofft als einen geschützten Ankerplatz, so eröffnete sich uns nun ein Hafen, in dem sich die gesamte Flotte des Königs hätte verstecken können!

Während wir südwärts in diese Bucht vorstießen, meldete der Lotse immerzu tiefes Wasser und ebenen Grund.

Zu guter Letzt gelangten wir an einen breiten, abschüssigen Strand von schwarzem Vulkansand, der die Nordgrenze der Bucht markierte und hinter welchem das Land steil anstieg. Ich gab Signal zum Ankerauswerfen. In der Zwischenzeit hatten sich die Wolken alle westwärts davongewälzt, so daß die helle Mittagssonne auf das Blau des Wassers und das Grün der Hügel schien. Noch nie, seit ich zwischen den Karibikinseln herumfuhr, hatte ich ein so unberührtes, erhabenes Fleckchen Erde gesehen!

Hamlin kam zu uns herübergerudert.

„Ein prachtvolles Versteck haben wir da gefunden, das muß ich sagen!" strahlte Iren-Jack. „Ich wette, so bald kommt kein Mensch auf die Idee, uns hier zu suchen!"

„Die Sache hat nur einen Haken", warf Hamlin ein. „Was ist mit dem Vulkan? Ich habe keine Lust, in der Nähe zu sein, wenn er ausbricht."

„Ich glaube nicht, daß wir uns darum sorgen müssen", erwiderte ich. „Wahrscheinlich gibt es reichlich Vorwarnungen, falls es so weit kommt, und wir könnten uns aus dem Staub machen. Überhaupt müssen wir diese Insel erst gründlich erkunden, ehe wir irgendwelche Entscheidungen treffen. Ich denke, ich steige einfach einmal auf diesen feuerspeienden Berg hinauf und sehe ihn mir an. Ich habe noch nie in einen Vulkan geschaut."

Hamlin schüttelte den Kopf. „Danke! Mach du nur, aber ich bleibe hier!"

Den restlichen Teil des Tages verbrachten wir damit, unsere Ausrüstung zu trocknen und die Schäden, die uns durch die rauhe Südreise entstanden waren, zu beheben. Gleichzeitig wuchs ein behelfsmäßiges Lager von Hütten und Zelten aus dem Boden des Strandes. Das lang erwartete Signal gab ich erst am Abend: Nun war es an der Zeit, auszuspannen und unsere Entdeckung zu feiern.

Bevor das Fest zu sehr über die Stränge schlüge, schlenderte ich Arm in Arm mit Ossi am Strand entlang. An einem der Lagerfeuer saß auf einer Tonne Sir George und ergötzte rund zwanzig Männer mit seinen Geschichten. Ich nahm deutliche literarische Inspirationen daran wahr, würde Sir Georges kleine Geheimnisse aber bestimmt nicht den Matrosen verraten, die mit großen Augen an jedem seiner Worte hingen. Neben Sir George saß, einen Ausdruck von Besitzerstolz auf dem Gesicht, sein Freund Hendrick, während sich Rufus zärtlich an Black Billys Armstumpf schmiegte und sie beide aus einer Flasche tranken.

Bei unserem Kommen unterbrach Sir George seine Geschichte.

„Ossi! Tommy!" begrüßte er uns. „Sagt, glaubt ihr, daß wir hier ein Zuhause gründen könnten? Wir reden schon die ganze Zeit davon. Vielleicht ließe sich doch hier ein dauerhafter Stützpunkt einrichten. Sogar nach einem Plätzchen für ein neues Haus habe ich mich schon umgesehn. Hendrick und seine Freunde haben mir versprochen, es würde schöner sein als das, welches ich auf Tortuga habe!"

Großer Gott! Damit hatte ich nicht gerechnet! Es war gerade *ein* Tag vergangen, und schon deckten sich die Gedanken Sir Georges und seiner Freunden so sehr mit den meinen! Als ich mich umschaute, las auf den Gesichtern der Männer gespannte Aufmerksamkeit.

„Dazu läßt sich noch nichts sagen", antwortete ich vorsichtig.

„Aber Kneipen, Läden und dergleichen", fuhr eine andere Stimme schwärmerisch fort, „würden die Männer dann auch haben wollen!"

Ich hatte noch keine Lust, so in die Einzelheiten zu gehen, doch Rufus bereitete dem Ganzen ein Ende, indem er rief: „Na, solange Billy und ich zusammenbleiben können, bin ich mit von der Partie! Hört sich an wie das... Paradies!"

Diese Bemerkung löste brüllendes Gelächter aus, und Billy warf die Rumflasche beiseite, um über seinen Freund herzufallen.

Ossi und ich gingen weiter.

Am nächsten Feuer trafen wir auf ausgelassene Fröhlichkeit. Mario, der Kanonier der »Hexer«, und einige andere Kubaner aus Diego Grillos ehemaliger Mannschaft schlugen Trommeln und spielten Gitarre - eine Musik, die sich stark von den englischen Matrosentänzen, wie ich sie kannte, unterschied. Und erst die Tänzer! Es war ein erregender Anblick. Auch Pancho und der junge Franzose, mit dem er beinahe ein Jahr zusammen war, saßen hier. Das war so etwas wie ein Rekord für unseren Schiffskoch. Er hatte sich nie fest gebunden - auch wenn ich argwöhnte, daß er und Emile nicht unbedingt aus Liebe „unter einer Decke" steckten; vielmehr hatten sich da zwei Spitzbuben gefunden.

Keinerlei Anstalten, sich unter die übrigen zu mischen, machten hingegen Hamlin und seine Männer. Sie saßen allein um ein Feuer, und ich spürte, daß sie weder mit uns noch mit meinen Zukunftsplänen je richtig einverstanden wären. Ich erinnerte mich, daß ich ihnen ein Schiff versprochen hatte - ein Versprechen, das ich auch nur allzugern einlösen würde.

Ein paar Schritte weiter befanden wir uns am Rand des Feuerscheins, in dem unsere neu rekrutierten Afrikaner saßen. Ein paar von ihnen tanzten mit wilden, absonderlichen Sprüngen und Fußgestampf zum eintönigen Klang der Trommeln, und fasziniert hielten wir inne.

„Ja!" flüsterte Ossi. „So haben wir immer getanzt, als ich noch klein war - genau so!" Und ich konnte die Erregung in seinem Gesicht leuchten sehen. Was mich selbst anbetraf, so hatte ich einen anderen Grund zur Erregung entdeckt: An der Spitze der Tänzer befand sich Kodscho, nackt bis auf einen Lendenschurz. Seine schwarzen, hervortretenden Muskeln glitzterten von Schweiß, und ich leckte mir unwillkürlich über die Lippen, als ich sah, was, kaum verdeckt, mit ihm schwang und hüpfte. Kein Wunder, daß sich auch etliche von unseren weißen Leuten unter die Afrikaner gemischt hatten!

Nach einem kurzen Moment des Zögerns streifte sich Ossi zu meiner Überraschung das Hemd über den Kopf, schleuderte die Stiefel von den Füßen und sprang in die Mitte der Tänzerrunde, wo er wild zu springen anfing. Lauter Beifall ertönte von den Zuschauern. Dann drehte sich Kodscho zu meinem Freund herum, und beide begannen, sich spiegelbildhaft voreinander zu bewegen. Ich war außerstande, meinen Blick von diesem sinnlichen, kraftvollen, unwiderstehlichen Schauspiel loszureißen!

Als das Getrommel schließlich verstummte, ließen die Tänzer sich keuchend auf den Boden fallen. Kodscho ergriff Ossi am Arm, drückte ihn und lächelte. Mein Freund wirkte nicht weniger glücklich. „Soviel Spaß hatte ich schon... ach, ich weiß nicht wie lange mehr!" strahlte er.

Getränke wurden herumgereicht, und Ossi bot mir eine Schale an, die aus einer halben Kokosnuß gemacht war.

„Was ist das?" fragte ich.

„Palmenwein. Die Männer hier waren nicht faul seit ihrer Ankunft. Das trinken wir in Afrika."

Ich hob das Zeug mißtrauisch an meine Lippen. Es schmeckte nicht schlecht, aber nachdem ich meine erste Portion getrunken hatte, bat ich um Rum. Unterdessen hatten Ossi und Kodscho sich angeregt unterhalten, und Ossi sprach mich erneut an. „Ich habe ihn gefragt, wie ihm und seinen Kameraden diese Insel gefällt... ob sie hier vielleicht ein Zuhause gründen wollten..."

„Und?"

„Sie sind alle einig, daß es eine schöne Insel ist. Es erinnert sie an Afrika, und wenn sie schon nicht dorthin zurückkehren könnten, glauben sie, sie würden hier glücklich sein. Aber sie haben eine Bedingung."

„Nämlich?"

„Frauen! Sie hätten gern Frauen auf dieser Insel."

„Was!" Ich fühlte mich, als hätte Ossi gerade die Schlange in den Garten Eden eingeführt. In meinem eigenen Leben spielten Frauen ja keine Rolle, und ich konnte mich schwerlich damit abfinden, daß irgendein Mann ein Bedürfnis nach ihnen hatte. „Nein, Ossi! Nein! Wieso?" rief ich. „Wir würden unsere ganze Gemeinschaft verderben mit der Unruhe, den Schwierigkeiten und den Krankheiten, die sie bringen!"

Ossi hob seine Hand. „Hey, Tommy! Nicht so schnell! Ich glaube, du hast über diese Sache noch nicht nachgedacht! Wenn wir uns auch nur Hoffnungen machen wollen, auf Dauer hier ansässig zu werden, brauchen wir Frauen aus mehreren Gründen. Zuerst einmal gibt es eben Männer, die sich gern mit ihnen verlustieren - zum Beispiel unsere Afrikaner hier."

„Oh ja", unterbrach ich mürrisch, „und du bist einer davon!"

„Tommy! Um Gottes willen hör auf, dich wie ein Kind zu benehmen! Du weißt ebensogut wie ich, daß mir sämtliche Frauen gestohlen bleiben könnten, solange du bei mir bist. Aber ich muß gestehn: So ein bißchen Abwechslung hier und da..."

Ich gab keine Antwort. Ich wollte es nicht einsehen, und wenn er tausendmal recht hatte.

„Und es gibt noch einen Grund", fuhr mein Freund fort. „Frauen sind nicht nur da, um das Tier mit den zwei Rücken zu machen. Sie könnten für uns kochen, waschen, unsere Gärten pflegen und viele andere Dinge, mit denen Männer nicht ihre Zeit vertrödeln sollten."

„Du meinst, für die wir uns ebensogut Sklaven anschaffen könnten."

„Sklaven? Die sind etwas anderes. Auf unseren Schiffen haben wir nie welche gewollt." Ich hatte keine Lust, hier und jetzt weiterzudebattieren. „Darüber reden wir später noch", beendete ich das Gespräch und lächelte grimmig: Na warte, wenn wir erst wieder allein sind...!

Der Junge, mit dem wir Kodscho auf St. Thomas überrascht hatten, kam aus den Schatten, setzte sich zu uns, und meine innere Anspannung löste sich. Ich sah, wie Ossi einen verstohlenen Seitenblick an dem schlanken Körper hinabwandern ließ, dachte mir aber: Warum nicht? Ich selbst versuchte ja schon geraume Zeit, nicht allzu auffällig Kodscho zu beäugen, der ebenfalls Platz genommen hatte, und während mein Blick an dem haftete, was, unter seinem spärlichen Lendenschurz knapp zu erkennen, im Sand ruhte, wuchs in mir ein Verlangen, wie ich es seit jenen ersten, nervenzermürbenden Nächten mit Ossi nicht mehr gekannt hatte. Ein heimlicher Plan formte sich in meinem Kopf.

Achtzehntes Kapitel

Der Nordhafen, der Vulkan und andere Entdeckungen

Die helle Sonne, die mich am nächsten Morgen aufweckte, brachte in mancherlei Hinsicht eine Ernüchterung. Unter dem Einfluß des Rums hatte ich fast endgültig beschlossen, daß diese Insel unsere Heimat werden solle, aber dafür war es noch viel zu früh. Noch fehlte uns Antwort auf viele wichtige Fragen.

So schickten Ossi und ich, nachdem Pancho uns ein Frühstück aus wasserverdünntem Punsch und frischem Obst gebracht hatte, unsere Männer wieder an die Arbeit und nahmen dann am Kartentisch Platz. „Ich werde eine Gruppe zusammenstellen, die diese Insel erforscht", verkündete ich ohne Umschweife. „Und ich möchte, daß du, Kodscho und Teté dabei sind!"

Teté hieß, wie wir seit gestern abend wußten, der Junge, mit dem Kodscho zusammengewesen war - übrigens die beiden einzigen Ashantis unter den neuen Afrikanern.

Ossis entgeisterter Gesichtsausdruck verging, als ich mit den Augen zwinkerte. „Du führst noch mehr im Schilde als bloß, diesen Berg zu besteigen!" lachte er. „Aber nur wir vier? Weiß der Himmel, was uns begegnen könnte! Das ist schließlich kein Spaziergang."

„Stimmt. Aber auch das habe ich mir schon überlegt. Wir werden noch zwei andere mitnehmen, aber es müssen die richtigen sein... damit die Sache in Gang kommt."

„Na, wenn du einen Lehrmeister brauchst - wie wär's mit Pancho?"

„Pancho? Du scherzt! Erstens mag er nur Weiße, und zweitens: Kannst du dir *ihn* beim Bergsteigen vorstellen?"

Ossi lächelte. „Du hast recht. Und wie wäre es mit Chris Jorgenson? Der ist immer für einen kurzweiligen Spaß zu haben."

„Der gute alte Chris! Er hat dir damals schnell über deine Ehrfurcht vor den Weißen hinweggeholfen!"

„Nein." Ossi grinste schelmisch. „Dazu hat schon eine Nacht in deiner Koje genügt. Obwohl du recht hast; auf diese Weise spüren die Afrikaner am schnellsten, daß wir alle eine Familie sind."

„Fehlt uns nur noch ein Schwarzer."

„Marcel! Falls du nichts einzuwenden hast...."

Ich war mit Ossis Vorschlag mehr als einverstanden. Gewiß gab es keinen Besseren als den jungen Mann, den man mir zum dreißigsten Geburtstag „geschenkt" hatte. „Aber ob er und Chris sich auch verstehen?" fragte ich.

Ossi grinste nur. „Das bezweifelst du noch? Da geschieht etwas genau vor deiner Nase, und du merkst es nicht! Die sind doch schon lange mal zusammen und dann wieder nicht."

Erstaunlich, daß Pancho dies nie vor mir erwähnt hatte!

Nachdem somit unser Erkundungstrupp zusammengestellt war, sagten wir rasch den anderen Bescheid und stießen schon eine Stunde später von der »Hexer« ab. Unsere Bootsgasten waren Black Billy und ein paar andere Männer, während Kodscho und Teté im Bug saßen und sich wunderten, was ihnen solche Ehre verschaffte.

Wir ruderten nach Westen, umrundeten eine flache Halbinsel und wollten unseren Weg in nördlicher Richtung fortsetzen - zu dem Riff, das Hamlin den Weg versperrt hatte -, da sahen wir plötzlich den Eingang zu einer zweiten Bucht, die sich nach Nordosten erstreckte. Ihr Wasser war tief, und zu beiden Seiten stürzten steile Felswände hinab. Nach ungefähr einer Meile Richtung Südosten öffnete sich die Küste jedoch auf ein Becken, das wir heute als „Nordhafen" bezeichnen. Es erwies sich als ein noch besserer und geschützterer Ankerplatz als die Bucht, in der wir zur Zeit lagen; da aber ein Segelschiff von See her nur durch schwierige Manöver gegen den Wind hineingelangen konnte, war er für uns unbrauchbar.

Am Ende dieses Beckens fanden wir einen breiten Fluß, der sich von Norden, vom Vulkan her, über eine breite, sanft wogende Ebene in das Meer ergoß.

Wir landeten an seiner Mündung, und ich erklomm das Ufer, um Ausschau zu halten. Auf der anderen Seite des Flusses dehnte sich eine viel tiefere Ebene über ungefähr eine halbe Meile nach Osten. Es war eine Art Schwemmland und erschien zu sumpfig zum Ackerbau. Ich stieg wieder ins Boot, und wir ruderten den Fluß hinauf, bis seine Strömung zu schnell und das Wasser zu seicht wurde. „Zieht das Boot an Land!" befahl ich den Männern. Dann richteten sich diejenigen, welche auf unsere Rückkehr warten sollten, ein kleines Lager her, und wir anderen schulterten die Bündel, die man uns an Bord geschnürt hatte, um unseren langen Anstieg zu beginnen.

Die Ebene zu unserer Linken verschwand fast augenblicklich, und über ein niedriges Vorgebirge stieg das Land geradewegs zum Vulkan empor. An einer flachen Stelle durchwateten wir den Fluß, um ihm eine Zeitlang Richtung Osten zu folgen. Dann, nach einer halben Meile, gelangten wir in ein enges Tal. Das Dschungelgestrüpp an den Ufern verdichtete sich hier, so daß wir uns mit unseren Entermessern hindurchschlagen mußten.

Unaufgefordert übernahmen Kodscho und Teté die Führung und fanden mit solcher Sicherheit den jeweils gangbarsten Weg durch das Unterholz, als würden sie ihn schon kennen.

Gegen Mittag waren wir meiner Einschätzung nach bereits mehr als dreihundert Meter über dem Meeresspiegel; genau ließ es sich schlecht sagen, da wir uns immer noch in der tiefen Flußrinne befanden. Der Fluß selbst war inzwischen zu einem reißenden Wildbach geworden, der über große Felsen und Rundsteine bergabstürzte, und wir hatten zwei, drei hohe, tosende Wasserfälle passiert.

Das wilde Geschrei von Papageien belebte den Dschungel. Häufig sahen wir ihr buntes Gefieder zwischen den Bäumen aufblitzen, und an dem Becken unterhalb eines Wasserfalls überraschten wir ein Wildschwein, das kopflos ins Gehölz flüchtete.

An einem anderen klaren Tümpel machten wir Rast, um etwas zu essen. Rings um uns herum leuchteten purpurrote, weiße und violette Blumen vor dem tiefen, üppigen Grün des Dschungels, aber ich kannte nur die zahlreichen Orchideen. Ob meine Gefährten die Schönheit dieses Fleckchens wohl genauso empfanden wie ich?

Kodscho und Teté führten gerade einen lebhaften Wortwechsel

und fragten Ossi dann etwas. Mein Freund schüttelte mit dem Kopf. „Sie möchten wissen, warum wir noch keine Affen gesehen haben", erklärte er mir. „Sonst, sagen sie, wäre es hier fast wie in Afrika."

Affen? Die Frage machte mich stutzig. Als kleiner Junge, auf Barbados, und auf dem spanischen Festland hatte ich welche gesehen, aber auf den anderen Inseln? Ich drang eben selten so tief ins Landesinnere vor.

Chris und Marcel saßen da und unterhielten sich leise, einen Arm um die Taille des andern gelegt. Mit einem kurzen Blick vergewisserte ich mich, daß Kodscho und Teté zusahen. Inzwischen, nach drei Wochen innerhalb unsrer Reihen, war ihnen ein solches Bild sicher nicht neu; sie mußten wissen, daß die Beziehungen der Männer an Bord über simple Freundschaft weit hinausgingen, und wenn nicht - nun, dann würden sie es heute erfahren - noch bevor dieser Tag zu Ende ging.

Als wir uns ein wenig ausgeruht hatten, marschierten wir weiter. Es war ein heißer, ermüdender Weg bergauf, der mit jeder Krümmung steiler wurde. Im allgemeinen führte uns der Fluß Richtung Norden, so daß die Hauptmasse des Berges zur Linken blieb, und gerade wollte ich vorschlagen, daß wir direkt hinaufsteigen, also vom Fluß abbiegen sollten, da kamen wir um eine Ecke. Dahinter konnten wir den Fluß schnurgerade den Westhang des Berges hinunterstürzen sehen. Umso schwieriger würde es aber auch, seinem Ufer zu folgen. Alsbald waren wir aus der Klamm heraus, und der Pflanzenwuchs lichtete sich. Nun ging es über schwarzen, porösen Fels.

Vor unserer zweiten Rast drehte ich den Kopf und stellte fest, daß wir nun einen weiten Ausblick hatten. Wir befanden uns oberhalb der Hügel, welche die Ostküste der Insel bewachten, und konnten in der Ferne aufs Meer sehen. Fast die gesamte Ostküste lag vor uns ausgebreitet. Wahrscheinlich waren wir nun mehr als neunhundert Meter über dem Meeresspiegel, und meine Kameraden stießen ein erstauntes „Oh!" aus.

Ein paar hundert Fuß weiter gelangten wir an einen großen Teich unter einer überhängenden Felskante. Ich hatte mich schon geraume Zeit über die Wassermenge gewundert, die der Fluß selbst auf dieser Höhe noch führte, hier aber schien die Antwort zu liegen: Er entsprang einem See - einer unterirdischen Quelle vermutlich. Doch woher diese kam, blieb mir einfach ein Rätsel.

Auf dem Gipfel über uns verschwand fast jegliche Vegetation, und über dickes, schwarzes Geröll, das teilweise aus porösem Fels, teilweise aus glänzendem Basalt bestand, kämpften wir uns bergan. Manchmal ging es nicht weiter, und wir mußten kehrtmachen, um es auf einem anderen Weg zu versuchen. Zudem war die Luft hier oben wesentlich frischer, und ein stetiger starker Wind blies um uns herum.

Aber schließlich überwanden wir keuchend den letzten Felsbrocken. Wir standen nun am Rande des Vulkankraters, einem schmalen schwarzen Felsensaum, der etwa eine Meile ringsum verlief, und vor uns lag ein ganz und gar unerwartetes Bild: Mit sanftem Gefälle senkte sich der Boden in den Krater hinab, doch statt eines brodelnden Hexenkessels erblickten wir einen himmelblauen See, so strahlend wie ein Saphir in einer Ebenholzfassung. Sein Ufer lag etwa zwanzig Meter unter uns, und wenigstens wußte ich nun, wo all das Flußwasser herkam: Es sickerte unterirdisch aus diesem See!

Noch während wir auf diesen unerwarteten Anblick starrten, brach Marcel in Gelächter aus. Wir übrigen sahen ihn an. Marcel deutete mit seinem Finger auf etwas, und als wir hinschauten, erblickten wir auf dem Vulkanrand uns gegenüber drei Felszinnen, die in unregelmäßigen Abständen voneinander zehn bis zwölf Meter himmelan ragten. Schwarz und glänzend standen sie auf der ansonsten ebenen Oberfläche - drei glatte, aufrechte Zacken mit leicht knollenförmiger Spitze. Ich traute meinen Augen nicht. Die Dinger sahen aus wie...

„Hol mich der Teufel! Das sind ja drei schöne schwarze Stößel!" rief Chris, der nun selbst in brüllendes Gelächter ausbrach, und wir übrigen - außer Teté und Kodscho, die nicht verstanden - stimmten ein.

Als die andern sich wieder gefaßt hatten, sagte ich: „Wenn das der schreckliche Vulkan von St. Vitus sein soll, habe *ich* keine Angst, in seinem Schatten zu leben!"

„Und ich werde allmorgendlich vor ihm strammstehn!" fügte Chris hinzu.

Von hier oben, auf dem Rand des Kraters, hatten wir einen guten Blick über die gesamte Insel. Sie schien von Menschenhand völlig unberührt.

Da das Gefälle unterhalb der drei sonderbaren Felssäulen weniger stark war als sonst, begaben wir uns dorthin und stiegen zu dem schmalen schwarzen Sandstreifen hinab, der das Ufer bildete. Hier unten, wo wir vor dem frischen Höhenwind geschützt waren, schien die Luft viel wärmer, und ich kniete mich hin, um mit der hohlen Hand ein wenig Wasser herauszuschöpfen. Es war kalt, süß und klar. „Tadellos!" verkündete ich und sagte dann, als wäre mir die Idee gerade erst gekommen: „Ich glaube, ich werde ein Bad nehmen." Ossi warf mir ein Augenzwinkern zu. Jetzt war es soweit! Auch Chris und Marcel, die wir in unsere Pläne eingeweiht hatten, warteten schon auf diesen Moment. Flugs warfen wir unsere Kleider ab und stürzten uns in den See. Kodscho und Teté zögerten noch einen Augenblick. Dann ließen auch sie ihre kurzen Hosen fallen und wateten ebenfalls hinein.

Wir übrigen drehten uns um, und ich hörte Chris einen Moment nach Luft schnappen. Es war, weiß Gott, ein sehenswerter Anblick! Selbst im Ruhezustand baumelte Kodschos Liebeswerkzeug bis fast zu den Knien und war annähernd so dick wie sein muskulöser Unterarm.

Körperlich ähnelte er Ossi, wenngleich er noch um einiges kraftvoller war, doch ihre Gesichtszüge unterschieden sich wie Tag und Nacht. Wirkten diejenigen von Ossi beinah gemeißelt, so die von Kodscho grob. Seine Nase war breiter, seine Lippen dicker, aber gerade diese scheinbare Brutalität erregte mich unwillkürlich.

Nicht minder reizvoll war auf ihre Art Tetés jugendliche Gestalt - gewissermaßen eine noch nicht ausgereifte Version von der Kodschos, und ich konnte ihn mir als seinen Bruder oder Vetter vorstellen, nur acht bis zehn Jahre jünger.

Wir planschten ein paar Minuten lang im Wasser, um Schweiß und Erschöpfung unseres langen Aufstiegs abzuwaschen, hielten uns dabei jedoch dicht am Ufer, da der Boden in unergründliche Tiefen stürzte.

Dann fiel mein Augenmerk auf Kodscho, der knietief und allen Blicken preisgegeben im Wasser stand. „Hast *du* dafür Modell gestanden?" fragte ich, indem ich erst auf ihn, danach auf die mächtige Felszinne über uns deutete.

Kodscho wirkte verwirrt, und Ossi übersetzte ihm meine Frage. Dann breitete sich ein Lächeln auf seinem Gesicht aus. Mit seiner Hand packte er dieses grandiose Gerät an der Wurzel, wedelte damit einladend hin und her, und wir zollten ihm die gebührende Bewunderung. Ganz offensichtlich war er stolz darauf. Als Erwiderung schnappte ich das Gerät von Ossi, der neben mir stand, und begann, daran zu pumpen. Kodschos Augen weiteten sich leicht. Dann begann er ehrgeizig, seine eigene Männlichkeit zu bearbeiten, und im Nu reagierte sie mit einer dramatischen Vergrößerung.

Eigentlich wären Chris und Marcel jetzt an der Reihe gewesen. Aber Teté kam ihnen zuvor. Er sprang neben Kodscho, daß das Wasser spritzte, stieß dessen Hand fort und griff zu, als wäre er der Besitzer. Ossi und ich hegten nicht die Absicht, das, was wir auf St. Thomas gesehen hatten, bloß zu wiederholen. Mein Freund riß Teté an sich, ich Kodscho, und so nahm das vielleicht wildeste aller erotischen Abenteuer seinen Lauf, an die ich mich erinnern kann.

Doch muß ich eingestehen, daß ich in mehr als einer Hinsicht schmählich versagte. Nachdem ich mir über dem Versuch, Kodschos Monstrum zu schlucken, zuerst fast die Kiefer ausgerenkt hatte, wollte ich mich ihm auf die gleiche Weise hingeben, wie Teté es bereits für Ossi tat - nur um jedoch voll Angst und Schmerz die Segel einzuziehn, als dieser riesenhafte Rammbock das Tor halb durchstoßen hatte. Zu meinem Erstaunen triumphierte Chris, wo ich das Feld geräumt hatte, und obwohl ich mich seit Jahren von keinem Weißen mehr hatte anrühren lassen, konnte ich der Verlockung nicht widerstehn: Während Kodscho sich vorwärtspfropfte, rutschte ich unter ihn, damit Chris mir denselben Dienst erwiese. Das unausbleibliche Ergebnis wurde mit Jauchzern und Beifall aufgenommen. Ossi, Teté und Marcel hatten ihre eigenen Akrobatenstückchen nämlich schon beendet.

Zu guter Letzt stolperten wir alle mit weichen Knien tiefer ins Wasser und grinsten einander an wie Honigkuchenpferde. „O Gott!" jubelte Chris. „So etwas habe ich noch nie erlebt!" Und Ossi legte ihm feierlich eine Hand aufs Haupt.

„Hiermit kröne ich dich zum König Arschloch unserer Gemeinschaft!"

NEUNZEHNTES KAPITEL

Baupläne
Ein ungewöhnlicher Beutezug
Der Orkan

Wir übernachteten, matt und ausgepumpt, an dem Teich unterhalb des Kraters und waren gegen Mittag des nächsten Tages wieder auf unseren Schiffen. Zum erstenmal schienen Kodscho und Teté nun erpicht, sich alles, was wir sagten, von Ossi übersetzen zu lassen, ja, warfen sogar selbst hin und wieder ein paar englische Brocken ein. Bald, nahm ich an, würden sie unserer Sprache leidlich Herr sein, vor allem Teté.

Die Nachricht von unseren geographischen Entdeckungen sowie der daraus resultierende Schluß, daß einem dauerhaften Verbleib auf St. Vitus nichts im Wege stand, verbreiteten sich wie ein Lauffeuer, und im Handumdrehen wußte es jeder: Diese Insel sollte von nun an unsere Heimat sein!

Zusammen mit Ossi machte ich mich sogleich an die Planung der umfangreichen Arbeiten, die uns bevorstanden. Wir brauchten einen Grundriß für unsere Siedlung, eine sinnvolle Abfolge beim Bau der Häuser und Gemeinschaftsanlagen. So verfertigte ich eine grobe Skizze, die ich Barlow und Jacob, unseren schwarzen Schiffszimmermännern, gab. Ihnen oblag die Bauüberwachung. Sie hatten strikte Anweisung, meine Pläne zu befolgen, denn vor allem benötigten wir jetzt Werkstätten und Lagerraum; die Wohngebäude konnten noch warten.

Auf Beifall stieß auch Kodschos Bitte, den Boden hinter dem Baugelände urbar zu machen, damit er und seine afrikanischen Freunde dort Gärten und kleine Äcker anlegen könnten. Ossi half ihnen bei der Auswahl der richtigen Stellen, da er darauf bestand, daß die Felder der geplanten Ortschaft ein gutes Stück fern bleiben sollten; auf diese Weise hätte beides Raum zur Weiterentwicklung.

Dann kam Sir George, fragte mich, wann wir seine Bibliothek und seinen alten Diener auf Tortuga abholen würden, und teilte mir außerdem mit, daß er eine Art Spital hier einrichten wolle. Zu seiner Enttäuschung mußte ich ihn vertrösten, betraute ihn aber mit der zusätzlichen Überwachung meiner Baupläne, damit nichts ohne meinen Befehl oder meine Genehmigung hinzugefügt würde.

Dringend benötigt, wie Marcel mir klarmachte, wurden ferner Befestigungsanlagen auf dem „Po". Von dort nämlich könnte man den einzig sicheren Zugang zu unserem Hafen überschauen, und mit der Anweisung, sich irgendein Geschütz aus der Reserve zu holen, schickte ich Marcel samt einer kleinen Gruppe von Männern hinaus, damit sie sich ans Werk machten.

Der einzige Mißton kam, wie nicht anders zu erwarten, von Hamlin, der nach wie vor zwar die Freundlichkeit selbst blieb, an seiner Ansicht jedoch keinen Zweifel ließ: Er und seine Männer seien Freibeuter, nicht Siedler, und sie gedächten nicht, bei den Arbeiten ringsum mitzuwirken. Insel und Bucht würden sich vortrefflich als Hafen und Versteck eignen; wozu also ein Dorf?

Ich lenkte ab, indem ich auf die benötigte Befestigungsanlage zu sprechen kam - etwas, das dem Temperament dieser Männer näherlag - und bald schon hatte ich sie beschwichtigt. Mir fiel ein Stein vom Herzen, als ich Hamlin in seiner Schaluppe zum „Po" hinaussegeln sah, um Marcel zu helfen, aber ich wußte, daß die Schwierigkeiten damit nicht aus der Welt geschafft waren.

Im Laufe der nächsten Woche nahm das Dorf in Grundzügen Gestalt an, und es war etwa zum selben Zeitpunkt, daß ich die Männer erstmals als „Tommy's Town" davon sprechen hörte. Ich hatte mir um einen Namen für unsere Siedlung noch keinen Gedanken gemacht, hätte sie jedoch gewiß nicht nach mir benannt. Aber es blieb dabei, auch wenn mir diese Worte bis heute kaum über die Lippen wollen: „Tommy's Town"; so wird dieses Dorf wohl heißen, solange es besteht.

In der ersten Augustwoche wurde unsere Versorgung höchst bedenklich. Zu essen gab es in Fülle. Ein paar Männer, die wir auf Jagd geschickt hatten, brachten Wildschweine und anderes Dschungelgetier nach Haus, und Marcel hatte Gruppen zusammengestellt, die mit großem Erfolg zum Fischen hinausfuhren, denn um die Inselchen im Windschatten der Landmasse wimmelte es von Seetieren. Hinzu kamen Kokosnüsse und andere wilde Früchten ringsumher. Nein, zu verhungern drohten wir nicht. Aber wir hatten fast keinen Wein oder Rum mehr, und das war der allgemeinen Moral kaum förderlich.

Noch schwerer fiel der Mangel an Werkzeug ins Gewicht. Wir verarbeiteten die großen Bäumen am Fluß und an der Südküste der Bucht zu Brettern und Planken, doch dies war eine langwierige Arbeit. Wir brauchten mehr Äxte, mehr Sägen, und - mehr Ackerbaugeräte. Es war an der Zeit zu einem neuen Beutezug.

Am 10. August 1683 stachen die »Hexer« und die »Zauberer« in See. Das war zwar schon recht in der Sturmperiode, doch blieben die südlichsten Bereiche der Karibik für gewöhnlich davon verschont. Außerdem boten sich die kleinen spanischen Siedlungen auf Trinidad, Margarita und dem Festland in deren Nähe für unsere Überfälle geradezu an, waren sie gegen die großen Städte weiter im Westen doch nur kümmerlich befestigt.

Unsere beiden Schiffe blieben unterbemannt, da wir einen Großteil unserer Gefährten - auch die Afrikaner, die ihre Gärten anlegten - auf St. Vitus zurückließen. Jean Hamlin übernahm vorübergehend die Stelle meines Ersten Maats, während wir seine Männer aus Angst vor einer Meuterei auf die Schiffe verteilten. Ossi und ich behielten sie scharf im Auge.

Das Gold sowie alle sonstigen Wertsachen, die sich bis dahin noch an Bord befanden, schafften wir in der Nacht vor unserer Abfahrt, nur von Black Billy und Kanonenkugel unterstützt, in eine Höhle, die wir hoch in der felsigen Südseite der Bucht entdeckt hatten, und vergruben sie dort - sozusagen als Treuhänder unserer ganzen Gemeinschaft.

Die anschließende Fahrt dann war ein voller Erfolg. Vier kleine spanische Siedlungen fielen fast wie von selbst, und ihre Bewohner flüchteten ins Landesinnere, aber wir verfolgten sie nicht einmal. Später müssen sie sich gewundert haben; denn neben Gold, Silber und sonstigen Wertsachen nahmen wir auch Hühner, Schweine, Rinder und anderes Vieh, dazu Nahrungsmittel, Werkzeuge, Ackerbaugeräte und sogar Säcke mit Saatgut. Eine begehrte Beute waren wie eh und je auch Kleidungsstücke - so mancher Matrose wurde von uns und unseresgleichen um seine Hüllen gebracht -, nun aber, da wir auf einer abgeschiedenen Insel lebten, schienen sie noch einmal so notwendig.

Zudem plünderten wir unterwegs ein holländisches und zwei spanische Handelsschiffe, deren Besatzung wir jedesmal - zu ihrem offensichtlichen Erstaunen - mit dem Leben davonkommen ließen.

Das letzte Städtchen, das wir überfielen, war Guiria, auf der Festlandsseite des Golfs von Paria. Um durch dieses große, seichte Gewässer, das Trinidad von der südamerikanischen Küste trennt, wieder auf offene See zu gelangen, mußten wir durch einen engen, als „Drachenschlund" bekannten Kanal, und hier trafen wir das einzige Mal auf bewaffneten Widerstand: Ein Schiff der spanischen Küstenwache versuchte, uns den Weg abzuschneiden. Es war eine kleine, altersschwache Fregatte, die von Rechts wegen hätte fliehen sollen, aber sie bot uns tapfer die Stirn, und ich gab Befehl, ihr auszuweichen.

Das führte zum ersten offenen Streit zwischen mir und Hamlin. „Entermesser!" rief mein Kollege, während er vom Mannschaftsdeck heraufgeschossen kam. „Warum laufen wir weg? Wir könnten diesen Spanier spielend in die Tasche stecken!"

Damit hatte er recht. Schon die »Zauberer« allein wäre ihm gewachsen gewesen, aber dennoch starrte ich Hamlin bloß ins Gesicht und sagte: „Weshalb kämpfen? Wir können dieses Schiff ebensogut links liegen lassen. Warum sollte ich das Leben meiner Männer in einem unnötigen Gefecht riskieren?"

„„Warum, zum Teufel? Entermesser, hast du vielleicht vergessen, daß du mir noch ein Schiff schuldest? Was bist du eigentlich? Ein Freibeuter - oder ein gottverdammter Bauer?" Er ließ seinen Arm über das Deck gleiten, auf dem sich Kühe und anderes Vieh drängten.

„Erzähl du mir nicht, was ich dir schulde, Hamlin!" entgegnete ich. „Ich habe deinen Hals gerettet! Und im Moment stehst du auf *meinem* Achterdeck, als *Offizier*!" Doch bei aller Wut versuchte ich doch, eine ruhige Stimme zu bewahren. „Willst du wirklich so einen alten Kahn, den man mühelos abhängen könnte?"

Das stopfte ihm das Maul, und einen Moment später war wieder die alte Freundlichkeit auf seinem Gesicht. „Nun, Käpt'n, es wäre immerhin ein Anfang gewesen. Aber schön, ich warte... einstweilen."

Noch bis zum Abend konnte ich beobachten, wie Hamlin mit denjenigen seiner Männer, die auf der »Zauberer« waren, zu tuscheln schien, und nicht lange, da verwickelten ein paar von ihnen unsere eigenen Leute in Gespräche. Es konnte etwas ganz Harmloses sein, aber ich witterte Unheil.

Beim Abendessen schließlich tischte mir Pancho die Neuigkeiten auf. „Hamlin sagt, du und der Speer, ihr würdet sie alle zu dreckigen Kuhbauern machen, und daß sie auf St. Vitus festsitzen würden, himmelweit weg von aller Welt und allem Vergnügen - kein Rum, keine Abenteuer, keine Weiber."

„Und die Männer? Wie nehmen die es auf? Hören sie ihm zu?"

Pancho schüttelte den Kopf. „Die meisten von ihnen lachen bloß. Aber, du weißt ja, es gibt immer welche, die auf jeden Mist hören."

„Meinst du jemand Bestimmten?"

Pancho nannte mir fünf Namen, und ich nickte. Sie waren allesamt keine Überraschung - lauter Rekruten, die wir in Tortuga an Bord genommen hatten, um unsere Reihen zu füllen - Gesindel, das sich meinetwegen mit Hamlin aus dem Staub machen sollte.

„Und du, Pancho? Was hältst du davon, dich auf St. Vitus niederzulassen?"

Der Bursche grinste mich an. „Wenn wir dort ein Dorf errichten, dann brauchen wir doch eine Grogschänke, oder nicht?"

„Ich glaube, schon."

„Gut. Die will ich haben. Ich möchte der Schankwirt sein."

Ich lachte, aber mein Lachen endete rasch. Der kleine, schmächtige Bengel, den ich einst kennengelernt hatte, war verschwunden. Pancho war nur ein, zwei Jahre jünger als ich und mittlerweile schwerfällig und wabblig geworden. Etwas, das stark einem Bierbauch ähnelte, wölbte sich unter seinem Hemd, und, ja, ich konnte ihn mir gut hinter einem Schanktisch vorstellen - eine schwarze Ausgabe von Charlie Cutler, meinem Vater.

„Gut, Pancho. Du sollst deine Kneipe haben. Wenn wir eine bauen, ernenne ich dich zum Wirt. Aber jetzt los, spitz die Ohren und berichte mir alles, was du hörst!"

Pancho lächelte nur, während er hinausging. Mein Befehl war vollkommen überflüssig gewesen.

⚓ ⚓ ⚓

Zwei Tage später kehrten wir nach St. Vitus zurück und wollten uns gerade durch den „Po" lavieren, da ließ mich plötzlicher Kanonendonner zusammenzucken. Erschrocken sah ich mich um und entdeckte auf den Bastionen, die am Südhang der Durchfahrt errichtet worden waren, drei jubelnde, mützenschwenkende Männer. Sie hatten Salut geschossen, auch wenn sie sich die Zeit da draußen gewiß mit ganz anderen Schüssen vertrieben. Noch nie in meinem gesamten Seemannsleben war mir ein solcher Empfang bereitet worden!

Ich ließ den Salut erwidern und spürte plötzlich einen Kloß im Hals. Wahrhaftig, das hier war mehr als ein Stützpunkt - es war eine Heimat, *unsere* Heimat, und nur unsere Flagge würde darauf wehen!

Als wir am Ende der Bucht vor Anker gingen, erwartete mich eine Überraschung: Wir waren keine vier Wochen fort gewesen, und schon glich das Dorf keinem bloßen Lager mehr - es nahm die Grundzüge einer Siedlung an! Selbst ohne die Werkzeuge, Baustoffe und anderen Versorgungsmittel, die wir mitbrachten, hatten die Männer dramatische Fortschritte erzielt. Schon waren zwei Straßen zu erkennen - die eine ins Binnenland, zu den Feldern, wo die Afrikaner mit ihren Gärten beschäftigt waren, die andere parallel zur Küste, hinter der ersten Reihe von Kokospalmen. Begrenzt wurden diese Straßen durch Zeilen von Gebäuden, die natürlich nur aus Palmblättern und Schilfdächern bestanden, aber schon dauerhafter erschienen als unsere sonst üblichen Hütten. So standen an der Kreuzung der beiden Straßen zwei recht solide wirkende Gebäude, die als Lagerhäuser dienen sollten, und zu meiner Linken, an der Küste, erblickte ich hinter einem offenen, schilfgedeckten „Pavillon" ein paar kleinere Hütten - anscheinend die zur Dorfküche gehörenden Häuser, wo auch unsere Versammlungen stattfinden würden.

Während die Männer anfingen, unsere nützliche Fracht zu löschen, eilte ich an den Strand. Marcel und Sir George waren mehr als erpicht darauf, mir ihre Errungenschaften vorzuführen. Sir George zog mich ein kleines Stück die Küstenstraße entlang und deutete auf zwei schöne Hütten, die sich der Vollendung näherten. Sie hatten breite Veranden zum Meer hinaus und standen in einem schattigen Palmenhain.

„Die eine ist für mich und, äh, natürlich Hendrick. In dem Anbau dort werde ich eine Praxis eröffnen, wo mich alle Männer mit ihren Gebrechen und Beschwerden aufsuchen können. Die andre" - und er deutete auf eine Hütte, die fast aufs Haar meinem

Wohnsitz in Tortuga glich - „ist für dich und Ossi. Natürlich wollte ich euch zwei als Nachbarn haben."

Nun, anderen Projekten hätte zwar der Vorrang gebührt, aber ich brachte es nicht übers Herz, Sir George zu kritisieren. Statt dessen dankte ich ihm wärmstens.

Marcel hatte eigene Leistungen vorzuweisen, von denen eine, welche ihn mit dem größten Stolz erfüllte, wahrlich überraschend für mich kam: An den Ufern des Flusses, der südlich des Dorfes in die Bucht mündete, lag ein weites Bambusfeld. Marcel hatte die größeren Rohre abschneiden und spalten lassen, um damit von einem Punkt, etwa auf halber Höhe des Flusses, Wasser ins Dorf zu leiten. Enden sollte die Leitung an einem Schuppen hinter der Siedlung, wo Marcel den Bau großer Frischwasserbehälter plante. Sein Einfallsreichtum imponierte mir. Fortan würden wir keine Pützen und Fässer mehr herbeischleppen müssen.

Bei der Rückkehr ins Dorf begegnete ich Kodscho und ein paar anderen, die das von uns mitgebrachte Vieh gerade auf die Felder trieben. In einer Mischung aus Englisch und Afrikanisch rief er mir etwas zu, und obwohl ich ihn nicht verstand, schloß ich aus dem glücklichen Lächeln der Männer, daß sie sich über die ungewöhnliche Beute freuten.

Nach einem geschäftigen Nachmittag, in dessen Verlauf unsere Fracht entladen wurde und die Besatzungsmitglieder sich ihre frisch gebauten Quartiere suchten, versammelte sich unsere Gemeinschaft in der Dorfküche. Es war an der Zeit, unsere erfolgreiche Fahrt und unser Wiedersehen zu feiern.

Den Kochhütten entstiegen der Duft von Braten und andere einladende Gerüche. An der Rückseite des sogenannten „Pavillon" war ein langer Tisch aufgestellt, von dem die Männer sich ihr Essen abholen konnten; den Küchenbereich selbst durften nur Pancho, sein Kumpan Emile und deren Helfer betreten.

Es erstaunte mich, als ich feststellte, daß Pancho unsere gesamte Beute an Schnaps, Wein und Rum in einen Lagerraum nebenan geschafft hatte und jetzt becher- oder flaschenweise davon ausschenkte. Doch keinem, der an seinen „Schanktisch" kam, wurde etwas verweigert. Das hätte zu diesem Zeitpunkt eine Meuterei bedeutet.

Obwohl unter dem Schilfdach des Pavillons grobgezimmerte Tische und Bänke standen, reichte der Platz auch bei Zuhilfenahme einiger Fässer und Fäßchen nicht annähernd für alle. Drinnen wie draußen, teils stehend, teils sitzend, aßen und tranken die Männer und waren glücklich.

Ossi und ich hatten uns zwei kleine Fäßchen neben einer umgekehrten Tonne als Sitzplatz ausgesucht, wo wir uns seit unserer Ankunft endlich wieder in aller Ruhe unterhalten konnten.

Ossi grinste mich an. „Es scheint zu klappen, was?"

„Ja, bisher."

„Hast du den Bauernhof der Afrikaner schon gesehen, draußen, hinter dem Dorf? Das meiste von dem Zeug, was wir mitgebracht haben, ist bereits angepflanzt! Du wärst überrascht, wieviele von unseren Männern dabei mithelfen. Sogar Andy."

„Andy!" Mit dem ich Pancho zum erstenmal nackt gesehen hatte! „Hat der denn noch etwas anderes im Sinn als sein Vergnügen?"

„Oh, ja. Ich hab ihn da draußen härter arbeiten sehen als jemals an Bord! Er sagt, es erinnere ihn an seine Kindheit, wie er noch auf dem Hof seines Vaters war."

Ich schüttelte den Kopf. „Erzähl mir nicht, daß unsere Männer nach all den Jahren nur eine Schar irregeleiteter Bauern sind!"

„Na ja, nicht alle. Früher oder später mußten ja ein paar rebellieren, als ihnen klarwurde, daß wir uns auf Dauer hier ansiedeln wollen. Vielleicht hätten wir diesen letzten Spanier tatsächlich kapern und uns Hamlin samt seinem ganzen Haufen vom Hals schaffen sollen."

„Vielleicht. Aber jetzt ist es zu spät. Wir werden einen anderen Weg finden müssen."

Während unseres Gesprächs war es dunkel geworden, und man hatte Laternen rings um den Pavillon angezündet. Doch schon vor Sonnenuntergang war mir der dunkle Himmel aufgefallen, an dem schwarze Wölkchen von Ost nach West jagten, und im Dorf hatte unnatürliche Stille geherrscht. Wären wir auf See gewesen, dann hätte ich mir diese Warnungen sicher zu Herzen genommen; so aber war ich überrascht, als eine heftige Bö durch den Pavillon fegte. Lärm und Unterhaltung ringsum verstummten jäh, und die Männer blickten auf. Dicke Regentropfen begannen auf das Dach und auf den Erdboden draußen zu klatschen - Regentropfen, die sich im Nu zu einem Wolkenbruch verwandelten, und Ossi und ich sprangen auf die Beine, um unsere Befehle auszugeben. Es gab

Dutzende von Maßnahmen, die getroffen werden mußten, denn zu dieser Jahreszeit konnte uns gut und gern ein Orkan bevorstehen. Das fröhliche Beisammensein löste sich in Lärm und Gedränge auf, aber die Männer hielten Disziplin. Eine Stunde später hingegen wären die meisten wohl schon zu betrunken gewesen.

In dieser Nacht tat niemand ein Auge zu. Wind und Regen droschen uns ins Gesicht, während wir mit aller Kraft die Schiffe von den Inseln wegzerrten, welche den Eingang der Bucht bewachten. Ohne die Hügel auf dem Festland, an denen sich die Gewalt des Sturmes brach, hätten wir alle drei Fahrzeuge wahrscheinlich verloren.

An Land wurden, soweit möglich, Leinen über die neuen Gebäude geworfen, und man pflockte sie fest. Das war besser als gar nichts, obwohl die Palmblätterwände oft in Fetzen gingen; das Häuschen für Ossi und mich aber wurde völlig zerstört - seltsamerweise, da unsere Nachbarhütte, die von Sir George, standhielt.

Die fliegenden Trümmer verletzten ein paar unserer Männer, aber die Hauptgefahr ging von den Kokosnüssen aus. Wie Kanonenkugeln peitschten sie uns über die Köpfe.

Erst gegen Morgen war der Spuk zu Ende. Bestürzt standen wir in den Ruinen dessen, was wir während der letzten Wochen im Schweiße unseres Angesichts errichtet hatten, und so mancher hätte die Flinte jetzt wohl ins Korn geworfen; ich aber ließ solche Gedanken gar nicht erst aufkommen. Entschlossen schickte ich die Männer wieder an die Arbeit und führte ihnen vor Augen, daß niemand ums Leben gekommen war, daß die Hälfte der Gebäude noch ebenso stand wie ein Großteil dessen, was unsere Afrikaner angepflanzt hatten, und daß auch das Vieh heil davongekommen war. Grund zur Besorgnis gab eigentlich nur der Schaden, den das Wasser unseren Nahrungsvorräten und dem Schießpulver zugefügt hatte, wobei letzteres, wenn man auf Pancho und Emile hörte, leichter zu verschmerzen war. Die nächsten paar Wochen hätten wir reichlich mit dem Wiederaufbau zu tun.

Zwanzigstes Kapitel

Das neue Dorf
Kapitän Thomas Smith's erste Handelsfahrt
Ein trauriges und ein freudiges Lebewohl

Dank unserer neuen Werkzeuge ging die Arbeit wesentlich rascher vonstatten als vorher, und nur Hamlins Männer murrten. Sie schien außer dem Dienst auf dem Hafenbollwerk nichts zu interessieren, weshalb ich befahl, daß sie auch auf der zweiten Kuppe des „Po" einen Befestigungswall errichten sollten. So wäre der Kanal von beiden Seiten gesichert.

Ende September dann war nicht nur alles wiederhergestellt, sondern noch weiter vorangeschritten als vorher. Aber wir hatten aus jener Schreckensnacht gelernt. Nun bauten wir die Häuser fester, also zumeist mit Bretterwänden, und sicherten ihre Dächer mit Leinen. Außerdem überzeugte uns der Schaden, welchen die Kokosnüsse angerichtet hatten, daß die Annehmlichkeiten eines schattigen Hains die damit verbundenen Risiken nicht wert waren. Wir fällten darum die Hälfte aller Kokosnußpalmen im Dorfgebiet und ließen vorwiegend die stehen, welche die Bucht säumten, damit diese etwa einem vorüberfahrenden Schiff weniger auffiele.

Als es schließlich an die Wiedererrichtung der Hütte ging, in der Ossi und ich wohnen sollten, bestand ich darauf, sie völlig neu anzulegen. Pfähle wurden in die Erde getrieben, so daß sich die Grundfläche des Hauses einen guten Meter über dem Boden befand, und auf der Vorderseite des Hauses zogen wir eine breite, überdachte Veranda. Hinter der Eingangstür lag ein einzelner großer Raum, von dem es nach hinten in drei kleinere Zimmer ging.

„Warum drei?" fragte Ossi mich mit gespieltem Entsetzen. „Werden wir jetzt etwa getrennt schlafen?"

„Laß uns hoffen, daß es nie so weit kommt!" lachte ich. „Aber ich möchte einen Raum für mich haben, gewissermaßen als Arbeitszimmer. Und der andere... nun ja, wer weiß? Vielleicht haben wir ja einmal jemanden zu Gast. Oder wir können ihn für den Hausdiener benutzen. *Du* fühlst dich doch wohl kaum zum Hausweib berufen, nicht wahr?"

„Nein. Die Hausweiber müssen wir uns noch holen."

Ich verzog mein Gesicht und wechselte rasch auf ein anderes Thema. Hätte ich nur nicht davon angefangen...!

Doch nicht wir allein bauten uns ein Haus. Rechts und links der Hauptstraße wuchs eine Reihe von Hütten aus dem Boden, und erste Nebenstraßen wurden erkennbar - zumeist mit den Wohnstätten derer, die einen mehr oder minder festen Gefährten hatten; eine Strömung, die ich nach Kräften unterstützte. Noch nie hatte ich solche Häuslichkeit unter unseren Männern gesehen - ein sicheres Zeichen, daß sie St. Vitus zu ihrer Heimat machten.

Die „losen Geschütze" unter uns hatten sich ein Stückweit hinter dem „Pavillon" eine Art planloses und weitläufiges Mannschaftsquartier gebaut, aus dem Woche um Woche ein neuer Flügel hervorwuchs; die Nachfrage nahm kein Ende. Es war ein Ort, an dem gelärmt, getrunken, gekämpft und Karten gespielt wurde - alles, was Freibeuter in jedem Hafen taten, und ich hatte nichts dagegen einzuwenden. Ohne solcherlei Kurzweil wären die Männer nicht glücklich gewesen. Als ich jedoch einmal das Strauch- und Buschwerk nördlich dieses Gebäudes, am Dorfrand, betrat, überraschte mich ein Netz von ausgetretenen Pfaden, und ich lächelte: Das verwilderte Areal diente den Männern allnächtlich zu einem ganz besonderen Zweck...

⚓ ⚓ ⚓

In der ersten Oktoberwoche entstand wieder ein Versorgungsproblem: Das naßgewordenen Mehl und Schießpulver mußten erneuert werden, die Köche legten mir eine Liste mit Bedarfsdingen wie Salz und Zucker vor, die Bauern und Zimmermänner hatten ebenfalls Wünsche, und Sir George fragte mich abermals, wann ich seine Habseligkeiten und seinen alten Diener Joshua herbeischaffen würde; außerdem fehlten gewisse Arzneien und ärztliches Instrumentar. Ich versprach ihnen, mein Möglichstes zu tun, und sagte bei der erstbesten Gelegenheit zu Ossi: „Die meisten von diesen Sachen sind in spanischen Städtchen schwer aufzutreiben. Es wird Zeit, daß wir Einkäufe machen wie alle ehrlichen Männer."

Mein Freund neigte seinen Kopf zur Seite und sah mich fragend an. „Und wie willst du das bewerkstelligen? Sobald wir in einen englischen Hafen einlaufen, wird man uns verhaften. Wir werden am Galgen baumeln, noch ehe du irgendeinem klarmachen kannst, was für ehrliche Männer wir geworden sind."

„Das werden wir in der Tat, falls wir in einem der bekannten Freibeuterschiffe wie der »Hexer« oder der »Zauberer« einlaufen. Aber da liegt doch diese kleine Schaluppe von Hamlin. Die kennt niemand. Und Barbados ist nicht weit. Wer dort würde mich oder einen aus dem halben Dutzend Matrosen erkennen, das nötig wäre, sie zu bemannen? Ich glaube, wir könnten uns leicht für ein Handelsfahrzeug von den Inseln ausgeben."

Gesagt, getan. Nur vierzehn Tage später lief die britische Handelsschaluppe »Janice Ann« aus St. Kitts unter dem Kommando eines Käpt'n Thomas Smith in Barbados ein. Ich muß gestehen, daß ich diese Reise mit einigem Zittern antrat. Ich war schon Jahre nicht mehr in einem so kleinen, unbewaffneten Schiff so weit gefahren, und nervös hielt Entermesser-Tom am Horizont nach Piraten Ausschau. Man stelle sich vor! Abgesehen von den Passatwinden jedoch trafen wir nicht auf Schwierigkeiten.

Ein vielbeschäftigter Zolloffizier sah unsere gefälschten Papiere nur flüchtig durch, und zum Schein hatten wir eine Ladung Kokosnüsse und anderer wilder Früchte von St. Vitus an Bord. Ich wußte, daß für derlei Erzeugnisse auf Barbados immer Nachfrage bestand, da dort fast jeder Fußbreit Ackerland dem Zuckerrohranbau gewidmet war.

Die Einzelheiten ihres Verkaufs und den Erwerb dessen, was wir brauchten, überließ ich meinen getreuen Offizieren, während ich selbst mich mit einem Handelskapitän in Verbindung setzte, der demnächst zu den Inseln im Westen fuhr. Ich gab ihm den Auftrag, Sir Georges Habseligkeiten und dessen alten Diener Joshua von Tortuga abzuholen, und bezahlte einen Teil im voraus. Den Rest würde er in ein paar Monaten bekommen, wenn er alles wohlbehalten hierher, nach Barbados, gebracht hatte. Als Legitimation gab ich ihm einen Brief für Joshua mit, den Sir George geschrieben hatte, und ging, dies erledigt, in die Stadt, um mich umzusehen. Die Fülle von regen Handelsgeschäften und das Warenangebot überraschten mich. Das Zuckerrohr hatte Barbados einen Wohlstand beschert, der alles, was ich von Jamaika oder sonstwoher kannte, in den Schatten stellte.

Dann ging ich in eine Buchhandlung, um etwas für Sir George zu finden, doch der vornehm herausgeputzte Verkäufer strafte mich mit Verachtung, bis ich meine Wünsche kundttat.

„Ein paar der neuesten Bücher aus England? Wollt Ihr die für Euch selbst?" fragte er verwundert. Seine Unverschämtheit erheiterte mich vielmehr, als daß sie mich in Wut brachte. Schließlich trat ich als ein ruppiger, stoppelbärtiger Seebär auf.

„Nein. Ein Gentleman aus St. Kitts hat mich gebeten, sie mitzubringen. Dr. George... Stevens."

„Ja, auf St. Kitts kann er natürlich nichts finden!" entgegnete der Buchhändler verächtlich und zeigte mir daraufhin endlich seine Bestände. Obwohl sie etliches zu wünschen übrig ließen, suchte ich mir einen Stapel Bücher heraus, der die Herablassung des Händlers allmählich auftauen ließ. Als ich schließlich vierzig Stück beisammen hatte, fragte ich nach dem Preis, und er schockierte mich. Aber ich tat, als spielte Geld keine Rolle, denn was dieser Laffe konnte, konnte ich auch. Nachdem ich mehrere Bücher abgelehnt hatte, weil Dr. Stevens sie angeblich schon besäße, wurde der Mann beinahe freundlich, und als ich in barem Gold zahlte und ihn anwies, die Ware auf die »Janice Ann« zu liefern, flötete er lächelnd und untertänig: „Bitte vergeßt nicht, dem Doktor zu bestellen, daß wir ihm jederzeit zu Diensten stehen".

„Wahrscheinlich bin ich in ein paar Monaten wieder hier. Vielleicht könntet Ihr versuchen, ihm bis dahin ein paar der neuesten Bücher über Medizin zu beschaffen."

„Selbstverständlich, Kapitän Smith! Wir werden tun, was in unseren Kräften steht!" Und mit zahllosen Verbeugungen geleitete er mich aus der Tür.

Danach suchte ich eine Schreinerei auf. Ich hatte vor, Ossi zu überraschen, und als ich meine Wünsche kundtat, versicherte mir der Eigentümer der Werkstatt, in nicht einmal einem Monat könne man mir ein wunderschönes Bett bauen. Doch ich schüttelte nur mit dem Kopf. „In ein, zwei Tagen läuft mein Schiff wieder aus", sagte ich, und als ich meine Bereitschaft erklärte, für das richtige Stück in bar zu bezahlen, wurde ich in einen Hinterraum geführt, in dem ein prachtvolles, nagelneues Bett stand. Es war überall mit kunstvollsten Schnitzereien verziert und schön glattgeschmirgelt.

„Dies hier haben wir im Auftrag My Lord Codringtons gebaut", erklärte der Schreinereibesitzer. „Aber seine Lordschaft weilt bis auf weiteres in Antiqua, und ich hoffe, wir können ihm rechtzeitig ein neues machen."

Als ich mich nach dem Preis erkundigte, nannte der Mann einen horrenden Betrag, und ich bot ihm die Hälfte; das war immer noch mehr, als ich veranschlagt hatte. Der Schreinereiinhaber gab sich beleidigt, und so feilschten wir noch gute fünf Minuten, bevor das Geschäft zustandekam, das Gold seinen Besitzer wechselte und eine Lieferung des zerlegten Bettes auf die »Janice Ann« in die Wege geleitet war. Zweifellos hatte man mich schwer übervorteilt, doch der Gedanke, daß zwei, drei, ja sogar vier Mann auf diesem Daunenhimmel Platz hatten, versetzte mich in strahlende Laune.

Erst spät nachts kehrten die Männer an Bord zurück und brachten die wildesten Geschichten über die Reize und Abenteuer mit, die in einer Gasse auf der anderen Hafenseite zu finden seien. Kanonenkugel hatte unsere Ladung mühelos an einen Schwarm Hausiererboote verhökern können, die dem Schiff entgegengefahren waren, und ebensogut war der Einkauf von Nahrungsmitteln und Gebrauchsgegenständen vonstattengegangen. Nur das Schießpulver hatten wir bei drei verschiedenen Händlern kaufen müssen, um keinen Verdacht zu erwecken.

Am nächsten Morgen kamen die restlichen Lieferungen. Das riesenhafte Bett wurde an Bord geschafft, und als die Männer es erblickten, mußte ich viel derben Spott über mich ergehen lassen. Es geschah mir ja auch nur recht. Am frühen Nachmittag dann war alles klar zum Auslaufen, und ich atmete auf.

Es war in der Tat ein Kinderspiel gewesen. Niemand hatte den geringsten Argwohn bekundet, und ich sah, daß wir diese Maskerade noch oft wiederholen könnten. Es war die einfachste Art und Weise, sich Dinge zu beschaffen, die wir nicht selbst anbauen oder herstellen konnten - eine kostspielige freilich, aber unser Gold würde geraume Zeit vorhalten.

Ich hatte mich ja schon lange gefragt, was ich mit meinem Vermögen beginnen sollte. Nun hatte ich die Antwort: Ich konnte mein Dorf damit in ein blühendes kleines Städtchen verwandeln - ein Städtchen, das ohne Raub und Plünderungen auskam. Die

Frage war nur, wie sich mein Besitz auf Jamaika zu Bargeld machen und nach St. Vitus schaffen ließ.

⚓ ⚓ ⚓

Bei meiner Rückkehr erwarteten mich Aufruhr und Zwietracht, und sobald ich einen Fuß an Land gesetzt hatte, zogen Ossi und Marcel mich beiseite.

„Es ist wegen Hamlin", berichtete Ossi. „Seit dem Tage deiner Abfahrt hat er hier Gift verspritzt. Er sagt, jetzt, da die Sturmperiode zu Ende ist, gäbe es keine Ausrede, nicht wieder nach Beute zu jagen."

„Und damit nicht genug!" fügte Marcel hinzu. „Er redet den Männern ein, sie wären gar keine echten Freibeuter mehr, und daß wir nur Angst hätten, uns unter unseren Küstenbrüdern zu zeigen - wegen der Sache mit Estrella Cay."

Ich nickte. Mir schwante schon lange, daß der Streich, mit dem wir unsere schwarzen Freunde an Robin gerächt hatten, inzwischen bekannt war. Zu allem Übel hatten wir bei diesem Streich aber auch einen Mitbruder um seine Beute gebracht.

„Hamlin sagt, sie würden nie wieder ein Stück Gold zu Gesicht bekommen", fuhr Ossi fort. „Und daß sie ihr Geld nie wieder im Hafen ausgeben könnten, wo Leben herrscht, wo es Frauen gibt und wo..."

„So schlimm stehen die Dinge?" rief ich.

Ossi lächelte. „Na ja, einige möchten ihm schon folgen. Und es gibt auch ein großes Lager von Unschlüssigen, die abwarten wollen, was du sagst. Aber ich schätze, die Hälfte der Männer ist immer noch dagegen."

„Kommt!" sagte ich. „Ruft Pietr, Marcel, Black Billy und Kanonenkugel her! Diese Sache müssen wir in Ruhe besprechen."

Ein paar Minuten später waren all meine Offiziere und Quartiermeister in dem großen, fast leeren Vorderzimmer meiner Hütte versammelt. Auch Sir George gesellte sich zu uns.

„Männer", begann ich, „ich habe diese Schwierigkeit immer kommen sehen. Nur habe ich gehofft, die meisten von euch, darunter auch ihr, würden mir weiterhin folgen." Ein Chor der Zustimmung unterbrach meine Worte. „Gut denn! Und zweitens haben wir Hamlin und seinen Männern als Gegenleistung für die

Afrikaner, die sie uns gaben, ein Schiff versprochen und sind durch unsere Ehre an dieses Wort gebunden. Darum mein Vorschlag: Geben wir ihnen die »Zauberer« und lassen Hamlin samt seinen Anhängern fortziehn! Sollen sie ruhig gehen!"

Ungläubiges Staunen und eine Flut von Einwänden ertönten als Antwort, bis schließlich Ossi sagte: „Aber Tommy, die »Zauberer«, das ist *dein* Schiff!"

„Nein, ist es nicht", entgegnete ich. „Du weißt sehr wohl, daß alle Schiffe Gemeinbesitz sind. Und wie du ferner weißt, wird sie allmählich alt und schwerfällig. Außerdem waren bei unserem letzten Beutezug beide Schiffe unterbemannt, und wenn Hamlins Leute erst einmal weg und noch mehr Männer hier unabkömmlich sind, wird es noch schwieriger. Nein, wir brauchen die »Zauberer« nicht mehr. Wir haben ja immer noch die »Hexer«. Die ist ein besseres Schiff."

„Werden wir denn überhaupt noch Beutezüge unternehmen?" fragte Black Billy.

„Doch. Nicht mehr so oft vielleicht, aber wir können nicht erwarten, daß die Männer sich über Nacht völlig ändern. Sie würden unruhig werden, wenn wir es nicht tun. Und zweitens... werden wir uns ein paar Weiber fangen und sie hierherbringen."

„Was?!" Kanonenkugel sprang auf die Beine, und ein neuerlicher Sturm von Protesten hob an. „Was, zum Teufel, soll denn ein Haufen Fotzen hier?" Die Antwort darauf überließ ich Ossi.

Als unsere Versammlung beendet war, ging ich spornstreichs zu Hamlin, um ihm meinen Vorschlag mitzuteilen. Dem Kerl klappte die Kinnlade herunter, und er stand da wie vom Donner gerührt. „Ist das dein Ernst?" fragte er, nachdem er sich wieder gefaßt hatte.

„Mein voller Ernst", erwiderte ich. „Ich habe dir ein Schiff versprochen, also fahr weg, wenn du willst, und nimm alle mit, die dir folgen wollen!"

Sofort kehrte Jean Hamlins schmeichlerisches Lächeln wieder zurück. „Entermesser, ich hab ja gewußt, daß du dein Wort hältst! Du bist ein Ehrenmann, und ich werde dir ewig..."

Ich legte keinen Wert auf sein Süßholzgeraspel. „Also abgemacht!" unterbrach ich. „Aber das letzte Wort hat meine Mannschaft. Morgen früh berufe ich eine Versammlung ein, und bis dahin: Schluß mit deinem aufrührerischen Geschwätz, sonst knüpfe ich dich eigenhändig an die Rah! Bis morgen!"

Und während er noch stammelte „Aber, Entermesser, ich habe niemals... Ich wollte doch gar nicht...", machte ich kehrt und marschierte davon.

⚓ ⚓ ⚓

Die Kreuzung der beiden Hauptstraßen war zu einer Art Dorfplatz geworden, wo sich am nächsten Morgen alle Männer versammelten. Natürlich hatten sich meine Absichten herumgesprochen, und die ganze Nacht war von, nicht selten schlagkräftigen, Auseinandersetzungen bestimmt. Ich sprang auf ein Brett, das quer über zwei umgedrehte Fässer gelegt war, und gebot der Menge Schweigen. Dann eröffnete ich die Versammlung.

Ich glaube, an diesem Tag habe ich die beste Rede meines Lebens gehalten. Ich fühlte mich wie Cicero vor dem römischen Senat und brachte noch einmal sämtliche Argumente vor, die ich bereits meinen Offizieren genannt hatte - freilich ohne die Altersschwäche der »Zauberer« eigens zu betonen.

Mein Vorschlag, Frauen auf die Insel zu holen, stieß jedoch auf gemischte Reaktionen, auch wenn ich einige Wankelmütige zweifellos zurückgewann. Doch riefen die anderen, wir brauchten keine Weiber. Pflichtgehorsam wiederholte ich die Argumente, die Ossi ins Feld führte, und kehrte besonders auf, daß diese Frauen uns zur täglichen Hausarbeit dienen würden.

Als ich schließlich zur Abstimmung rief, erklärten sich rund zwei Drittel der Männer mit meinen Plänen einverstanden. Danach kam ich zum zweiten Punkt. Ich schlug vor, daß diejenigen, welche mit Hamlin gehen wollten, sich auf der einen Seite des Platzes aufstellten. „Aber vergeßt nicht!" fügte ich so dramatisch wie möglich hinzu. „Dieser Entschluß ist unwiderruflich! Versucht mir nicht, nächsten Monat oder nächstes Jahr zurückzukommen! Wer geht, der geht für immer. Und diejenigen, die bleiben, werden einen neuen Schwur auf diese Gemeinschaft und auf diese Insel leisten, die unsere Heimat sein soll bis zum Tod!"

Dann begann die Abstimmung. Mehr denn einmal sah ich Tränen, als ein Freund den anderen zum Gehen oder Bleiben zu bewegen suchte, und ein paar Liebhaber wurden auseinandergerissen. Es war ein gefühlsgeladener, schmerzlicher Moment.

Zu guter Letzt blieben etwa fünfzig, die sich für Hamlin erklärten, während zwei seiner eigenen Männer sich entschieden, bei uns zu bleiben. Das überraschte mich. Erst später erfuhr ich, daß beide in unseren Reihen einen Liebesgefährten gefunden hatten.

Bis auf wenige Ausnahmen konnte ich die zweiunddreißig, die von uns gingen, verschmerzen; es waren Lumpen, Abenteurer, Spanienhasser oder einfach solche, die all ihren Gewinn verspielt hatten. (Ich selbst betrachtete das Glücksspiel schon immer als Laster, konnte es aber nicht ausrotten.) Verzweifelt suchten die armen Teufel nun, bei Hamlin ihr Glück aufs neue zu machen.

Kaum stand die Entscheidung fest, schickte ich diejenigen, die gehen mochten, ihrer Wege; ich wollte ihnen keine Gelegenheit zur Umbesinnung oder zum Protest geben. Die Schaluppe und ein paar Dinge von Bord der »Zauberer« blieben natürlich in unserem Besitz, doch zeigte ich mich so großzügig wie möglich. Hamlin und seine neue Mannschaft wurden mit Proviant ausgestattet, wir sagten Lebewohl, und am frühen Nachmittag bestiegen sie das Schiff. Man schrieb den 3. November 1683, nur vier Monate, nachdem wir an dieser Insel gelandet waren. Zusammen mit etwa 150 Männern stand ich am Strand, sah zu, wie die »Zauberer« aus unserem Leben davonsegelte, und ich war bestimmt nicht der einzige, der eine Beklommenheit in seiner Brust verspürte und der eine Träne unterdrückte.

Als die Segel zwischen den Hügeln des „Po" verschwanden, wußten wir, daß dies ein Meilenstein in unserem Leben war.

Schweren Herzens drehte ich mich schließlich zu unserem Dorf um, dem Ort, den meine Männer heute „Tommy's Town" nennen. Auf einer Fahnenstange, die wir in der Mitte des Platzes aufgestellt hatten, flatterte unser Wahrzeichen, die schwarze Flagge mit dem weißen Einhorn, und wiewohl ich mir nie viel aus ihr gemacht hatte, sah ich sie in diesem Moment mit ganz neuen Augen: Es war nun keine Flagge der Heimatlosen mehr; es war die Flagge von St. Vitus - unsere Heimatflagge.

Einundzwanzigstes Kapitel

Das Frauenschiff
Wie Ossi und ich uns entzweien und aus Feindschaft neue Liebe entsteht

Die Segel der »Zauberer« waren kaum außer Sicht, da drängte man - nicht nur Ossi und die Afrikaner - auf die Einlösung meines zweiten Versprechens: daß wir ausziehen und uns Frauen beschaffen würden. Nun, ich vertröstete die Männer auf die nächsten paar Tage, erklärte Ossi aber am selbigen Abend, daß ich dabei nicht mitzufahren gedächte. „Spiel du allein den Kapitän! Ich bleibe hier und passe auf, daß alles seinen geordneten Gang geht. Mitnehmen kannst du von mir aus, wen du willst; an Freiwilligen dürfte es ja nicht fehlen."

Eine Minute lang runzelte mein Freund die Stirn. Dann zuckte er einfach mit den Achseln und sagte: „Na schön. Dann fahre ich zuerst nach St. Vincent."

„St. Vincent?!" Ich wußte nicht, was mich mehr aus der Fassung brachte: Wie leicht er sich mit meinem Ausscheiden abfand, oder daß er eine Insel ansteuern wollte, die nur von Karaiben bewohnt war. „Du denkst doch nicht etwa an Indianerfrauen? Diese Karaiben mit ihren Kanus haben schon größere Siedlungen vom Erdboden getilgt als diese hier!"

„Nein. Aber es ist unsere Nachbarinsel. Ich glaube, es wäre nicht schlecht, sich dort einmal umzuschauen. Letztes Jahr, in Tortuga, hat jemand gesagt, es sollen Schwarze dort leben. Ein ganzes Dorf. Männer und Frauen."

„Ach was!" entgegnete ich. „Höchstens eine Handvoll entsprungener Sklaven! Brich keine unnötigen Kämpfe vom Zaun!"

„Nein, nein. Und danach, denke ich, fahren wir weiter, Richtung Süden. Zur Spanierküste."

Ich verstand ihn nicht, ließ ihn aber gewähren, und zwei Tage später stach die »Hexer« mit nahezu voller Besatzung in See, darunter natürlich auch mehrere Afrikaner.

Zu meiner größten Überraschung kehrte das Schiff nach nur fünf Tagen wieder zurück. Ich sah, wie es sich in die Bucht hineinlavierte, und fürchtete bereits, daß irgendein schweres Unglück sie zur Umkehr gezwungen hätte. Von außen aber war kein Schaden zu erkennen. Was ich sofort erkannte, waren die schwarzen Frauen, die in den Beibooten des Schiffes zu uns hergerudert wurden. Sie wirkten mir nicht wie zivilisierte Hausmägde; barbusig, mit Farbstriemen und Narben auf dem Gesicht erinnerten sie mich vielmehr an Sklavinnen aus Afrika.

Als das Boot anlegte, sprang Ossi heraus und kam mit breitem Grinsen auf mich zu.

„Was ist passiert? Ist alles in Ordnung? Was führt dich so rasch wieder zurück?"

Mein Freund umarmte mich und versicherte mir, daß alles zum Besten stünde. „Wir sind nur bis St. Vincent gefahren. Und wie du siehst, haben wir schon einen Teil des Gewünschten. Wir wollten diese Frauen bloß rasch hier absetzen, ehe wir weiter zur Spanierküste fahren."

„Diese Weiber stammen aus St. Vincent?"

„Ja." Und im Schatten einer nehegelegenen Kokospalme berichtete mir Ossi von seinen höchst erstaunlichen Entdeckungen auf unserer Nachbarinsel:

Die »Hexer« war kaum in ein schöne, von schwarzem Sandstrand gesäumte Bucht auf der Leeseite von St. Vincent gefahren, da hatten Kanus voll schwerbewaffneter Schwarzer, die wie Karaibenkrieger ausstaffiert waren, sie umzingelt. Zuerst schienen diese Schwarzen feindlich gesinnt; als aber einer unserer Afrikaner, Joao beziehungsweise „Little Joe", sie in verschiedenen afrikanischen Sprachen angeredet hatte, verwandelte sich die Attacke bald in ein herzliches Willkommen. Zudem hatte man inzwischen bemerkt, daß unsere Mannschaft zum Großteil selbst aus Schwarzen bestand.

Wie sich herausstellte, kamen die unerwarteten Inselbewohner von einem Sklavenjäger, der vor sieben oder acht Jahren hier vorbeigefahren und Opfer einer Revolte geworden war. Mehrere Hundert

Sklaven waren an die Küste von St. Vincent entkommen, nur um jedoch dort auf Karaiben zu treffen. Als Bundesgenossen gegen die Weißen erlaubten die Indianer ihnen, sich auf Hairun - so der Karaibenname der Insel - häuslich niederzulassen, und bald hatten die neuen Negerdörfer etliche Sitten und Gebräuche der Einheimischen übernommen: Es entstanden die schwarzen Indianer von St. Vincent.

Ossi berichtete ihnen von unserer vorwiegend dunkelhäutigen Siedlung auf St. Vitus, und der Negerhäuptling - tief beeindruckt von der Tatsache, daß ein Schwarzer nicht nur Kapitän eines solch großen Schiffes, sondern auch Ashantifürst war - hatte Ossi erlaubt, sich unter seinem Volk Bräute zu suchen. Es war der Beginn einer brüderlichen Freundschaft.

Die Frauen, die das Schiff nach St. Vitus gebracht hatten, kamen aus freien Stücken und nahmen nur allzugern die schwarzen Krieger einer Nachbarinsel zum Mann.

„Sieh nur her!" schloß Ossi seinen Bericht. „Ich hab auch selbst eine gefunden. Da ist sie! Sie heißt Aisha."

Ich sah hin. Nur ein Stückweit von uns entfernt stand eine etwa sechzehnjährige Frau von stolzem, hohem Wuchs, die Ossi unverwandt anstarrte. Ihr Züge waren klar und ebenmäßig, ihr Körper makellos, ihre jungen Brüste drall und spitz. Sie wirkte fast hochmütig, und ich haßte sie auf den ersten Blick. Das frappierendste an ihr aber war ihre Farbe: nicht Schwarz wie alle andern, sondern ein schimmerndes Goldbraun.

„Eine Fulani!" rief ich. „Das ist eine Fulani!" Ich wußte vom Hörensagen, daß dieser Stamm aus dem Inneren Westafrikas als aristokratisch galt, und erzielten sie auf den Sklavenmärkten ihrer Schönheit wegen und als Zuchtvieh auch Höchstpreise, so waren sie dennoch zu stolz und eigensinnig, um tüchtige Knechte und Mägde abzugeben.

„Ja", bestätigte Ossi. „Die einzige auf dem ganzen Schiff. Sie war noch ein Kind, als sie nach St. Vincent kam, aber sie weiß um ihre Abstammung. Sie war sich für jeden ihrer Freier zu gut und bis jetzt noch Jungfrau."

„War!" Das Blut schoß mir ins Gesicht, und ich spürte einen übermächtigen Zorn.

„Verflucht, Tommy! Beruhige dich! Was hast du denn gedacht? Du kanntest sehr gut den Zweck unserer Fahrt!"

„Na, dann hat sie ihren Zweck für dich ja erfüllt!" Ich funkelte ihn an. „Zur Hölle mit dir! Damit wäre ich ja wohl überflüssig!"

„Tommy! Um Gottes willen! Red keinen Unsinn! Wir haben das doch alles besprochen. Bring Aisha in unser Haus, kümmere dich um sie, solange ich fort bin, und zeige ihr..."

„In *unser* Haus? Nur über meine Leiche! Nimm sie, wenn du willst, aber bleib *mir* damit vom Leibe!"

Ossi starrte mich an und seufzte dann. „Nun gut. Dann nehm ich sie eben mit." Und damit kehrte er mir den Rücken.

Ein paar Stunden später stach die »Hexer« wieder in See, ohne daß Ossi und ich uns auch nur Lebewohl gesagt hatten. Der Gedanke, daß er und dieses Weib zu zweit in der Kapitänskajüte waren, bereitete mir Höllenpein. Nie wieder würde ich in jener Koje schlafen!

Für die nächsten vierzehn Tage igelte ich mich in unserer Hütte ein und ergab mich einer Orgie von Selbstmitleid und Reue. Worauf hatte ich mich da eingelassen? Hätte ich getan, was Ossi von mir wollte, dann hätte ich diese Fulani wenigstens in der Gewalt gehabt - vielleicht irgend etwas aushecken können, um sie mir vom Halse zu schaffen.

Als Ossi dann zurückkehrte, brachte er eine Schiffsladung voll nützlicher Beute mit - aber auch rund zwanzig Frauen, lauter Negerinnen in allen Schattierungen. Sie hatten auf dem Festland als Mägde und Arbeiterinnen gedient und sprachen Spanisch.

Diesmal jedoch begrüßte ich Ossi nicht bei der Ankunft. Die Frauen wurden, um Zwistigkeiten zu vermeiden, an ihre Gefährten versteigert, wobei Pancho und Emile sich drei der hübschesten und jüngsten sicherten. Nun hatten wir schon über dreißig Frauen im Dorf, und ich hoffte nur, damit wäre es genug.

In einer stillen Minute rief ich Emile zu mir und fragte: „Was, zum Teufel, gedenken du und Pancho mit diesen Mädchen zu tun? Ich kann mir nicht vorstellen, daß einer von euch beiden..."

Emile lachte. „*Sacre bleu!* Nein! Nein, *mon capitain!* Pancho und ich, wir bekommen doch die Taverne, oder? Und wer hätte je von einer guten Taverne ohne ein, zwei Schankdirnen gehört, die nett zu den Gästen sind!"

Das hatte ich nicht bedacht, und sowenig mir dieser Gedanke schmeckte, wäre es für ein paar Männer doch ein nützliches Sicherheitsventil. Außerdem lag nichts näher, als daß Pancho der Hurenmeister des Städtchens wurde.

Schließlich kam auch Ossi zu mir in die Hütte, blieb aber ein paar Schritte vor mir stehen. Es war, als stünde eine unsichtbare Mauer zwischen uns.

„Nun", sagte er, „hast du dir alles durch den Kopf gehen lassen? Darf ich Aisha mit ins Haus bringen?"

„Nein."

Er seufzte. „Dann werd' ich sie eben an Bord lassen, bis ich ihr ein eigenes Haus bauen kann."

Ich gab keine Antwort. Es kam mir vor, als hätte mir mein Freund einen Dolch in die Brust gestoßen. All meine Freude an unserer kleinen Siedlung war dahin!

Während der nächsten paar Tage sprachen wir kaum ein Wort miteinander, es sei denn über Sachfragen. Seine Nächte verbrachte Ossi auf der »Hexer«, und tagsüber ließ er etwas abseits, am südlichen Rand des Dorfes, eine Hütte errichten, wo er Aisha unterbrachte. Es war nur ein schwacher Trost, daß Pancho mir von anderen Paaren erzählte, die sich wegen der Frauen überworfen hatten.

Mit der Zeit jedoch gehörten selbst diese Frauen zum Alltagsbild, und das meiste kehrte in seine gewohnten Bahnen zurück. Nur Ossi blieb in jenem kleinen Haus am Ende der Straße, wo er mit Aisha zusammenlebte.

Eines Abends, als ich müde und verdrossen von einem schweren Tag zurückkehrte - ich hatte die Ausbesserungsarbeiten an der Schaluppe »Janice Ann« überwacht, um wieder eine Handelsreise nach Barbados anzutreten -, erwartete mich Sir George auf der Veranda. Er machte sich meinet- und Ossis halber Sorgen und ließ es klingen, als wäre alles meine Schuld, während er mich zur Besinnung rief. „Du mußt den ersten Schritt tun, Tommy! *Deine* Einstellung zu diesem Fulani-Weib hat ihn vertrieben! Im Grunde kann sie ihm doch nichts bedeuten! Bitte ihn, daß er wieder nach Hause kommt!"

Ich entgegnete mehr oder minder, Sir George solle sich um seinen eigenen Kram scheren, und schleuderte mir wütend die verschlammten Stiefel von den Füßen. Dann warf ich mein dreckiges Hemd in eine Ecke und ließ mich auf das große, leere Himmelbett fallen, das ich einst für Ossi und mich gekauft hatte. In diesem Moment ging die Türe auf, und Ossi kam herein.

„Was suchst *du* denn hier?" fragte ich, von seinem Anblick nicht weniger überrascht als er es über den des Bettes war. Dann faßte er sich schnell und sagte:

„Du hast wohl vergessen, daß das hier auch mein Haus ist. Ich wohne hier!" Er starrte mir ins Gesicht.

„Im Ernst? Ich dachte, du hättest ein neues - das, in dem du mit deiner Hure zusammenlebst."

„Ich habe ihr nur ein Haus gebaut, weil du sie nicht zu dir hereinlassen willst! Und Aisha ist keine Hure. Ich bin ihr erster und ihr einziger Mann."

„Bitte tausendmal um Vergebung! Aber sie ist deine *Frau*, deine neue *Liebe! Sie* hat dich - ich nicht!"

„Wer hat je ein Wort von Liebe gesagt? Ich schlafe mit ihr, weiter nichts."

„Ja, und das Nacht für Nacht."

Feindselig starrten wir einander an. Dann sagte Ossi: „Ich weiß gar nicht, was du willst. Schließlich bin ich hier. Ich gehe jetzt zu Bett!" Und damit schickte er sich an, ebenfalls seine Stiefel auszuziehen.

Ich sprang auf. „Nein!" Und ich versuchte, ihn hinauszustoßen. „Geh zurück, wo du hergekommen bist! Ihren Gestank bringst du mir nicht ins Bett!"

„Ich habe den Wunsch, in meinem eigenen Bett zu schlafen. Mit dir. Und das werde ich auch."

Damit versuchte er, sich an mir vorbeizuschieben, doch nun ging es vollends mit mir durch. Ich packte ihn an den Schultern, schleuderte ihn gegen die Tür und stürzte mich fäusteschwingend auf ihn. Bevor ich ihm jedoch ins Gesicht schlagen konnte, traf mich seine geballte Rechte, dann seine Linke, und verblüfft stolperte ich zu Boden.

„Du dreckiger Hund!" schrie ich. „Was fällt dir ein? Niemand darf mich schlagen, und du schon gar nicht! Du gehörst mir!" Ich rappelte mich auf die Beine, aber er sprang mir entgegen.

„Dir gehören? So? Hältst du mich nach solch langer Zeit immer noch für deinen Sklaven? Dann hast du wahrscheinlich auch die Verkaufsurkunde noch irgendwo? Nun, ich habe dir gesagt, ich bin niemandes Sklave. Nie im Leben! Und deiner erst recht nicht!"

Seine Worte trafen mich härter als seine Faust. Der Schock muß mir im Gesicht gestanden haben, und ich wollte stammeln „Nein, Ossi! Nein! So war es nicht gemeint! Ich liebe dich doch, dich allein!" Aber jetzt sah Ossi rot. Er stürzte sich auf mich, packte mich an der Kehle, und ich glaubte, er wolle mich umbringen. In meiner Not umschlang ich ihn mit den Armen, drückte ihn an mich - und der sinneverwirrende Moschusgeruch stieg mir in die Nase, machte mich schwindlig. Erst jetzt merkte ich, daß mein Körper längst heftig reagiert hatte, und sich unterhalb von Ossis Bauchnabel rieb - merkte, daß der Druck erwidert wurde. Ossi ließ von meiner Kehle ab, packte mich an den Oberarmen und warf mich rücklings zu Boden, um mich mit seinem vollen Gewicht darauf festzunageln. Endlich - endlich spürte ich diesen muskulösen, samtweichen Körper wieder, wie er sich auf mich wälzte! Ossis warme, weit geöffnete Lippen senkten sich auf meinen Hals, saugten, bissen und bedeckten dann unversehens die meinen. Ich stöhnte vor Atemnot, als Ossis Zunge in meinem Mund wühlte, während seine Rechte gleichzeitig hinunterwanderte, um mir den Hosenlatz aufzureißen. Dann packte er mich fest wie ein Schraubstock, und ich schlug ihm meine Fingernägel in den Rücken, weil ich unter seinem anhaltenden Kuß nahezu erstickte. Ossi verzerrte das Gesicht vor Schmerz, wich ein Stück zurück, und ich nutzte diesen Moment, um mich nach kurzem Atemholen nun meinerseits auf ihn zu stürzen. Mein Freund ergab sich meinem Kuß, bewahrte jedoch seinen stahlharten Griff. Ich wurde von blinder Leidenschaft erfaßt. Während sich meine Rechte in sein dichtes, drahtiges Haar krallte, riß ich ihm mit der Linken sein Hemd vom Leibe, schlug ihm meine Finger in die Brust, als wolle ich noch das Fleisch selbst herunterreißen, und stemmte ihm mein Knie zwischen die Beine. Sie öffneten sich nur allzu bereitwillig. Ich konnte nicht länger an mich halten. Pochend zwischen Ossis Fingern, drängte es aus mir heraus, doch erst, als ich vor Lust und Schmerz meine Lippen von den seinen nahm, löste er einen Moment lang seinen Griff, und eine fast qualvolle Explosion ergoß sich über ihn.

Doch ich dachte nicht daran, jetzt aufzuhören. Rasch drehte ich mich seitwärts, um mich mit meinem Mund auf Ossis Männlichkeit zu stürzen, welche die Hose fast zu sprengen schien, riß erst den Gürtel, dann den Stoff beiseite, und wie er seine Zähne schon in mich geschlagen hatte, schlug ich die meinigen in seine Schwärze. Wir waren wie im Wahnsinn. Wir schluckten, verschlangen und zerfleischten einander - spendeten einander ein Gemisch aus Wonne und Pein, daß ich schier zu zerspringen glaubte, und nicht lange, da jagte mir der warme, bittersüße Nektar in die Kehle, während ich selbst eine neue Ladung abfeuerte.

Mit triefenden Lippen zog ich mich zurück, um meinen Freund abermals zu küssen. Dergleichen hatte ich noch nie erlebt. Wir liebten uns in dieser Nacht wieder und wieder - mit einer Rohheit, einem Ungestüm, als würden wir einander zum erstenmal entdecken. Und in der Tat war es ja eine neu entdeckte Wonne - ein wiederentdeckter Schatz.

Schließlich, nach langer Zeit, als wir keuchend beieinanderlagen, flüsterte mir Ossi ins Ohr: „Mach das nie wieder, Tommy!"

„Was?!" lachte ich verblüfft. „Dich auf diese Art zu lieben?"

„Unsinn! Versuche nicht noch einmal, mich zu vertreiben. Ich liebe dich, Tommy! Dich allein!"

Und hatte nicht ich das Gleiche vorhin noch zu ihm gesagt? Ich gab keine Antwort. Aber sicher spürte Ossi mein Zittern und die Tränen, die ihm am Hals hinabrannen. Und ich hielt ihn fester denn je.

Zweiundzwanzigstes Kapitel

Ossis Wunsch
Die „Einhorn-Handelskompanie"
Ich bekomme eine neue Mutter

Es war heller Morgen, als ich die Augen aufschlug und meinem Freund ins Gesicht blickte. Ossi war bereits wach. Er lächelte mich an, und wieder drückte ich ihn an meine Brust, küßte seine zerrissene Unterlippe und sagte: „Oh, Ossi! Mein Ossi! Nun ist alles wieder gut! Versprich mir, daß du dieses Weib nie wiedersiehst!"

Wenn ich jedoch erwartete, das Unglück der Vergangenheit sei hiermit restlos zerstreut, so blühte mir eine herbe Ernüchterung. „Tommy", antwortete mein Freund und sah mich auf eine Art an, die ich mir nicht zu deuten wußte, „es gibt etwas, das du nicht für mich tun kannst - das wir *füreinander* nicht tun können..."

Abrupt hielt ich in meinen Liebkosungen inne. „Und das wäre?"

„Wir können keine Kinder zusammen bekommen."

Ich war wie vor den Kopf geschlagen. „Kinder? Wozu auch die?"

„Na, eben um unser Werk einmal fortzuführen, wenn wir nicht mehr sind. Ich wünsche mir einen Sohn, Tommy - einen, den wir zum neuen Anführer unserer Gemeinschaft erziehen können. Dieses Dorf wird eines Tages keine bloße Freibeutersiedlung mehr sein, sondern... ein kleines Königreich. Und unser Sohn soll dessen Thron erben!"

Mir war noch nie ein Gedanke in dieser Richtung gekommen. Allein die Vorstellung, daß unsere Siedlung fortbestehen könnte, lag mir fern. Ich schüttelte den Kopf. „Mein Gott, Ossi! Ich weiß gar nicht, was ich dazu sagen soll - ich weiß es einfach nicht. An diesen Gedanken muß ich mich erst gewöhnen. Aber was heißt da *unser Sohn?* Deine Fulani würde ihn dir schenken, und die Vorstellung, daß du einen Sohn zeugst..." Meine Hand wanderte unter die Decke und ergriff das schwere Glied meines Freundes. Nein, ich wollte es nicht hergeben, und als es mir seine Bereitschaft zeigte, schob ich alle unerquicklichen Gedanken beiseite, um mich in eine neue Flut von Liebe zu stürzen.

⚓ ⚓ ⚓

Die nächsten zwei Wochen über verließen wir die Hütte nur, wenn es unbedingt sein mußte. Es waren die besten vierzehn Tage unseres Lebens.

Als sich meine neue Reise nach Barbados schließlich aber nicht mehr verschieben ließ, berief ich sämtliche Offiziere sowie Sir George zu einer Versammlung, auf welcher ich ihnen zum erstenmal meine Pläne enthüllte: Ich hatte vor, all mein Hab und Gut in Jamaika auf eine Bank in Barbados zu schaffen, damit wir es jederzeit zum Ausbau unserer Siedlung heranziehen könnten. Als ich ihnen den Umfang meines Vermögens nannte - ganz genau konnte ich ihn selbst nicht beziffern -, pfiffen meine Freunde zwischen den Zähnen und taten laut ihr Erstaunen kund. Nicht einmal Ossi hatte gewußt, daß ich ein so reicher Mann war, und damit nicht genug, es konnte seit der letzten Vermögensaufstellung durch meinen Vater viel passiert sein. Ich wußte nur, daß ich jetzt fast die reichsten Plantagenbesitzer auf Jamaika aufzukaufen vermochte.

„Gott segne dich, Tommy!" rief Kanonenkugel. „Es war ein Glückstag, als wir dich zu unserem Hauptmann wählten!"

Und obschon ich mich geschmeichelt fühlte, setzte ich der allgemeinen Lobhudelei ein Ende. „Genug, meine Freunde! Genug!", sagte ich. „Ich handle nur in meinem eigenen Nutzen! Ich möchte einfach nicht in einem elenden Kuhdorf wohnen, und gäbe es hier keinen Rum, Tabak und all die anderen Dinge, die wir bei unsrer nächsten Fahrt von Barbados mitbringen werden, dann gewiß auch einen Großteil der Männer nicht! Handel treiben ist unmöglich; wir haben nur Kokosnüsse und ein paar andere Früchte zu bieten. Und wenngleich es nicht allen klar sein mag, so nehme ich an, ihr wißt, daß die letzte Stunde der Freibeuter geschlagen hat. Zwischen den Inseln wimmelt es jetzt von englischen und französischen Kriegsschiffen - von den spanischen ganz zu schweigen. Nein, Männer, wir können nicht mehr auf Beutezüge fahren; wir müssen kaufen. Und dafür gedenke ich mein Vermögen zu verwenden. Alsdann! Überlegen wir nun, wie sich die praktischen Schwierigkeiten, die damit verbunden sind, lösen lassen! Ich habe vor, auf Barbados ein Bankkonto zu eröffnen. Und anschließend muß ich nach Jamaika."

„Nach Jamaika?! Auf der »Hexer« vielleicht?" fragte Black Billy.

„Nein, das wäre zu gefährlich. Die Krone würde sie sofort konfiszieren."

„Aber noch gefährlicher wäre es mit der Schaluppe!" wandte Ossi ein. „Vor allem auf der Rückfahrt. Du hast dann eine so reiche Ladung an Bord wie nach keinem unserer Beutezüge. Und es gibt Piraten in diesen Gewässern!"

Wir alle kicherten, obwohl mein Freund recht hatte. So beschlossen wir nach einigem Hin- und Herüberlegen, daß beide Schiffe gemeinsam fahren würden. Die »Hexer« sollte ein Stück vor Jamaika warten, während die »Janice Ann« mit flattender englischer Flagge und gefälschten Papieren in Port Royal einliefe.

„Noch eine Kleinigkeit!" sagte Sir George, als wir uns in diesem Punkt einig waren. „Wenn wir in Zukunft regelmäßig auf Barbados Geschäfte abwickeln und mit größeren Geldsummen operieren werden, dann sollten wir als Handelsgesellschaft auftreten." Mir war dieser Gedanke noch nie gekommen, aber Sir George besaß in derlei Dingen weitaus mehr Erfahrung als ich. „Eine Handelsgesellschaft, die sich hinter einem Decknamen verbirgt - oder vielmehr einem Geschäftsnamen, was die Allgemeinheit betrifft."

Wir alle überlegten ein paar Sekunden. Dann rief Marcel plötzlich: „Wie wär's denn mit ‚Einhorn-Handelskompanie'? Dann bräuchten wir nicht mal auf unsere Flagge zu verzichten, und der Name würde *uns* etwas sagen, Außenstehenden aber nicht."

Marcels Vorschlag war ideal. Er wurde ohne Zögern angenommen, und nach all diesen Jahren als eine Schiffsmannschaft, die etwas fragwürdigen Unternehmen nachging, würden wir uns in die Geschäftswelt einschmuggeln!

⚓ ⚓ ⚓

Rund eine Woche später war alles unter Dach und Fach. Dank der sachkundigen Hilfe von Sir George stand die „Einhorn-Handelsgesellschaft" unter Vorsitz von Kapitän Thomas Smith im Handelsregister - unter den eingetragenen Vermögenswerten der Gesellschaft befand sich auch die Schaluppe »Einhorn«, die auffallend der »Janice Ann« ähnelte -, eine Bankverbindung wurde eröffnet und ein zuverlässiger Agent ausfindig gemacht. Als er die Höhe des Betrages erfuhr, den ich nach Barbados zu verlagern gedachte, geriet der Mann fast außer sich vor Freude. „Bei einem solchen Vermögen", rief er, „wird Eure Gesellschaft eine wichtige Kraft im hiesigen Geschäftsleben darstellen! Und bei einer klugen Anlagepolitik genügen bestimmt schon die Erträge zur Deckung Eures alltäglichen Bedarfs!"

Nicht weniger erfreulich verlief auch eine andere Angelegenheit: das Wiedersehen zwischen Sir George und Joshua. Der Handelskapitän, den ich beauftragt hatte, Sir Georges Bibliothek und Wertsachen nach Barbados zu bringen, war pünktlich eingetroffen und hatte auch den alten Diener an Bord. Seinen getreuen Joshua und seine heißgeliebten Bücher - mehr brauchte unser Freund nicht zum Glücklichsein!

Daneben erstand er noch einen Berg von neuen Schriftwerken - ein Drittel mehr, als ich damals gekauft hatte -, und tief beeindruckt überließ der untertänige Buchhändler seinem Kunden, „Doktor George Stevens aus St. Kitts", die Ware zu einem Sonderpreis.

So hatte ich denn auf unserer Heimfahrt das Gefühl, daß diese Reise ein voller Erfolg gewesen war. Eine viel schwierigere und gewagtere stand uns aber noch bevor - die nach Jamaika.

⚓ ⚓ ⚓

Es vergingen volle drei Monate, bevor wir aufs neue fahrbereit waren. Unser Vorhaben, alle beide, »Hexer« *und* »Einhorn«, mitzunehmen, erforderte nämlich umfangreiche Planung. Um beide Schiffe auch nur leidlich zu besatzen, würden wir über die Hälfte unserer Gemeinschaft benötigen, und ich fand es bemerkenswert, daß ich manche Männer nachgerade zwingen mußte, Matrosendienst zu tun. Sie ließen mich versprechen, daß ich keine unnötigen Wagnisse eingehen und sie alle möglichst rasch zu ihren Häusern und Gärten zurückbringen würde.

Mitte Mai war dann alles abfahrbereit, aber Ossi verlangte einen

Aufschub bis zum achtzehnten. Da er keinen Grund nannte, nahm ich an, er wolle noch etwas zu Ende bringen, und am Abend des siebzehnten schlug er einen kleinen Ausflug in den „Pavillon" vor, um mit den Männern einen Abschiedstrunk zu nehmen. Als wir uns aber dem Gebäude näherten, war alles außergewöhnlich still. Wir traten ein, und sofort strömten unter lauten „Hoch!"-Rufen und anderem Geschrei ringsum die Männer herbei. Erst da begriff ich: Ossi und die übrigen hatten wieder einmal eine Überraschung für mich eingefädelt; es war mein Geburtstag, der 17. Mai 1684! Ich wurde 32 Jahre alt.

Und während die wilde Feier ihren Gang nahm, sinnierte ich, wie sehr wir uns innerhalb der letzten zwölf Monate alle verändert hatten. Von außen betrachtet, waren wir noch dieselben, aber innerlich...!

⚓ ⚓ ⚓

Mit flatternder englischer Flagge und zur Abwechslung einmal vollkommen rechtsgültigen Papieren fuhren wir in Port Royal ein. Das Schiff war nun ausgewiesener Besitz der Einhorn-Handelsgesellschaft unter dem Befehl des Kapitän Thomas Smith, einem Mann mit eleganter Kleidung und säuberlich gestutztem Vollbart, hinter dem bestimmt keiner den geächteten Entermesser-Tom vermuten würde. Die »Hexer« sollte derweilen bis zu unserer Rückkehr unter dem Horizont kreuzen.

Wenn aber einer hier etwas nicht wiedererkannte, so war ich es. Port Royal hatte sich seit meinem letzten Besuch vor drei Jahren stark gewandelt. Es war gewachsen, viele der alten Holzhäuser hatten neuen Backsteinbauten weichen müssen, und vor allem herrschte eine völlig veränderte Atmosphäre. Statt der pöbelhaften, primitiven Siedlung meiner Jugend fand ich ein achtbares, von Handel und Wandel erfülltes Hafenstädtchen vor - ein Umschwung, der sich selbst in der Schänke meines Vaters, dem „Achterdeck", bekundete. Das Hafengesindel, das einst die Gästeschaft gebildet hatte, war durch friedliche Kontoristen, Lagerarbeiter und sogar ein paar kleine Kaufleute abgelöst worden. Nicht ein Gesicht erkannte ich wieder, und niemand erkannte mich.

Ein Fremder stand hinter dem Schanktisch, und ich erkundigte mich bei ihm nach meinem Vater.

„Oh, Ihr meint, Colonel Cutler!" rief der Mann überrascht. „Nun, der müßte auf seiner Plantage im Rio-Minho-Tal sein."

Ich fragte: „Kommt er denn gar nicht mehr hierher?"

„Doch, alle ein, zwei Wochen einmal - um einen Blick in die Bücher zu werfen." Offenbar ging es meinem Vater inzwischen ziemlich gut.

Als ich alles erfahren hatte, was ich wollte, befahl ich den Männern zu ihrer Enttäuschung, an Bord zu bleiben. Ich selbst beabsichtigte, mir unverzüglich ein Pferd zu mieten, besann mich jedoch eines Besseren: Ein Käpt'n Thomas Smith würde mit Roß und Wagen vorfahren!

Meine Ankunft fiel dementsprechend elegant aus. Als ich aber klopfte, wurde ich von Dienern, die ich noch nie gesehen hatte, hereingebeten und in den Salon geführt, bis die Herrschaft bereit wäre, mich zu empfangen. Natürlich rechete ich damit, daß mein Vater mich begrüßen werde. Statt dessen jedoch erblickte ich, als sich eine Tür zum Inneren des Hauses auftat und ich mich umdrehte, eine schöne Frau - mehr noch: die schönste, die ich je gesehen hatte! Ihr blondes Haar fiel ihr bis auf die Schultern, und sowohl ihr üppiger roter Mund als auch ihre himmelblauen Augen lächelten mich an.

„Mr. Smith?" fragte sie. „Es tut mir leid, daß mein Gatte Euch nicht empfangen kann; aber er ist auf den Feldern. Doch müßte er bald zurück sein, und wenn ich Euch bitten dürfte, zu warten...?"

Ich war sprachlos. „Euer... Euer Gatte?!" stieß ich hervor.

Diese Frau hatte etwas, das ich einfach nicht beim Namen nennen konnte - etwas, das mir keine Ruhe ließ. Mir war, als sei sie mir vertraut. Sie war ungefähr in meinem Alter, vielleicht ein wenig jünger.

„Ich bin Martha Cutler. Charlie und ich sind seit etwa einem Jahr verheiratet. Wahrscheinlich kennt Ihr den Colonel von früher...?"

„Ja, ja", erwiderte ich immer noch fassunglos, um nicht zu sagen: schockiert. Diese vornehme junge Frau war... meine Stiefmutter! Ich wagte es einfach nicht auszusprechen.

Sie forderte mich auf, es mir bequem zu machen, und rief nach einer Tasse Tee, während ich mein inneres Mißbehagen zu verbergen suchte.

Irgendwie überbrückten wir die nächste Stunde mit belanglosem

Geplauder, wobei ich zu meiner tiefsten Verblüffung feststellte, daß diese zauberhafte Frau meinen dickbäuchigen alten Vater tatsächlich liebte! Das hieß: War er denn wirklich so alt? Doch höchstens mir zwanzig Jahre voraus!

Als er dann endlich eintraf, stand ich auf, und einen Moment starrte er mir ausdruckslos ins Gesicht. Wir erkannten einander kaum wieder. Er hatte etliche Pfund abgenommen und schien Jahre jünger als bei unserer letzten Begegnung. Offensichtlich bekam ihm das Landleben.

Zu guter Letzt rief er: „Tommy!", setzte ein breites Lächeln auf und trat mit weit geöffneten Armen auf mich zu. Es war die herzlichste Begrüßung, an die ich mich erinnern konnte. Dann sagte er: „Deine Stiefmutter hast du also schon kennengelernt!"

Martha nahm eine bestürzte Miene an, und ich stammelte: „Nun, ich... ich fürchte, ich habe ihr noch nicht gesagt, daß..."

Als er unsere verwirrten Gesichter sah, brach mein Vater in ein herzhaftes Lachen aus. „Soll das etwa heißen, du hast dich noch nicht als mein Sohn vorgestellt? Martha, das ist Tommy, der Schrecken der Meere, von dem ich dir so viel erzählt habe!"

Meine Stiefmutter - es fiel mir immer noch schwer, sie so zu betrachten - erholte sich als erste. „Sir! Was seid Ihr für ein Schlingel! Mich so im Dunkeln zu lassen...!"

„Nun, Madam, ich wußte einfach nicht..."

„Papperlapapp! Ich bin fast gestorben vor Verlangen, Eure Bekanntschaft zu machen. Und bitte nennt mich Martha - das heißt, falls Ihr nicht lieber ‚Mutter' sagen wollt." Sie lächelte schalkhaft, und mein Vater fiel uns ins Wort:

„Also, diese Sache wäre geklärt! Wir sind jetzt alle eine Familie. Willst du mir nicht gratulieren, mein Sohn? Ich möchte wetten, du hättest nie gedacht, daß dein Vater noch einmal so eine schöne Braut findet?"

„Nein. Und ich gratuliere von ganzem Herzen!"

Wir aßen gemeinsam zu Abend und verbrachten mehrere Stunden miteinander, bevor ich Gelegenheit hatte, meinem Vater unter vier Augen den Grund meines Hierseins zu erklären. Er lauschte mit gespanntem Interesse und sagte dann: „Mein Sohn, es freut mich zu hören, daß du dieses unstete Leben an den Nagel hängst! Nur Piraten versuchen damit noch ihr Glück. Also: Dein Geld gehört dir, und du kannst damit machen, was du willst. Ich besitze jetzt selber mehr als genug; ich weiß gar nicht, was ich damit anfangen soll. Meine Heirat mit Martha hat mir eine riesige Mitgift eingebracht - nicht, daß ich sie deswegen geheiratet hätte. Sie ist eine von den Carrolls, einer der führenden Pflanzerfamilien dieser Insel, aber... Sag mal, Tommy, erinnert sie dich nicht an jemanden?"

Und da ging mir ein Licht auf. Natürlich! Ihre vornehmen Kleider hatten mich in die Irre geführt, doch Martha war das genaue Ebenbild - meiner Mutter! Mein Vater sah, daß ich verstanden hatte. „Ja", seufzte er. „Ich wußte nicht, ob du dich noch erinnern würdest. Du warst damals so jung... Und natürlich ist Martha in vieler Hinsicht anders, aber... als ich sie auf dieser Abendgesellschaft bei den Carrolls zum ersten Male kennenlernte, da wußte ich: Diese Frau muß mir gehören, und dann... wir schienen einfach füreinander geschaffen!"

Ich legte ihm eine Hand auf den Arm und lächelte. Soweit ich mich erinnern konnte, war es das erste Mal, daß ich echte Wärme für ihn empfand - ihn von Mann zu Mann zu kennen glaubte.

„Nun", rief er verlegen, „unterhalten wir uns lieber darüber, wie wir dein Geld nach Barbados bekommen! Hör zu! Es ist nicht nötig, all dein Hab und Gut hier auf einmal zu Gold zu machen und es auf ein Schiff zu schaffen - falls uns dies überhaupt gelänge! Und es wäre dumm. Dein Vermögen ist in Land und in geschäftlichen Unterfangen angelegt, und für das meiste würdest du nie auch nur die Hälfte seines Wertes herausholen. Vor allem aber wäre es äußerst gewagt, das Ganze auf dem Seeweg nach Barbados zu schaffen. Laß mir freie Hand, und nach und nach bekommst du dein Vermögen."

Wie, das erklärte er mir dann im einzelnen. Ich selbst begriff mehr oder weniger nichts davon, erfuhr jedoch mit nicht geringer Erleichterung, daß sich die Sache über sogenannte „Wechsel" zustandebringen ließ, also ohne auch nur ein wirkliches Goldstück zu berühren. Bloß einen Bruchteil würde ich in bar mitnehmen; alles andere leiteten wir, wie mein Vater es mir auseinandersetzte, während der nächsten Tage in die Wege, und bis heute fließen seither meine Vermögenswerte mit schöner Regelmäßigkeit nach Barbados. Ihr Umfang jedoch überstieg meine kühnsten Hoffnungen.

Als ich wieder von Jamaika abfuhr, so nur schweren Herzens, war doch auch die neue Herzlichkeit zwischen meinem Vater und mir ein unerwarteter Gewinn dieser Reise. Zu meinem noch größeren Erstaunen aber hatte ich auch eine herzliche Freundschaft zu Martha entwickelt. In meinem Leben spielten Frauen ja wahrlich keine große Rolle - diejenigen, die ich mochte, ließen sich an fünf Fingern abzählen -, doch meine fröhliche, charmante Stiefmutter stellte sie mühelos alle in den Schatten. Ein Jammer, daß ich aller Voraussicht nach weder sie noch meinem Vater in diesem Leben wiedersehen werde!

Still und unbemerkt, wie wir gekommen waren, liefen wir also von Port Royal aus, um uns auf See mit der »Hexer« zu treffen. Es war eine langwierige, stürmische Heimfahrt, und einmal verloren wir uns für fünf Tage aus den Augen. Letztendlich jedoch kamen wir, müde, aber wohlbehalten, in St. Vitus an.

Dreiundzwanzigstes Kapitel

Die Abrechnung und ihr Preis

Es wäre eine weitschweifige Sache, die Entwicklung unsres Dorfes im einzelnen zu schildern - wie aus einem Freibeuterlager eine feste, fast friedliche Bauern- und Fischergemeinde wurde. „Fast friedlich" deshalb, weil unsere Männer, zumal wenn es ums Vergnügen geht, immer noch so wild und rauhbeinig sein können wie in ihren Jahren auf See. Aber mit Raub- und Beutezügen ist es nun endgültig vorbei.

Nach einem kurzen spanisch-französischen Krieg vom Dezember 1683 bis zum Juli des Jahres 1684 schlossen beide Staaten den „Regensburger Frieden", in dem endlich auch die Franzosen die englische und holländische Politik übernahmen und der Freibeuterei „diesseits wie jenseits des Äquators" abschworen. Was dann die letzten Bande zu meinem Vaterland für mich zerriß, war der Tod unseres guten Königs Karl im Februar 1686.

Von den zahlreichen Veränderungen, die unsere Gemeinde selbst betrafen, will ich nur ein paar wichtige aufzählen:

Pancho baute eine Schänke an der Hauptstraße des Dorfes. Unsere schwarzen Schiffszimmermänner Barlow und Jacob gründeten zusammen eine Schreinerei und eine Sägemühle. Die Afrikaner betrieben Ackerbau und Viehzucht, doch Kodscho stellte auch eine kleine Fischereiflotte auf die Beine. Und da man sich bei Streitigkeiten nach wie vor an den Quartiermeister wandte, hieß Kanonenkugel schon bald nur noch „der Richter".

Daneben hielt, dank unseres scheinbar unerschöpflichen Vermögens, auch der Luxus bei uns Einzug. Von jedem ihrer Ausflüge kehrte die »Einhorn« reich beladen zurück. Viele Männer bestellten maßgeschneiderte Kleidung, weiche Betten und andere Möbel; in Panchos Schänke und in Emiles Dorfküche mangelte es nie an Schnaps, Wein, Rum oder Essen - ja, so geschlemmt hatten wir in unserem ganzen Leben nicht!

Gleichzeitig pflegten wir eine immer enger werdende Freundschaft mit unseren Nachbarn, den schwarzen Karaiben von St. Vincent, und sei es zu Tauschgeschäften, sei es nur zu einem kurzen Besuch: stets sahen wir einander wieder. Dabei begleiteten uns ein paar Frauen und sogar vier junge Männer nach St. Vitus zurück, doch ging, im Gegensatz, Du-Du, einer unserer Afrikaner, nach St. Vincent, weil sie dort angeblich „wie in Afrika lebten".

Auch öffentliche Institutionen entstanden in dieser Zeit. Hendrick, Sir Georges schwarzer Gefährte, erweiterte ihrer beider Häuschen um einen Anbau, der als Schule diente. Immer mehr Männer wünschten sich nämlich, die Geschichten, welche Sir George erzählte, selbst in den Büchern lesen zu können, und urplötzlich sah sich unser alter Freund von einem Dutzend lerneifriger Schüler umringt, zumeist jüngerer Männer.

Black Billy und sein Freund Rufus gründeten eine Bürgerwehr, die auf den Schanzen des „Po" Wache hielt - ein ebenso wertvolles Ventil für überschüssige Kräfte wie das Bemannen und Instandhalten unserer Schiffe.

Daß wir in diesem letzteren Punkt nachlässig wurden, ist, um ehrlich zu sein, wohl hauptsächlich mein Verschulden. Jahr um Jahr verging, ohne daß etwas unseren Frieden zu stören drohte. Bis zu jenem 21. Juni 1686. Ich hatte Ossis warmen, muskulösen Körper wie schon an tausend anderen Morgen gerade in die Arme genommen und kitzelte ihn mit meiner Zunge am Ohrläppchen - wollte gerade meinen Pfahl durch die Pforten des Paradieses schieben, da ging plötzlich ein Schatten über Ossis Gesicht. Ich horchte auf. Ein Kanonenschuß drang an mein Ohr.

Im Nu sprangen wir aus dem Bett, schnappten uns unsere Kleider und Waffen, stopften uns, jäh unterbrochen, in unsere Hosen, Ossi riß seinen Speer aus einer Ecke, ich selbst mein Fernrohr, und wir stürzten zur Tür.

Draußen liefen Männer laut schreiend in alle Richtungen. Jemand hatte die Signalflagge auf dem „Po" gehißt: Ein einzelnes Schiff griff uns an - wußte der Teufel, um was für eines es sich handeln mochte! Vielleicht ein Kriegsschiff aus England, Frankreich oder Spanien. Genau dies war immer meine heimliche Furcht gewesen!

Von den Gewässern jenseits der Bucht ertönte nun anhaltender Kanonenbeschuß, doch nur Rauchwölkchen zeigten, was hinter den Felsen vorging.

In Windeseile stürmte ich auf den Dorfplatz, wo mir Kanonenkugel schnaufend entgegengerannt kam. „Wer hat zur Zeit Dienst auf den Schanzen?" fragte ich ihn ungeduldig.

„Ich weiß nicht, Tommy."

„Nur Manuel, Antonio, Toby und Ned Grimes." Marcel war hinter uns herangetreten. „Und das östliche Bollwerk ist gar nicht besetzt."

Ich stöhnte innerlich. Nur vier Mann und sechs Fünfpfünder! Es war aussichtslos, damit ein Kriegsschiff aufhalten zu wollen.

Als ich mich auf dem Dorfplatz umsah, entdeckte ich, daß Ossi, Pietr und Black Billy die Männer auswählten, die notfalls an Land kämpfen sollten. Alle anderen scharten sich bereits um die Boote.

Es war keine Sekunde zu verlieren. Schnell setzte ich mich an die Spitze meiner Leute und rief ihnen zu: „Zeigt, daß wir immer noch Freibeuterblut in den Adern haben! Jagt diesen Feind, wer immer es auch sein mag, von unserer Insel und verteidigt eure Häuser und diejenigen, die ihr liebt! Hier und heute geht es nicht mehr um Beute - es geht um unsere Heimat!"

Meine letzten Worte gingen in lautem Jubel unter, und als die Männer auf ihre Gefechtsstationen schwärmten, spürte ich, daß diese Ermunterung völlig überflüssig war.

Dann erstarb der Lärm. Das Kanonenfeuer auf der anderen Seite der Durchfahrt hatte aufgehört, und vor meinen Augen erschien ein großer Dreimaster - etwa anderthalbmal so groß wie die »Hexer«, schätzte ich. An seinem Flaggtopp aber konnte ich eine schwarze Fahne mit einem weißen Zeichen flattern sehen: Es war ein Piratenschiff, zweifellos! In fast völliger Flaute trieb es dahin. Wir mußten ihm den Weg abschneiden!

Während wir die Leinen loswarfen und auf den Gegner zufuhren, nahm ich mein Fernrohr. Und da sah ich ihn - Robin Lodge, mein Erzfeind! Nun war er also doch noch gekommen, und dieses Wiedersehen bereitete mir grimmige Genugtuung. Wenn ich ihn heute ausradieren könnte, wäre es mit all unseren Sorgen vorbei! Schon Jahre hatte ich auf diesen Moment gewartet. Ich wollte dem

Schuft sein schwarzes Herz herausschneiden und ihn zu meinen Füßen sterben sehen!

Langsam schoben sich die beiden Schiffe über die Bucht, die nun von einer leichten Morgenbrise ganz zart gekräuselt wurde. Als unser Gegner an einen Punkt unmittelbar gegenüber dem nördlichen Teil des Strandes gelangte, drehte er bei, Boote wurden zu Wasser gelassen, Männer strömten über die Reling, und ich lachte mir eins ins Fäustchen: Er hatte seinen ersten Fehler gemacht! Sie wollten den Ort von Norden her angreifen, doch unsere Männer warteten nur darauf, ihnen einen warmen Empfang zu bereiten.

Noch wichtiger aber war die Tatsache, daß der Gegner nun mit verminderter Kampfkraft auf die »Hexer« treffen würde. Offenbar setzte er auf die überlegene Größe und Geschützzahl seines Schiffes.

Ich hob mein Fernrohr erneut, und nun erkannte ich neben Robby einen häßlichen, verlogenen Schurken - seinen Namen wußte ich nicht mehr, aber er war in Hamlins Bande gewesen. Das hätte ich mir ja denken können!

Als alle Beiboote abgelegt hatten, drehte das Schiff, wie vermutet, wieder südostwärts. Wir warteten, bis es nur noch ein paar Kabellängen entfernt war. Dann ließ ich abrupt Richtung Westen steuern, um ihm den Weg zu versperren, und im selben Moment eröffnete es das Feuer. Wir erwiderten prompt.

Nur wenige Minuten später zogen wir am Vordersteven unseres Gegners vorbei, und Kanonenkugel gab das erforderliche Kommando: Wir durchlöcherten den Feind mit unserem Steuerbordgeschütz von Bug bis Heck. Gleichzeitig wurde auf beiden Schiffen aus der Takelage gefeuert, und ich sah etliche Männer herabstürzen - ebenfalls auf beiden Schiffen.

Im nächsten Moment waren wir vorübergezogen, und ich gab Befehl zum Beidrehen. Während unser Gegner uns überholte, sah ich auf seinem Achterdeck Robby mit dem Entermesser fuchteln und mir etwas zuschreien, doch seine Worte gingen im Kanonendonner unter: Das Schiff versuchte uns eine Breitseite zu verpassen. Zu spät. Nur sein Heckgeschütz landete ein paar Treffer.

Nun galt es, den Gegner unsererseits einzuholen - ein Kinderspiel, da sein Fahrzeug ja wesentlich schwerer als die »Hexer« war. Einstweilen hatten wir Zeit, die Kanonen neu zu laden und uns für alle Eventualitäten zu rüsten. Als die beiden Schiffe auf gleiche Höhe gelangten, wurde Breitseite um Breitseite gewechselt. Auf

Robbys Fahrzeug brachen kleine Brände aus, die man mit fliegender Hast einzudämmen versuchte.

Noch während ich dies verfolgte, begannen unsere Gegner unvermittelt, beizudrehen und die Lücke zwischen uns zu schließen. Sie hatten vor, uns zu entern - uns in einen Nahkampf zu verwickeln. Wir waren über achtzig Mann, aber genügte das?

Ich gab Befehl zum Rückzug, doch es war schon zu spät. Knirschend stießen beide Kähne zusammen, die Kanonen verstummten, und unter lautem Geschrei versuchten die beiden Mannschaften, das Schiff des Gegners zu entern. Ein paar schwangen sich aus den Wanten an Bord des Feindes.

Ich zog mein Entermesser und warf mich mit meinen Offizieren in das Getümmel. Diesmal fiel es nicht schwer, Freund und Feind auseinanderzuhalten: Die gegnerische Besatzung bestand ausschließlich aus Weißen, während meine eigene fast durch die Bank schwarz war.

Anfangs gelang es uns einigermaßen, die Angreifer zurückzudrängen; schließlich jedoch schienen sie uns trotz der beinahe hundert Mann, die wir hatten von Bord gehen sehen, allein zahlenmäßig überlegen.

Rings um mich herum tobte der Kampf. Ich sah, wie Kanonenkugel einen Angriff gegen die Flanke des feindlichen Schiffes anführte - sah, wie er einen winzigen Moment und wie schon so viele Male zuvor sein Entermesser auf dessen Reling reckte, ein rotes Tuch um seinen kahlen Kopf geschlungen, eine Augenklappe quer über der Stirn, den Schnurrbart gesträubt und einen trotzigen Kampfschrei aus seiner breiten Brust hervorstoßend -, da stürzte er plötzlich wie ein gefällter Baum an Deck der »Hexer«. Es krachte. Eine Musketenkugel hatte ihn getroffen. Mir blieb keine Zeit, entsetzt zu sein oder die Bedeutung des eben Gesehenen ganz zu erfassen. Ich hatte alle Händevoll mit einem bärtigen Hünen zu tun, der darauf brannte, mich niederzustrecken. Schließlich schlug er mit einem wilden Säbelhieb daneben, und ich rannte ihm meine Klinge in den Bauch.

Obwohl ich keinen Augenblick zum Atemholen hatte, bemerkte ich, daß die Feuer an Bord unseres Gegners nun größer geworden waren. Schon leckten sie an der Takelage, und binnen kurzem drohte ein loderndes Inferno. Wenn wir dieses Lumpenpack nur von Bord drängen könnten! Wir mußten unbedingt ablegen, ehe die Flammen das Munitionslager des anderen Schiffs erreichten oder, noch schlimmer, auf die »Hexer« übergriffen. Da erkannte ich mit Schrecken, daß es bereits zu spät war. Auch auf unserem Deck wüteten Brände!

Von den Flammen in ihrem Rücken angetrieben, wagten unsere Gegner eine neue, verzweifelte Attacke. Bisher hatte ich Robin selbst nicht mitkämpfen sehen; nun aber stand er an der Spitze seiner Männer, die uns nach achtern drängte, schwang sein Entermesser und stürzte direkt auf mich zu.

„Halt, du Sohn einer schwarzen Hure!" brüllte er. „Schaff mir deine stinkenden Nigger aus dem Weg, denn jetzt werde ich dich mir vorknöpfen! Heut abend frißt du in der Hölle!"

Doch ich entgegnete: „Dann komm doch her, du dreckiger Blutsauger! Es ist mir ein Vergnügen, endlich mit dir abzurechnen! Und verdammt will ich sein, wenn nicht *du* heute noch die Hölle siehst!"

Unsere Klingen trafen aufeinander, und ich weiß nicht mehr genau, wie und wo die ersten paar Hiebe landeten. Doch nie werde ich vergessen, wie sein Säbel unter meinem ausgestreckten Arm nach vorn sauste, um mir die Eingeweide zu durchbohren. Ich wehrte ab, indem ich mein Entermesser herabschmettern ließ, aber dafür jagte mir der Stahl durch das linke Bein, und ich empfand einen rasenden Schmerz.

Im Bewußtsein, daß ich gleich zu Boden ginge, schwang ich meinen Säbel ein letztes Mal. Robbys Hand hielt immer noch die Klinge, die mir im linken Bein steckte. Sein Kopf war also ungedeckt. Ich ließ mein Entermesser mit allen Kräften, die ich aufbieten konnte, herabschmettern und spürte, wie es sich Robin Lodge durch den Hals fraß. Sein Kopf wurde von den Schultern gefegt. Ich sah hellrotes Blut aus der klaffenden Wunde spritzen, und dann brach Robbys enthaupteter Körper auf die Planken.

Gleichzeitig fiel auch ich. Das Deck schwamm in Blut, und als ich mich umsah, erblickte ich ein Flammenmeer - nichts als Flammen! Der Kampf war fast erloschen, und Männer sprang über Bord, um sich zu retten.

„Tommy! Tommy, los, komm! Wir müssen weg, ehe alles hier in die Luft fliegt!" Ich sah in Marcels wundervolle Augen. Er zog an einem meiner Arme, und dann donnerte mir ein Schlag wie das Jüngste Gericht in den Ohren. Ich schloß meine Augen vor einem blendend hellen Blitz, fühlte mich von einer Sekunde auf die andere von sengender

Hitze umgeben und mir war, als höbe man meinen Körper in die Luft. Danach wurde alles schwarz. Für mich ging die Welt unter.

⚓ ⚓ ⚓

Ich schwamm in absoluter Finsternis, und als sie sich allmählich lichtete, glaubte ich leise, flüsternde Stimmen zu vernehmen. Ich bemerkte einen fernen Schmerz, doch schien er nicht wirklich zu mir zu gehören.

Nein, ich schwamm nicht, ich lag auf etwas Weichem. Krampfhaft versuchte ich, die Augen aufzuschlagen, und dann hörte ich eine neue Stimme - jetzt mehr aus der Nähe - sagen: „Ich glaube, er kommt zu sich, Sir George! Schnell!"

Meine Augenlider öffneten sich, und ein verschwommenes Gesicht erschien vor meinem Blick. Eine Hand legte sich mir auf die Schulter. Ja, es war Sir George. Ich versuchte, etwas zu sagen, vernahm jedoch lediglich ein trockenes Krächzen.

„Ruhig, Tommy! Ganz ruhig! Es wird alles wieder gut."

Ich wollte nicht aufgeben. „Sir George...!" stieß ich hervor. „Wo... bin ich?"

„Oh, Tommy! Gott sei Dank! Du bist zu Hause, in deinem Bett."

Eine tiefe Stimme von links meldete sich. „Die Schlacht ist zu Ende. Wir haben gewonnen." Es war Ossi, und als ich mich bemühte, meinen Kopf zu drehen, beugte er sich über mich. Ich spürte, wie er meine Hand ergriff, und sofort schien mich ein Strom von neuer Kraft zu durchfließen.

„Wann... Wie lange ist es her?"

„Fast einen Monat. Sei jetzt ruhig, Tommy! Mach dir keine Gedanken! Es ist vorbei. St. Vitus ist außer Gefahr."

„Ja, Tommy." Wieder die Stimme von Sir George. Ich war sicher, der alte Mann hatte geweint. „Du bist sehr krank gewesen. Bitte ruh dich jetzt aus. Wir werden dir alles erzählen, wenn du besser bei Kräften bist."

Ich wollte protestieren, wollte alles sogleich erfahren, aber Ossi beugte sich noch tiefer zu mir herab, und ich sah Tränen auf seinen Wangen. Sein Mund schloß sich zu einem sanften, zarten Kuß - ließ eine Botschaft von Ruhe und Frieden durch mich hindurchströmen, und ich trieb zurück in jenes stille Grau, in dem niemand mich erreichen konnte.

⚓ ⚓ ⚓

Als ich das nächste Mal die Augen aufschlug, wurde mir gerade eine Schale mit warmer Flüssigkeit an die Lippen gedrückt. Dahinter erkannte ich Pancho. Seine Miene wirkte ernst und besorgt. Als ich jedoch langsam eine Hand erhob und sie ihm auf die Schulter legte, erstrahlte er. „Tommy! Du bist über den Berg! Mein Gott, bin ich froh!"

Sir George trat heran - obwohl es mir im Hals wehtat, konnte ich meinen Kopf drehen - und legte mir eine Hand auf die Stirn. „Das Fieber ist weg!" verkündete er glücklich.

Jetzt sah ich, daß ich wirklich in unserer Hütte und in unserem eigenen Bett lag. Ossi stand neben mir. „Gott sei Dank!" sagte er. „Oder vielleicht sollten wir Euch danken, Sir George. Durch Eure Arbeit wurde er gerettet. Ihr... Ihr habt alles für ihn getan!"

Ich sah den alten Mann an. „Danke, Sir George! Wann habe ich das letzte Mal mit Euch gesprochen?"

„Gestern."

„Und diese Schlacht... ist wirklich schon einen Monat her?"

„Ja. Du warst sehr krank, seit wir dich aus dem Meer gefischt haben."

„Ich fühle mich immer noch ganz schwach. Aber bestimmt komme ich wieder auf die Beine."

Ossi und Sir George tauschten einen betroffenen Blick, und im selben Moment bemerkte ich einen Schmerz in meinem linken Bein. Ich sah hinunter. Ich war bis zum Bauch mit einem Laken bedeckt. Und da wußte ich Bescheid. Ich schnappte nach Luft, konnte aber keine Worte finden. Unter diesem Tuch war nur ein Bein!

Ossi nahm meine Hand, und ich hörte, wie er zu weinen anfing. Sir George bewahrte seine Ruhe. „Tommy, ich habe dir ein Bein abnehmen müssen. Es bestand keine andere Möglichkeit, es zu retten. Ich war nicht einmal sicher, *ob* ich dich retten könnte. Es tut mir leid." Ich griff nach unten, um den Stumpf zu betasten. Mein Bein war etwa fünfzehn Zentimeter oberhalb des Knies amputiert. „Wenn du wieder mehr bei Kräften bist, lasse ich dir von Hendrick ein Holzbein machen. Aber das dauert noch seine Zeit."

Ich brauchte eine Weile, um meine Stimme wiederzufinden.

„Hör auf zu weinen, Ossi! Es ist *mein* Bein, nicht deins!" stieß ich mühsam hervor und wechselte dann auf ein weniger schmerzliches Thema. „Berichtet mir von der Schlacht! Was ist aus der »Hexer« geworden?"

Ossi schüttelte den Kopf. „Die ist nicht mehr. Die beiden Schiffe sind gleichzeitig in die Luft geflogen und liegen jetzt am Grunde der Bucht."

„Und die Männer? Ich weiß, wir haben vorher schon einige verloren; aber was ist mit den anderen?"

Mit immer noch kummervollem Gesicht begann Ossi, mir die Gefallenen aufzuzählen. Als er Kanonenkugel nannte, konnte ich meine Tränen kaum unterdrücken. Unser guter alter Quartiermeister! Vom ersten Tage an war er dabei und wie ein Vater für mich gewesen. Nun blieb nur Pancho von meinen Bordkameraden auf jener ersten Freibeuterfahrt.

„Und wieviele sind es insgesamt?"

„Siebenunddreißig, einschließlich derer, die am Eingang der Bucht Wache standen, als Robins Schiff in Sicht kam. Sie kamen im ersten Geschützfeuer ums Leben." Ned Grimes, Toby und vor allem Manuel und Antonio. Wie werde ich ihr Gelächter und ihre übermütigen Streiche vermissen!

„Siebenunddreißig? Das ist ja fast ein Viertel von allen, die hier wohnten! Mein Gott! Wir haben gewonnen - aber um welchen Preis?"

„An Land gab es dafür nicht einen Verlust. Als die Angreifer kamen, wurden sie einfach niedergemäht. Und die übrigen haben wir gehängt."

„Gehängt!"

„Ja. Aber natürlich erst nach einem ordentlichen Prozeß", fuhr Ossi fort.

„Was?!"

„Selbstverständlich! St. Vitus ist doch jetzt eine gesetzlich geregelte Gemeinde. Black Billy war der Richter, und sie wurden alle wegen Piraterie zum Tode verurteilt."

Ich war von dieser Mitteilung so verblüfft, daß ich im ersten Moment gar nicht reagieren konnte. Dann brach ich nach und nach in Gelächter aus. Unsere Gemeinschaft verurteilte Piraten zum Galgen! Das war zuviel für mich. Mein Gelächter endete in Schmerz und Atemnot.

Vierundzwanzigstes Kapitel

Das Erbe

In den folgenden Tagen und Wochen kam ich allmählich wieder zu Kräften, auch wenn der Schmerz mich nie ganz verließ. Doch selbst an ihn gewöhnte ich mich nach und nach und fand mich damit ab, daß er fortan mein ständiger Begleiter sein würde.

Sämtliche Mitglieder unserer Gemeinschaft marschierten hintereinander bei mir durchs Zimmer, um mir baldige Genesung zu wünschen und mich des Fortbestands ihrer Treue zu versichern. Ich hatte dies nie bezweifelt. Dennoch war ich tief gerührt.

Als erste erschienen meine Offiziere Marcel, Pietr und Black Billy - nur Kanonenkugel war nicht dabei. Sie sagten mir, die ganze Gemeinschaft stehe draußen vor der Hütte, und ich hörte das freudige „Hip, hip, hurrah!". Danach wurde eine Flasche Rum hervorgezogen, sie erzählten mir, was sich seit dem Ende des Gefechts zugetragen hatte, und als sie anfingen, derbe Späße über die Verwendungsmöglichkeiten meines Stumpfes zu machen, wußte ich, daß alles wieder beim alten war.

Doch ehe ich meine Feder endgültig beiseitelege und mich von der Veranda erhebe, wo ich dies alles zu Papier bringe, gibt es noch etwas zu erzählen.

In den letzten Monaten des Jahres 1685 und den ersten des darauffolgenden - also einige Zeit vor unserer Schlacht mit Robby - war es auf unserer Insel zu etlichen Geburten gekommen. Heute blicke ich mit besonderem Glück auf jene Tage zurück. Die erste dieser Geburten war ein kleines Mädchen. Gleich nach unserer Rückkehr von Jamaika hatte eine der schwarzen Karaibenfrauen ihm das Leben geschenkt, und nicht lange, da folgte ein halbes Dutzend mehr. Es war sonderbar, plötzlich Mütter mit Säuglingen im Dorf umherlaufen zu sehen. Meinem Freund hatte es besonders der männliche Nachwuchs angetan. „Schon wieder vier neue Bürger!" verkündete er eines Tages.

„Bürger?" Noch nie hatte ich jemanden dieses Wort dafür verwenden hören.

Wenig später dann meldete er mir freudestrahlend, daß auch Aisha schwanger sei. Wir sprachen niemals über Ossis Frau, und ich tat mein Bestes, meine Gefühle zu verbergen, doch traf mich diese Neuigkeit recht empfindlich. „Es wird der Sohn, den ich dir versprochen habe!" schwärmte mein Freund. „Er soll Tommy heißen. Dann weiß jeder, daß du ebensosehr sein Vater bist wie ich." Ich setzte ein gezwungenes Lächeln auf. Meiner Meinung nach machte Ossi sich etwas vor, und ich wußte nicht, ob ich seinen Selbstbetrug je teilen könnte.

Im Juli 1686 dann kam das Kind zur Welt: Ein Mädchen! Mein Freund war am Boden zerstört, und ich bedauerte ihn nach Kräften. Insgeheim aber freute ich mich.

Zum Schluß tröstete er sich: „Na, macht nichts! Dann probieren wir es eben noch mal!" Und wie um seine Worte in die Tat umzusetzen, führte er sich in jener Nacht auf, als könnten wir beide es allein schaffen. Mir sollte das nur recht sein.

Nun, die ersten Besucher hatten mein Krankenbett gerade verlassen, da trat Ossi heran und setzte sich darauf. Wie merkwürdig er mich ansah! Verwundert, suchte ich, in seinem Gesicht zu lesen. War es Besorgnis, die daraufstand? Freude? Ungeduld? Ein klein wenig von allem, fand ich. Dann schließlich sagte er: „Tommy, ich... ich möchte dir etwas zeigen."

„Was denn?"

Mein Freund sprang auf, ging aus der Hütte und kehrte ein paar Minuten später mit einem kleinen Bündel zurück, das in eine blaue Decke gewickelt war. Ein Säugling! Ein winziger, dunkelhäutiger Säugling starrte mir ins Gesicht! Er hatte braune Kulleraugen und eine breite, glatte Stirn.

Sprachlos blickte ich zu Ossi auf, der bis über beide Ohren grinste. „Unser Sohn, Tommy! Endlich ist er da! Er ist am Tage nach der Schlacht zur Welt gekommen!"

Ich starrte das Kind an und wurde von Abscheu überwältigt. Jetzt fiel es mir wieder ein: Sechs Monate nach der Geburt des Mädchens hatte Ossi mir erzählt, daß Aisha erneut schwanger sei.

Und das da war die Frucht dieser Geschichte, die mich von Zeit zu Zeit meines Freundes beraubte!

„Los, Tommy, nimm ihn in die Arme!" sagte er. „Halt ihn doch mal!" Und noch bevor ich protestieren konnte, hatte mir Ossi das braune Würmchen an die Brust gedruckt. Ich fühlte mich lächerlich. Da plötzlich streckte der Kleine seine braunen Ärmchen nach mir aus, berührte mein Gesicht, und ein leiser, gurrender Laut drang aus seiner Kehle. Das Geräusch ging mir durch und durch. Bisher war das Kind mäuschenstill gewesen, als es mich nun jedoch berührte, mir, wie es schien, etwas sagen wollte, da erkannte ich: Dies hier war Ossis Fleisch und Blut, Ossis Sohn, und instiktiv zog ich den Säugling näher an mich heran.

„Er heißt Tommy. Tommy Oyoko."

„Tommy? Oyoko!"

„Natürlich. Er mußte doch nach uns beiden benannt sein!"

Ich war sprachlos. Welch sonderbares Gefühl, ein Kind zu betrachten, das zumindest mein Namensvetter war! Und auch der Name Oyoko würde nicht aussterben!

„Er ist... sehr schön, Ossi", sagte ich unwillkürlich, und hatte ich dies auch nicht beabsichtigt, so stimmte es dennoch. Als mir Ossi das Kind wieder abnahm, begann es zu weinen.

„Er möchte bei seinem anderen Vater bleiben!" lachte Ossi.

Ich antwortete mit einem Lächeln.

Als Ossi mir seinen Sohn jeden Tag zu Besuch brachte und ich mich daran gewöhnte, auf meinem Bett mit ihm zu spielen, betrachtete ich ihn tatsächlich immer mehr als meinen eigenen, zumal Ossi mich hartnäckig daran erinnerte, daß Tommy Oyoko uns eines Tages beerben und unser Nachfolger sein werde. „Schau nur, wie stark er ist!" rief er des öfteren. „Das wird mal ein prächtiger Anführer für unsere Gemeinschaft werden!"

Und fast glaubte ich selbst daran.

Es gab erstaunlich viele Väter in unserem Dorf, und der Nachwuchs wurde immer größer. Am stolzesten von allen war zweifellos Kodscho, der sich schon zweier Söhne rühmen konnte, und ich hoffte, daß sie die Gaben ihres Erzeugers erben würden. Hinter vorgehaltener Hand sprach man über den Tag, da St. Vitus an unsere Kinder ginge.

⚓ ⚓ ⚓

Das alles ist nun drei Jahre her. Ich sitze hier auf unserer Veranda und unser Sohn - ja, endlich betrachte ich ihn auch als den meinen! - spielt zu meinen Füßen, während ich diese Worte zu Papier bringe. Es fällt mir schwer, und ich habe Schmerzen. Mein Entermesser werde ich gewiß nie mehr schwingen, vermag ich doch kaum meinen Federkiel zu halten.

Ich habe auf Sir Georges Anregung hin mit diesen Aufzeichnungen begonnen, und nun möchte ich sie beschließen. Das Leben in Tommy's Town geht weiter, und es ist ein sprühendes, kraftvolles Leben. Heute mache ich mir keine Sorgen mehr um seine Zukunft. Möge diese bescheidene Chronik jedoch dazu beitragen, das Gedenken an die Vergangenheit zu bewahren!

Als ich gestern abend, auf Ossis starken Arm gestützt, in Panchos Taverne gehumpelt bin - es ging dort fast so laut und fröhlich zu wie in alten Zeiten - und mich mit meinem Freund zu Billy und Marcel an einen Tisch setzte, da wurden bei einem Blick durch den Raum längst vergangene Erinnerungen in mir wach. Ich sah Pancho, wie er dort hinter dem Schanktisch stand, und glich er nicht meinem Vater? Vor langer Zeit hatte ich seine beiden Arschbacken zum erstenmal erblickt - zwei schwarzglänzende Kanonenkugeln; heute war es ein breiter Hintern.

Und auch an Long Jimmy dachte ich zurück. Wie wäre es, wenn dort die Tür aufginge, und herein käme mein alter Freund, in eines seiner geckenhaften Gewänder gekleidet? Fast glaubte ich, es könne jeden Moment geschehen.

Und wie Kanonenkugel immer bei uns gesessen und seinen Seemannsgarn gesponnen hatte, über die allerersten Freibeutertage!

Schatten und Gespenster! Es ist kein Platz für sie auf St. Vitus, und auch ich selbst mag bald schon zu ihnen zählen. Die Zukunft gehört unseren Kindern. Mit Sicherheit dem kleinen Tommy. Er ist oft mit Chris und Rani zusammen, Kodschos Söhnen. Sie sind seine Spielkameraden. In ihren Namen - wie auch in anderen - wird unser Geist einmal weiterleben, und ihnen widme ich diese Aufzeichnungen, ihnen und ihren Enkeln und Urenkeln. Mögen sie den Sitten und Traditionen unserer Gemeinschaft ebenso treu bleiben wie dieser Insel und ihrem Wahrzeichen, der schwarzen Flagge mit dem weißen Einhorn!

St. Vitus, den 17ten Oktober 1689.

Literaturhinweise

Bedanken möchte sich der Herausgeber vor allem bei Signore Fiore, dem Chefarchivar der Herzoglichen Bibliothek, San Vito, für dessen großzügige Unterstützung.

Sollte sich der eine oder andere Leser näher für das Thema interessieren, so mag ihm die nachfolgende, keineswegs vollständige Liste eine Hilfe sein. Um die richtige Auswahl zu erleichtern, wurde sie kommentiert. Hinweise auf weitere Literatur finden sich im Anhang fast aller hier aufgeführten Werke.

1. Quellen

Exquemelin, Alexander O., *The Buccaneers in America*, Holländische Erstausgabe Amsterdam 1678; englische Übersetzung, Corner House Pub. 1976.

Dieses Buch galt lange Zeit als die beste Quelle zum Thema Bukanier, ist jedoch mit Vorsicht zu genießen. Schon Henry Morgan verklagte nach Erscheinen der ersten englischen Übersetzung den Autor (der sich unter anderem auch Esquemelian schreibt) wegen Verleumdung - und gewann! Die staatliche Abstammung des Verfassers ist ungeklärt. Er war entweder Holländer, Engländer oder Franzose, fuhr jahrelang, möglicherweise als Schiffsarzt, unter Freibeuterkapitänen wie Henry Morgan und D'Ollonais, versichert aber trotzdem, nie an irgendwelchen Folterungen beteiligt gewesen zu sein. Seine persönliche Abneigung gegen Henry Morgan geht aus jedem Wort, das er über diesen Mann schreibt, hervor. Er beschuldigt ihn unmenschlicher Grausamkeit, aber gerade diese Szenen schildert Exquemelin mit unverkennbarem Genuß.

LE GOLIF, LOUIS ADEHEMAR TIMOTHÉE, CAPT., *Memoirs of a Buccaneer*, herausgegeben von G. Alaux und A. t'Serstevens, London 1954 (Allen & Unwin).

Das Buch wurde angeblich nach dem Zweiten Weltkrieg als Manuskript in den Ruinen von La Rochelle entdeckt, da die Besitzer es aber nie öffentlich vorlegten, wird seine Echtheit von seiten einiger Wissenschaftler angezweifelt. Hinzu kommt, daß ein Le Golif in keinem anderen Schriftstück der Zeit erwähnt wird, und bedenkt man drittens die groben historischen Irrtümer und völlig abstrusen Phantastereien, die darin vorkommen, so ist dieses Buch mit noch mehr Vorsicht zu genießen als Exquemelin. Jedenfalls dürfte Le Golif, nach einer Kanonenschußverletzung auch „Halbarsch" genannt, keine der bedeutenden Freibeutergestalten gewesen sein, sondern ein Aufschneider.

2. SEKUNDÄRLITERATUR

BUISSERET/PAWSON, *Port Royal, Jamaica*, Oxford 1975 (Clarendon Press).

Ein Wälzer, der einem mehr über Port Royal erzählt, als man wissen muß. Aber die Passagen, welche die Freibeuter betreffen, und die darin enthaltenen Stadtpläne sind faszinierend.

BURG, B.R., *Sodomy and the Pirate Tradition*, (Titel der Erstausgabe: *Sodomy and the Perception of Evil)*, New York 1983 (New York University Press).

Das einzige Buch, das sich mit der homosexuellen Lebensweise der Freibeuter auseinandersetzt, und obwohl Burg dazu neigt, Freibeuter- und Piratenzeit bunt zu vermischen, sind seine Ausführungen grundsätzlich stichhaltig.

DEFOE, DANIEL (Originalausgabe unter dem Pseudonym Captain Charles Johnson), *General History of the Pyrates*, herausgegeben von M. Schonhorn, University of South Carolina Press 1972.

Obwohl er sich hauptsächlich mit den Piraten ein, zwei Generationen nach Tommy befaßt, hat der Autor des *Robinson Crusoe* hier doch eine faszinierende, fast zeitgenössische Darstellung geliefert.

EARLE, PETER, *The Sack of Panama*, New York 1981 (Viking Press).

Ein sehr nützliches Buch, obwohl es sich auf den Werdegang von

Sir Henry Morgan konzentriert, und meines Wissens das einzige, das die Geschehnisse, vor allem die Plünderung von Panama, hauptsächlich nach spanischen Quellen schildert.

GARDNER, *History of Jamaica*, London 1873 (Eliot Stock).

Eine allgemeine Geschichte der Insel bis Mitte des 19. Jahrhunderts, aber die Kapitel über die frühe Kolonialperiode liefern nützliches Hintergrundmaterial.

GOSSE, DR. PHILIP, *The History of Piracy*, New York 1924 (Tudor).

Ein Überblick über die weltweite Piraterie vom Altertum bis in die Moderne, aber nur ein Kapitel über die Freibeuter in der Karibik des 17. Jahrhunderts.

GOSSE, DR. PHILIP, *The Pirate's Who's Who*, London 1924 (Dulan).

Sehr hilfreich, mit alphabetischer Aufzählung aller bekannten Freibeutergestalten dieser Zeit, dazu kurze biographische Anmerkungen. Da Gosse aber seine Quellen leider nicht angibt, ist er in manchen Punkten anscheinend die einzige.

HARING, C.H., *Buccaneers in the West Indies in the Seventeenth* , Archon Books 1966.

Meines Erachtens die beste und vollständigste Einzeldarstellung über die Freibeuter der Karibik.

National Geographic, Artikel über Port Royal, CXVII (1960).

Größtenteils oberflächlich und journalistisch, aber doch mit manch interessanter Tatsache. Die Bilder und Landkarten sind sehr aufschlußreich.

PARRY/SHERLOCK, *A Short History of the West Indies*, 3. Auflage 1971 (Macmillan; St. Martin's Press).

Historischer Überblick über die westindischen Inseln, dessen Kapitel III und VI einen guten Hintergrund für Tommys Chronik liefern.

THROWER, *The Pirate Picture*, London 1981 (Philmore & Co.).

Obwohl sich dieses Buch vorwiegend mit anderen Erdteilen befaßt, bietet es doch viel Aufschluß über Alltag, Lebensweise und Vorgehen von Freibeutern und Piraten.